재능의 중요한 공식 모음

이 책에서 재능을 발견하면 세상을 보는 눈이 바뀌고, 인생이 변합니다.

재능을 발견한지 못하는 사람들의 5가지 착각

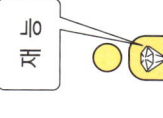

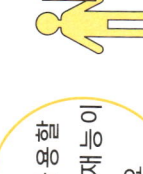
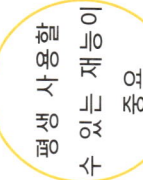

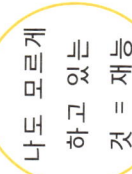

- 나도 모르게 하고 있는 것 = 재능
- 평생 사용할 수 있는 재능이 중요
- '되고 싶은 나 자신'을 놓으면 재능이 보인다
- 재능을 살린 노력만이 보상받는다
- 당신의 성공 법칙은 당신의 내면에 있다

재능을 발견하지 못하는 사람들

- 남들보다 잘할 수 있는 것 = 재능 ✗
- 자격이나 기술이 중요 ✗
- '되고 싶은 나 자신'이 되려 한다 ✗
- 노력은 반드시 보상받는다 ✗
- 성공한 사람에게서 성공할 수 있다 ✗

재능 = 나도 모르게 하고 있는 것

재능이란?

- **특징 1** '당연히 하고 있는 일' 중에 있다
- **특징 2** '동사'로 표현한다
- **특징 3** 유전으로 50%가 정해진다. 하지만 '바라보는 시각'은 바꿀 수 있다

공식 ① 단점 ↔ 재능 → 장점

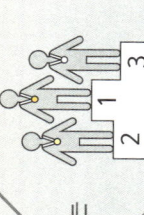
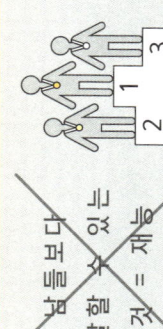

재능은 식칼과 같은 것
같은 식칼이라도 사람을 상처입힐 수도 있으며, 요리로 사람을 행복하게 해줄 수도 있다.

공식 ② 재능 × 기술·지식 = 강점

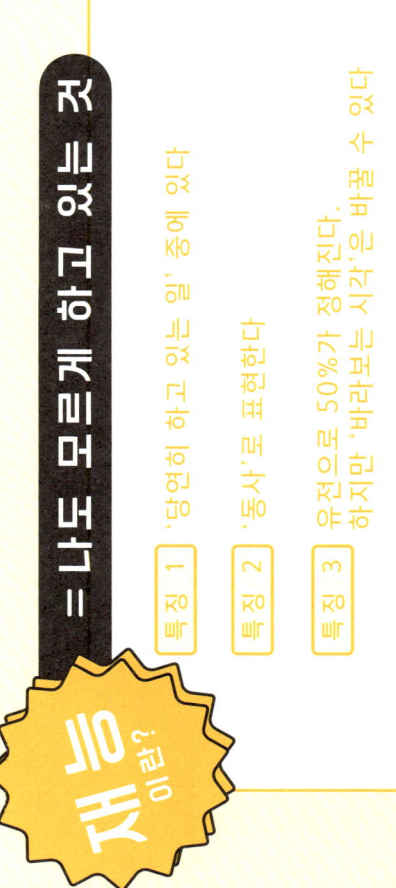

피카추인데 일단 가른기름 연습하지 마라. 백만 볼트를 연습하자!

전기 타입의 피카츄

전기 타입의 기술인 백만 볼트를 연습

적에게 커다란 데미지를 줄 수 있다

평생의 자산이될 손에 넣을 수 있는 **재능을 당신만의 강점으로 바꾸어 나가는 3단계**

STEP 1
재능을 발견하는 기술
〈 CHAPTER 3 〉

① 5개의 질문에 답한다

② 1000리스트에서 고른다

③ 37가지 방법으로 타인에게 묻는다

정리 ↓

예

재능
모두가 기분 좋을 수 있도록 한다

경험 1	경험 2	경험 3	경험 4
술자리에서 대화에 끼어들지 못하는 사람이 있다면 화제를 바꾼다	아필때 불안해 보이는 전학생에게 말을 걸었었다	새아파트 운영의 리더로서 모두가 쾌적하게 지낼 수 있는 규칙을 만들었다	사람들에게 함께 있으면 마음이 편해진다는 말을 들었다

STEP 2
재능을 살리는 기술
〈 CHAPTER 4 〉

장점을 살리는 기술

① 크래프트법
일을 천직으로 만드는 마법의 기술

② 환경이동법
장점이 빛나는 환경을 재현하는 손에 넣는 기술

단점을 커버하는 기술

① 손놓기법
나답지 않은 것을 전부 없애고 자유로워지는 기술

② 조직법
앞일 시계처럼 단점 커버를 자동화하는 기술

③ 타인의지법
편안해지면서 사회 공헌도 가능한 일석이조의 기술

1. 장점을 살린다
2. 단점을 커버한다

STEP 3
재능을 키우는 기술
〈 CHAPTER 5 〉

① 끌로델을 발견한다
전부를 이용해야 보물기술 발견한다

② 타인에게 조언을 구한다
장점을 알아봐 주는 사람에게 배워야만 하는 것을 얻는다

③ 4가지 종류의 스킬 분류에서 선택한다
절대 쓸모없어지지 않을 배움의 선택법

④ 좋아하는 것을 탐구한다
'재능'에 '좋아하는 것'을 곱하면 누구도 따라올 수 없다

재능 × 기술·지식 = 강점

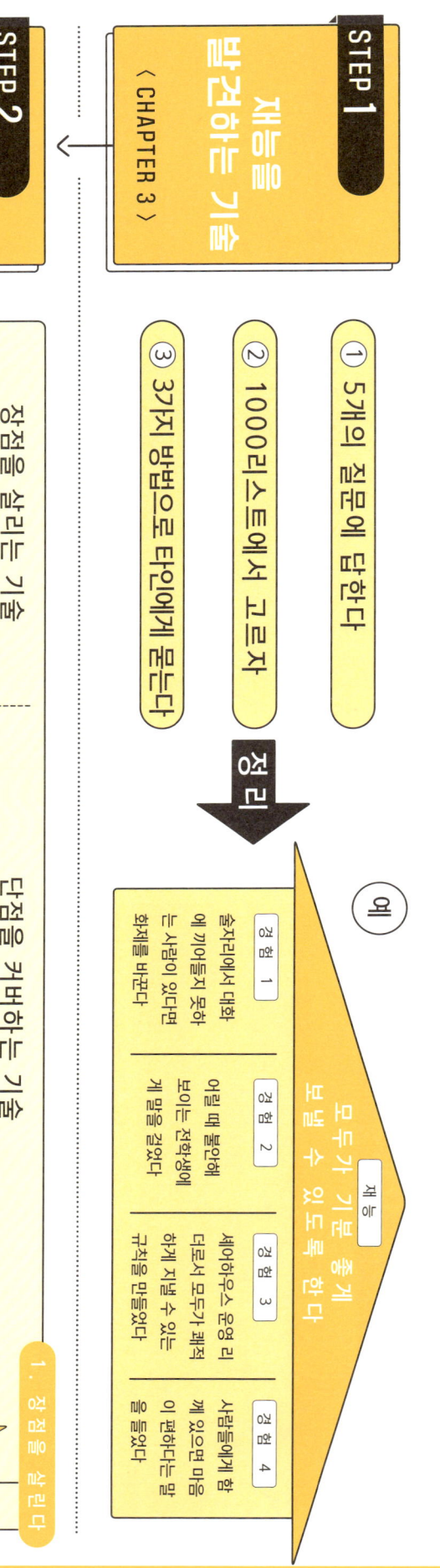

세상에서 가장 쉬운
재능 찾는 법

SEKAIICHI YASASHII 「SAINO」 NO MITSUKEKATA
ISSHOMONO NO JISHIN GA TENIHAIRU JIKORIKAI METHOD

© Jimpei Yagi 2023

First published in Japan in 2023 by KADOKAWA CORPORATION, Tokyo.
Korean translation rights arranged with KADOKAWA CORPORATION, Tokyo

이 작품은 저작권법에 의해 보호를 받습니다.
온·오프라인에서 무단복제와 전재, 스캔 및 공유를 금하며, 위반 시 법에 의해 처벌받을 수 있습니다.

평생의 자신감을 손에 넣을 수 있는 자기이해 메소드

세상에서 가장 쉬운
재능 찾는 법

야기 짐페이
Yagi Jimpei

들어가는 말

재능을 발견하면, 그 순간부터 인생은 변하게 됩니다.

이 책은, 당신만의 재능을 발견함으로써 '평생의 자신감'을 손에 넣는 방법을 쓴 책입니다.

"그런 일이 정말로 가능할까?"

이렇게 생각하는 것도 무리는 아닐 것입니다.

왜냐하면, 많은 사람들이 어른이 될 때까지 계속 단점만 지적받으며, 자신에게 재능 같은 건 없다고 자신감을 잃어버리게 되기 때문입니다. 그 결과, 자신의 결점만이 신경 쓰이게 되어 필사적으로 그것을 극복하려 하게 됩니다.

그러나, 이제는 단점을 극복할 필요가 전혀 없습니다. 그러한 사고방식이야말로 당신의 인생이 순탄히 나아가지 못하는 근본적인 원인이기 때문입니다. 당신이 해야만 하는 것은 자신의 재능을 발견하고, 살리는 것뿐입니다. 거기에만 집중해 주시길 바랍니다.

제가 이 책에서 전하려는 내용은 지금까지의 상식으로 보면 상당

==히 비상식적입니다.== 그러나, 이 방법에 의해 저의 가족, 팀원, 손님들 등 주위에 있는 사람들은 점점 자신의 재능을 발견했고, 그 결과 더 더욱 놀랄 만한 일이 벌어지고 있습니다.

재능을 발견한 뒤로 자존감이 높아지고, 인간관계도 좋아지며, 수입도 늘어나고, 사람들에게서 존경받는 등 원하는 인생을 만들어 낼 수 있게 되었습니다. 그리고 당신도 같은 식으로 재능을 발견하여 인생을 바꿀 수 있습니다.

어떻게 저는 이렇게까지 단정 지어 말할 수 있는 걸까요.
그건 저 스스로가 재능을 발견해 온 경험과, 자신의 재능을 모르는 사람들의 인생을 바꾸어 온 수많은 실제 경험이 있기 때문입니다.

저는 대학생 때 편의점에서 아르바이트를 한 지 고작 2개월 만에 해고당했습니다. '아르바이트조차 하지 못하는 나는 사회부적응자다.'라고 느끼자 자신감을 잃어버렸고, 사회에 진출하는 것을 무척이나 불안하게 생각했습니다. 그러나 한편으로는 내게도 무언가 할 수 있는 일이 있을 게 분명하리라는 아주 작은 희망도 가지고 있었습니다. 그 희망으로 제가 할 수 있는 일을 찾아내기 위해, 재능을 탐구하기 시작했습니다.

그전까지는 제 단점에만 눈을 돌리고 있었지만, 재능을 발견한 순간 인생은 단숨에 변했습니다. 우선 재능을 살려서 쓴 블로그는 누계 2,600만 페이지 뷰를 기록했고, 출판 불황 속에서 처음으로 쓴 책은 30만 부 이상 팔렸으며, 2021년 일본 연간 베스트셀러 랭킹(비즈니스서) 10위 안에 들었습니다. 게다가 지금은 자기이해 전문회사의 대표로서, 70명의 팀원들과 함께 사람들이 자신의 재능을 찾아내는 것을 돕는 일을 하고 있습니다.

이러한 극적인 변화를 얻긴 했지만, 저라는 인간 자체에는 전혀 변함이 없습니다.

그저 스스로의 재능을 발견해서 올바르게 살리는 방법을 몸에 익혔을 뿐이기 때문입니다.

이처럼 저 자신이 재능에 대해 진지하게 고민했던 경험과, 1,000명 이상의 '재능을 발견하지 못한 사람'들을 '재능을 발견한 사람'으로 인도했던 경험으로부터, 자신 있게 말할 수 있는 것이 한 가지 있습니다.

그것은, 재능을 발견하면 그 사람의 사고방식이나 생활방식, 그리고 인생까지도 극적으로 바뀐다는 것입니다. '재능을 발견하는 것만으로 인생이 변하다니, 허풍이 심한데…….'라고 생각할지도 모르지만, 사실입니다. 근본부터 바꾸어 버리니까요.

스스로에게 자신이 생겨서 다른 사람과 비교하지 않게 되었어요.

 삶의 방식이 확실해지며 망설이는 일이 없어졌어요.

 다른 사람에게 휘말리지 않고, 내 기준으로 인생을 살아가게 되었어요.

 수입이 2배로 뛰어서 놀랐어요.

 사고방식이 바뀌며, 주위 사람들에게 긍정적으로 말하게 되었어요.

 다른 사람의 재능을 이해할 수 있게 되며 인간관계가 좋아졌어요!

고객들에게 매일 같이 듣는 말 중 몇 개를 예를 들어 보았습니다.

그렇다면, 어째서 재능을 발견하게 되면 이런 식으로 삶의 방식이 변하는 걸까요? 한마디로 말하자면, ==재능을 발견하는 것으로 진정한 자신을 긍정할 수 있게 되었기 때문입니다.== 그 결과 진정한 자신감이 붙고, 자기 삶의 방식에 망설임이 사라지는 것입니다.

당신에게도 반드시 재능이 있습니다.
그저 발견하는 방법을 모를 뿐입니다.

재능은 누구나 가지고 있습니다.
그런데도 많은 사람들은 재능에 대해서 막연히 '특별한 사람만이 가진 것', '간단히 발견할 수 없는 것'이라고 생각하고 있습니다.

그렇다면 도대체 왜 재능을 발견하는 일이 어려운지 생각해 보도록 할까요.
결론을 말하자면 ==많은 사람들이 재능에 관해 잘못된 생각을 가지고 있기 때문==입니다.

당신에게 있어 재능이 있는 사람이란 어떤 사람인가요?
야구의 세계에서 뛰어난 성과를 내고 있는 사람일까요? 음악에 재능이 있어 연주로 사람들을 감동시키는 피아니스트 등일까요? 안타깝게도 이 책에서 여러분이 발견할 재능은 그런 게 아닙니다.

이 책에서의
'재능'은
이런 게 아니다

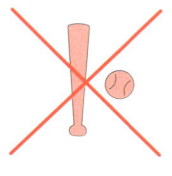
야구의 재능

피아노의 재능

재능은 모두가 가지고 있는 것입니다.

'그런 재능이라면 발견한다 한들 도움이 안 될 것 같은데.'라고 생각할지도 모르지만, 이는 완벽한 착각입니다.

오히려 야구의 재능 같은 것과 달리 일반적이기 때문에 평소 생활이나 일 등 모든 상황에서 사용할 수 있는 것입니다.

대부분의 사람들은 자신의 재능을 깨닫지 못하고 있기 때문에, 이를 깨닫는 순간 자신의 인생을 획기적으로 바꿀 수 있습니다.

이 책에서의 '재능'은 누구나 가지고 있는 것
모든 상황에서 사용 가능

이 세상에는 스스로 발견할 필요도 없이 주위에서 재능을 이끌어내주는 사람이 있습니다.

그러나 저를 포함한 많은 사람들은 그렇지 못하기에 여러분께 이 책을 통해 재능을 발견하는 기술을 전하고자 합니다. 이는 기술이기 때문에 순서대로 따라만 한다면 누구나 가능합니다.

재능을 발견하는 쉬운 방법이 있습니다.

저는 이 책을 쓰기에 앞서 과거의 위대한 사람들이 쓴 재능에 관한 책이나 연구를 읽고 또 읽어 보았습니다. 이론 하나하나는 대단했지만, 재능을 발견하고 살려 나가는 방법을 간단하게 설명한 책은 아직 없었습니다.

그래서 이 책에서는 과거 사람들이 했던 발견을 곧바로 실행할 수 있도록 체계적으로 정리해 두었습니다.

재능에 관한 모든 단어를 명확히 정의하고, 발견하는 법을 공식으로 표시하며, 공식에 들어맞는 요소를 발견하기 위한 단계를 하나하나 해설했습니다.

이 책에서 당신이 해야 하는 일은 수학 문제를 푸는 것처럼 공식에 자신을 맞추어 나가는 일뿐입니다.

여러분이 해야 하는 건 전부 다 해서 고작 3단계뿐입니다. 당신만의 재능 발견법을 세상에서 가장 쉽게 알려 드리고 싶습니다. 이 책의 공식에 당신의 인생을 맞추어 넣는 것으로 여러분은 압도적인 자신감을 가지고 극적인 인생의 변화를 만들어 낼 수 있을 것입니다.

다시 한번 단언합니다.

==당신에겐 반드시 재능이 있습니다.==

그리고 이 책을 읽은 사람들이라면 누구 하나 빠짐없이 재능을 자각할 수 있도록 도와드리고 싶습니다.

이 책에는 그러기 위해 필요한 것 모두를 적어 두었습니다.
이 책을 전부 읽은 뒤 당신은 깨닫게 될 것입니다.

- 나에겐 재능이 없는 게 아니었다
- 나는 재능을 깨닫지 못했을 뿐이다

서론은 이 정도로 하고, 당신의 재능을 최단기간에 발견해 빛나게 하는 방법을 자세하게 설명하도록 하겠습니다.

목차

[부록] • 평생의 자신감을 손에 넣을 수 있는 재능을
　　　　당신만의 강점으로 바꾸어 나가는 3단계
　　　• 재능의 중요한 공식 모음
시작하며 — 재능을 발견하면, 그 순간부터 인생이 변한다

CHAPTER 1 왜 재능을 발견하는 사람과 발견하지 못하는 사람이 있는 걸까　017

발견하는 법을 배운 적이 없기 때문에 재능을 발견하지 못한다
재능을 발견하면 생활방식이 180도 바뀌게 된다
스스로의 재능을 전혀 깨닫지 못하고 발버둥만 치던 나
재능을 발견하는 것과 이로 인해 깨닫게 된 일들
재능을 발견하지 못하는 사람들의 5가지 착각

[재능을 발견하지 못하는 사람의 착각 ①]
남들보다 잘할 수 있는 것이 재능이다
[재능을 발견하지 못하는 사람의 착각 ②]
자격이나 기술이 중요하다
[재능을 발견하지 못하는 사람의 착각 ③]
'되고 싶은 나 자신'이 되려 한다
[재능을 발견하지 못하는 사람의 착각 ④]
노력은 반드시 보상받는다
[재능을 발견하지 못하는 사람의 착각 ⑤]
성공한 사람에게서 배우면 성공할 수 있다
사람은 지금, 이 순간부터 자신감을 가질 수 있다

CHAPTER 2

알게 되면 세상을 보는 눈이 바뀌는
재능의 공식 063

공식을 모르는 채로 재능에 대해 생각해서는 안 된다
'왜 안 되지?'라는 생각이 든다면 재능을 발견할 찬스
'동사'에 주목하면 재능을 발견할 수 있다
재능의 약 50%는 유전으로 결정된다는 사실 앞에서,
어떻게 살아야만 할까
'자신을 바꾸기 위해서는?'이 아니라
'자신을 살리기 위해서는?'이라고 생각한다
재능을 누구도 흉내 낼 수 없는 강점으로 바꾸는 2가지 공식이 있다
[재능의 공식 ①] 단점 ← 재능 → 장점
[재능의 공식 ②] 재능 × 기술·지식 = 강점
재능을 당신만의 강점으로 바꾸는 3가지 단계
'이런 게 재능?' 고민될 때의 7가지 체크리스트

CHAPTER 3

자신 안에 잠들어 있는 보물을 발굴하는
'재능을 발견하는 기술' 103

'내게는 재능이 없어.'라는 생각은 잘못되었다
'이게 나의 재능이다!' 흔들림 없는 자신감을 갖기 위해서는?
한번 만들면 평생 쓸 수 있는 '재능 지도'를 손에 넣는다
빠트리는 것 없이 모든 각도에서 재능을 발견한다
재능 발견 활동에서 명심해야 할 3가지 포인트
[재능을 발견하는 기술 ①] 5개의 질문에 답한다
Q1 다른 사람에게 화가 나는 건?
Q2 부모님이나 선생님이 자주 주의 주는 건?
Q3 해서는 안 된다고 금지당하면 괴로운 것은?
Q4 당신의 단점을 '그렇기 때문에'로 바꾸어 말하면 어떻게 되나?
Q5 다른 사람은 싫어하는데, 내게는 즐겁다는 생각이 드는 건?

[재능을 발견하는 기술 ②] 1000리스트에서 고르자
[재능을 발견하는 기술 ③] 3가지 방법으로 타인에게 묻는다
타인에게 묻는 방법 1 남들에게 칭찬받고 의외였던 건?
타인에게 묻는 방법 2 내가 다른 사람과 다른 점은 무엇일까?
타인에게 묻는 방법 3 나는 무얼 하고 있을 때 즐거워 보이나?
인생을 한 장의 종이에 정리해서 되돌아갈 장소를 만들자
평범한 재능을 뛰어난 재능으로 바꾸는 생각법

CHAPTER 4

당신답게 빛날 수 있는 '재능을 살리는 기술'

'스스로를 받아들였다.'로 만족해서는 안 된다
거침없이 앞으로 나아가는 사람이 실천하는 '요트의 법칙'
장점·단점을 올바르게 마주 보는 법
'악순환에 빠지는 사람'과 '선순환에 올라타는 사람'의 단 한 가지 차이점
평생 무기가 될 기술을 무의식적으로 쓸 수 있게 된다
장점을 살리는 2가지 기술
[장점을 살리는 기술 ①]
크래프트법 — 일을 천직으로 만드는 마법의 기술
[장점을 살리는 기술 ②]
환경이동법 — 장점이 빛나는 환경을 재현해서 손에 넣는 기술
단점을 커버하는 3가지 기술
재능 4타입 분류표
단점을 봉인하는 노력은 반드시 헛걸음으로 끝난다
[단점을 커버하는 기술 ①]
손 놓기 법 — 나답지 않은 것을 전부 없애고 자유로워지는 기술
[단점을 커버하는 기술 ②]
조직법 — 알람시계처럼 단점 커버를 자동화하는 기술
[단점을 커버하는 기술 ③]
타인의지법 — 편안해지면서 사회 공헌도 가능한 일석이조의 기술
99%의 쓸데없는 것들을 버리고, 1%에 집중한다
참는 것은 불필요하지만, 인내는 필요하다

CHAPTER

누구도 흉내 낼 수 없는 강점을 손에 넣는 '재능을 키우는 기술' 215

당신은 아직 자신이 가진 가능성의 10%만 쓰고 있다

일이란 '당연함'과 '감사함'의 교환

재능을 강점으로 키우기 위한 4가지 기술

[재능을 강점으로 키우는 기술 ①] 롤모델을 발견한다
[재능을 강점으로 키우는 기술 ②] 타인에게 조언을 구한다
[재능을 강점으로 키우는 기술 ③] 4가지 종류의 스킬 분류에서 선택한다
[재능을 강점으로 키우는 기술 ④] 좋아하는 것을 탐구한다

자신의 재능을 발견하고 나면, 다른 사람의 재능도 찾아낼 수 있다

당신의 재능은 지구상에서 당신의 역할을 가르쳐 준다

끝맺으며 244

— 강점을 손에 넣은 다음에 반드시 다가오는 시련이란

참고문헌/참고논문 248

감사의 말 250

권말 4대 부록 252

재능을 '발견하고 → 살리고 → 키우기' 위한 실천 비주얼 순서도

재능의 구체적인 예시 리스트 1000

재능을 '발견하고 → 살리고 → 키우기' 위한 질문 300

이것만 받으면 OK! 추천하는 재능 진단

How to find
your
talent.

CHAPTER

1

왜 재능을 발견하는 사람과
발견하지 못하는 사람이 있는 걸까

CHAPTER 1
발견하는 법을 배운 적이 없기 때문에 재능을 발견하지 못한다

천재란 단어가 있는 것처럼 재능이란 일부 사람들만이 하늘로부터 받은 것이라고 많이들 생각합니다. 그 때문에 대부분 '재능을 발견한다.'는 생각은 거의 하지 않습니다.

재능을 발견하는 법은 학교에서도 가르쳐 주지 않으며, 교과서에도 없습니다. 그러므로 대부분의 사람들이 재능을 발견하는 방법이 있다는 걸 모르고, 애초에 나에겐 재능이 없다고 생각합니다. 그 결과, 자신의 재능을 깨닫지 못한 채 순식간에 인생이 끝나고 마는 것입니다.

"지금까지 재능이나 강점에 관한 책을 몇 가지 읽어 보았지만, 재능을 발견할 수 없었다."

이렇게 말하는 사람도 있을지 모릅니다. 그런 분들이 먼저 알아두었으면 하는 것이 있는데, 바로 이것입니다.

'재능을 발견하지 못하는 건, 단어의 분류가 모자라기 때문이다.'

여러분은 아래 단어의 차이점을 이해하실 수 있으십니까?

- 재능
- 장점
- 단점
- 강점
- 약점
- 잘하는 것
- 못하는 것
- 성격

아마 사람들 중 99%는 모를 것입니다. 그러나 지금은 아직 그 정도만으로 충분합니다. 이 책을 읽음으로써 쉽게 이해할 수 있을 테니까요.

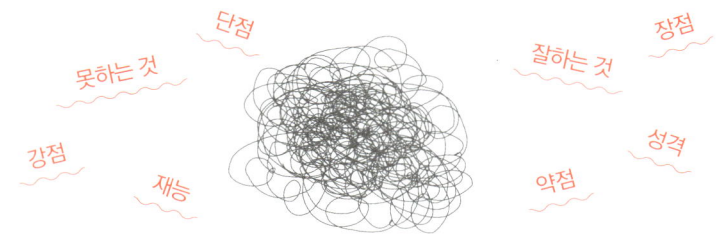

이처럼 단어의 개념을 명확히 하지 않은 채 두루뭉술한 단어로 생각하기 때문에 언제까지나 재능을 발견하지 못하는 것입니다.

> **POINT**
> 재능을 발견하지 못하는 건, 단어의 분류가 모자라기 때문

CHAPTER 1

재능을 발견하면 생활방식이
180도 바뀌게 된다

새삼스럽지만, 재능이란 모든 사람에게 있는 것일까요?
그리고, 발견할 수 있는 걸까요?

그 질문에 저는 가슴을 활짝 펴고 당당히 "YES."라고 답할 수 있습니다.

스스로의 경험에 더해 지금까지 재능을 발견하는 법을 가르쳐 주었던 사람들이 놀랄 만큼 변화하는 걸 눈으로 보았기 때문에 그렇게 말할 수 있는 것입니다.

재능을 발견하지 못하고 살아가는 사람은 뭍에 있는 물고기와 비슷합니다. 이는 자신의 재능에 맞지 않는 환경에서 필사적으로 몸부림치고 있는 것이나 마찬가지라는 말입니다. 그 물고기가 계속해서 자신은 뭍에서 열심히 살아가야만 한다고 생각한다면 어떻게 될까요? 최악의 경우 죽어 버릴 것입니다.

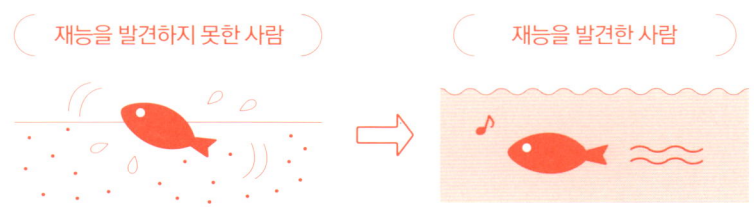

이와 반대로, 재능을 살려 나가는 사람은 물속에 있는 물고기입니다. 자신의 재능을 살릴 수 있는 장소에서 힘차게 헤엄치는 상태입니다. 이렇듯 재능을 발견했는지 아닌지로 인생은 확 바뀌어 버리게 됩니다.

당신은 어느 쪽의 자신으로 살아가고 싶으십니까?

자신의 재능이 어떤 장소에서 살아나는지 알고 있는지에 따라 자신감도, 낼 수 있는 성과도, 인생의 자유도도 달라집니다.

만일 당신이 스스로의 재능을 아직 발견하지 못했다면, ==재능을 살릴 수 있게 되었을 때 스트레스는 지금의 1/10로 줄어들고, 성과는 10배가 될 것입니다.==

> **POINT**
> 재능을 살리지 못하는 사람은 '물에 있는 물고기'
> 재능을 살리고 있는 사람은 '물속의 물고기'

CHAPTER 1

스스로의 재능을 전혀 깨닫지 못하고 발버둥만 치던 나

이러한 책을 쓰거나 회사를 경영하고 있다고 하면, '원래 자신의 재능을 깨닫고 있었던 거 아닌가?'라고 생각할지도 모르겠습니다. 사실은 정반대입니다. 저는 오랫동안 낯가림이란 콤플렉스를 안고 살아가고 있었습니다.

일을 못해서 2개월 만에 편의점 아르바이트에서 해고되다

대학 1학년 봄방학 때의 일입니다. 저는 친구와 둘이서 나고야 여행을 갔습니다.

패밀리 레스토랑에서 저녁을 먹고 있는데 전화가 걸려 왔습니다. 아르바이트를 하고 있던 편의점의 점장이었습니다. 보통 전화가 오는 일이 거의 없었기 때문에 '무슨 일이지?' 하고 이상하게 여기며 전화를 받았습니다.

"야기 씨, 당신은 일에 대한 의욕도 저조하고, 툭하면 나오기 직전 감기라며 쉬고, 교대 근무도 잘 들어가지 않으니까 이제 그만 나와도 돼. 그럼 이만."

너무나도 놀란 저는 "네, 네." 하고 대답하는 것 말고는 아무 일도 하지 못한 채 그대로 해고당하고 말았습니다.

그 편의점은 집에서 가깝고 시급도 1,000엔이라는 좋은 조건인 데다 편할 것 같아서 지원했었는데, 실제로 일을 시작해 보니 상품 진열, 우표 판매, 뜨거운 간식류 준비, 주먹밥 만들기, 빨랫감 받기, 전자화폐 사용하기 등 모르는 것들뿐이었습니다. 모르는 것이 있어도 낯을 가리는 탓에 선배에게 물어볼 수조차 없었습니다.

가장 괴로웠던 건 벽 한쪽 면에 100종류 가까이 늘어선 담배 중 손님이 원하는 상표를 한순간에 골라내서 정확히 전달하는 일이었습니다. '다른 아르바이트생들은 할 수 있는 걸 왜 나는 못하는 걸까. 아아, 일하러 가고 싶지 않아.'라는 생각에 의욕은 점점 낮아졌습니다.

점장의 전화에 찍소리도 하지 못하고, 편의점 일조차 제대로 하지 못해 해고당한 나 자신을 쓸모없는 놈이라고 생각하게 되었습니다.

**떠올리는 것만으로 위가 아파 오는,
딱 하루 만에 도망쳐 버린 일**

창피하니까 별로 이야기하고 싶지 않은 일입니다만, 그다음 번 아르바이트 선택도 실패했습니다.

다음으로 했던 건 전화 상담 아르바이트였는데, 회사가 운영하는 인터넷 쇼핑몰에 입점해 줄 것 같은 가게를 찾아 전화 영업을 하는 일입니다.

하지만 저는 전화하는 것이 무척이나 서투릅니다. 아르바이트 첫날 저는 일을 가르쳐 주던 사장님이 "불안해 보이는데 괜찮나?" 하고 걱정할 정도의 표정을 짓고 있었습니다.

전화를 걸면서도 '받지 말아라······!'라고 기도하는 상황이었습니다. 여차저차 전화를 받더라도 머리가 백지장이 되어 제대로 말을 하지 못했습니다.

그다음부터 전화를 거는 게 무서워 견딜 수 없었기 때문에 두 번째 전화 이후로는 영업처를 검색하는 척하면서 전화를 걸지 않은 채 첫날을 보냈고, ==결국 그날로 아르바이트에서 도망치고 말았습니다.== 떠올리는 것만으로 손이 떨리고 위가 아파지는 경험입니다.

하지만 이는 당연한 결과였습니다. 저는 제게 걸려 온 전화도 절대 스스로 받지 않고 아내에게 대신 받아 달라고 만큼 전화에 서툴기 때문입니다.

이 이야기를 들은 당신은 제게 "하필 왜 그런 아르바이트에 지원했지?"라며 걸고넘어지고 싶어질 것입니다. ==당시의 저는 제 재능을 전혀 깨닫지 못했기 때문에, 자신이 가진 재능과 180도 어긋난 아르바이트에 지원하고 만 것입니다.==

이 책을 쓰려고 생각한 건, 이랬던 저도 재능을 발견하고, 재능을 살릴 수 있는 장소를 손에 넣는 경험을 했기 때문입니다. 누구에게나 재능은 있고, 반드시 발견할 수 있다. 이것이 제가 지금 가장 전하고 싶은 말입니다.

> **POINT**
> 누구에게나 재능은 있고, 반드시 발견할 수 있다

재능을 발견하는 것과 이로 인해 깨닫게 된 일들

노력해도 나아지지 않는 낯가림

아르바이트는 잘 풀리지 않았지만, 자기 자신을 바꿔서 무언가가 되고 싶었던 저는 열심히 발버둥 쳤습니다.

일단 사람과 대화하는 횟수를 늘리면 낯가림이 나아질지도 모른다는 생각에 용기를 쥐어짜서 히치하이킹에 도전해 보기로 했습니다.

저는 대학교 봄방학 동안 히치하이킹으로 서일본 일주를 했습니다. PC방에서 묵으며 처음 보는 사람의 차를 얻어 타고 어떻게든 커뮤니케이션을 하기를 3주 정도, 매일매일 두려움에 두근대는 심장을 부여잡고 히치하이킹을 했습니다. 낯가림을 고칠 수 있을지도 모른다는 희망을 가지고요.

정신 차리고 보니 저는 어느 사이엔가 100번의 히치하이킹을 했고, 뒤를 돌아본 순간 깨달았습니다.

내 낯가림은 전혀 변한 게 없다는 것을.

여전히 처음 만나는 사람과 대화하게 되면 긴장하고, 길 건너편에서 아는 사람이 걸어오면 스쳐 지나가지 않도록 빙 돌아가게 된다 할지라도 그 자리에서 도망치며, 다른 사람과 엘리베이터를 타는 것도 너무 싫습니다. 그 사실을 깨달았을 때, '이만큼 노력해도 바뀌지 않는다면 이 이상은 무리다.'라는 걸 분명히 알게 되었습니다. 그 시점에서 저는 낯가림을 고치는 걸 포기했습니다. 생각을 180도 바꾸어 버린 것입니다. <mark>못하는 건 그만두고, 내가 무리 없이 할 수 있는 일을 하자고.</mark>

그것이 제 인생의 커다란 전환점이 되었습니다.

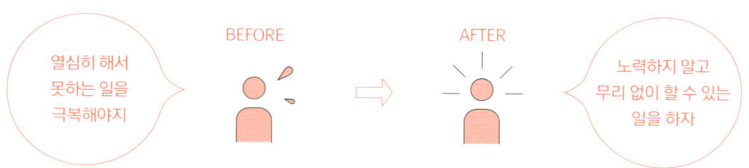

나는 아무것도 변하지 않았다.
하지만, 현실이 크게 변하기 시작했다.

사실 히치하이킹을 하고 있는 동안 히치하이킹의 성공 방법을 체계화한 블로그를 쓰고 있었습니다.

제가 도전했을 때에는 아무리 찾아보아도 '어떻게 하면 히치하이킹에 성공할까?'라는 내용을 정리해 둔 사람은 없었습니다. 그래서 '그런 블로그를 쓰면 읽어 줄 사람이 있을지도 몰라.'라고 생각한 게 계기가 되었습니다. 블로그에 글을 쓰는 건 제게 있어 무리 없이 할 수 있는 일이었습니다.

그런데 세상에나, 그런 제가 쓴 블로그가 검색 엔진에서 히치하이킹에 대해 찾아볼 때 제일 위에 뜨게 되었습니다.

당시에는 자각하지 못했지만, 지식을 체계화해서 전달하는 재능을 살리게 됨으로써 이런 결과를 일구어 낼 수 있었던 건 아닐까 생각합니다.

'이거 대단한 일 아냐?'

라는 생각에 블로그를 쓰는 시간을 늘려 보기로 했습니다.
히치하이킹 외에도 내가 알고 있는 걸 블로그에 정리하기 시작한 것입니다.
본격적으로 블로그를 시작하고 일주일 정도 되었을 때 쓴 '다카다노바바 라멘 맛집 모음'이란 포스트가 있습니다. 뉴스 사이트 몇 군데에서 이 포스트를 다루었고, 블로그를 시작한 지 얼마 되지 않았음에도 불구하고 블로그 방문자는 1만 명을 넘겼습니다. 블로그 오른쪽 위편의 접속자 수를 보고 두근댔던 순간을 아직도 기억합니다.
이때 제 안에 한 가지 가설이 생겨났습니다.

'재능을 살린다면 자연스레 커다란 결과가 나오는 건 아닐까?'

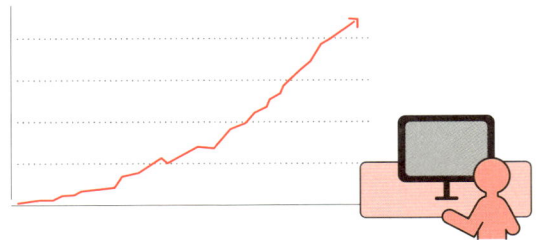

감을 잡은 저는 매일 같이 블로그를 썼습니다. 블로그를 쓰는 건 전혀 어렵지 않았기 때문에, 대학교 수업 중에도, 세미나 도중에도, 여름방학 때도, 수업이 끝나고 나서도, 그저 쓰기만 했습니다.

블로그를 쓰는 걸로 대학 친구들에게 괴롭힘을 당하기도 했지만, 이 일에 푹 빠져 있었기 때문에 조금도 신경 쓰이지 않았습니다.

블로그를 계속하자 접속자 수는 나날이 늘어나서, 시작한지 고작 1년 반 만에 블로그 수익으로 무려 100만 엔을 벌게 되었습니다.

당시에는 세상의 진리를 알아 버린 듯한 감각이었습니다. 세상을 보는 방식이 이전과는 완전히 달라진 것입니다.

이때 가설은 확신으로 바뀌었습니다.

==재능을 살린다면 분명히 자연스레 커다란 결과가 나온다.==

여기에서 확신을 찾은 저는 다음 순서로 책을 쓰기 시작했습니다.

처음 쓴 책은 단숨에 100만 부를 돌파하고, 20만 부, 30만 부 중판되며 2021년 일본 연간 베스트셀러 랭킹(비즈니스서)에서 10위에 올랐습니다.

그러자 그전까지 쓸모없는 놈이었던 제가 재능이 있다는 말을 듣게 되었습니다.

하지만 저 자신은 무엇 하나 변한 게 없습니다. 그저 ==잘하지 못하는 걸 놓아 버리고, 재능을 살리기 시작했을 뿐==입니다.

> 어느 쪽이건 똑같은 나. 변한 것은 재능을 살리는 방법

- 편의점 아르바이트
  2개월 만에 해고
- 전화 상담 아르바이트
  하루 만에 도망침

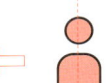

- 블로그 누계 2,600만 페이지 뷰
- 30만 부 베스트셀러 집필
- 직원 70명의 회사 대표

'재능을 살리는 법'이 탄생한 날

인생의 극적인 변화에 깜짝 놀란 저는 무엇이 일어났는지를 해명하기 위해 여기저기 뒤져 재능에 대한 책을 읽고, 세상에서 재능이 있다고 하는 사람들에 대해 조사한 결과, 재능을 발견하는 방법을 정리할 수 있었습니다.

그러나 이렇게 찾아낸 재능을 발견하는 법은 평범한 시선으로 보면 상당히 비상식적인 방법입니다.

하지만 그 재능에 관한 생각을 주위 사람들에게 전하자 다음과 같은 커다란 변화가 점점 일어나게 되었습니다.

 재능을 깨닫고 나서 계속 품고 있던 열등감에서 해방되었어요.

 회사에서 승진하고 커리어를 올리기 위한 이직에도 성공했습니다!

저의 팀원들 또한 이 방법을 실천하고 나서, 아래처럼 자신의 재능에 점점 눈뜨게 되었습니다.

저는 팀워크를 좋아지게 하는 재능이 있으니까 더한층 갈고 닦겠습니다!

저는 구조화를 잘하니 이곳에서 넘버 원을 목표로 하겠습니다!

재능을 발견하는 법을 정리한 뒤, '어째서 지금까지 이걸 가르쳐 주지 않았을까? 더 빨리 알았다면 쭉 편하게 살았을 텐데.'라고 생각했습니다. 이후 제게 방법을 배운 사람들도 당시의 저처럼 "더 일찍 알았다면 좋았을 텐데. 그래도 지금이라도 알 수 있어서 정말 다행이야."라고 이야기했습니다.

어쩌면 지금까지의 경험으로 보아 지금 이 순간에도 이 책에 쓰인 재능 공식을 실천하고 있는 사람이 있을지도 모릅니다.

이를 이미 실천하고 있는 사람은 그 프로세스를 확인하기 위해 이 책을 읽어 보셨으면 합니다. 아직 실천하지 않는 사람은 책 속의 공식을 따라 앞으로 나아가 주시기 바랍니다.

혼자 발버둥 치는 것보다 훨씬 빠르게 여러 단계를 건너뛰고 자신의 재능을 발견할 수 있도록 당신이 해야만 하는 일을 이 책에 전부 정리해 두었습니다.

> **POINT**
> 인생을 바꾸기 위해 자신을 바꿀 필요는 없다.
> 재능을 살리기 시작하면 인생은 멋대로 변한다.

재능을 발견하지 못하는 사람들의 5가지 착각

재능을 발견하고, 살리고, 키우기까지의 3단계를 설명하기 전에 먼저 재능을 발견하지 못한 사람이 빠져 있는 착각을 해결해 두겠습니다.

왜냐하면 지금 가지고 있는 5가지 착각을 해결하지 않은 채로는 재능을 찾으려 해도 도무지 찾을 수 없기 때문입니다.

이 5개의 착각을 해결하는 것만으로 재능을 깨닫는 사람도 있습니다. 그 정도로 이 확신은 강렬합니다.

당신에게도 짐작 가는 점이 있을지 모릅니다. 우리 함께 이 착각을 하나씩 없애 봅시다.

[재능을 발견하지 못하는 사람의 착각 ①]
남들보다 잘할 수 있는 것이 재능이다

당신에겐 '세상에서 가장 잘할 수 있는 것'이 있습니까?

아마 대부분의 사람들이 고개를 저을 것입니다. 물론 저도 마찬가지입니다.

그럼 당신은 재능이 무엇이라고 생각합니까?

재능을 '남들보다 잘할 수 있는 것'이라고 생각하고 있는 건 아닙니까?

저 또한 예상을 벗어나지 않고 그렇게 생각하고 있었습니다.

설명하는 게 특기지만 나보다 잘하는 사람은 있다.

그러니 나에게 재능 같은 건 없다고 생각했습니다.

하지만 그렇게 느끼는 것은 처음부터 재능의 정의를 착각하고 있기 때문입니다.

그 상태에서는 어떤 재능을 발견하더라도 '하지만 나보다 잘하는 사람이 있으니, 이게 재능은 아니야.'라고 생각합니다.

하지만 이러한 착각에서 벗어난 사람은 자신에겐 수많은 재능이 있다고 단언할 수 있게 됩니다.

올바른 재능의 정의란?

그렇다면 올바른 재능의 정의란 무엇일까요? 그것은 바로, 이것입니다.

'나도 모르게 하는 것.'

==재능을 발견할 때에는 남들과 비교할 필요가 전혀 없습니다.==
스스로가 '나도 모르게 하는 것'이라면, 그것이 바로 재능입니다. 다른 말로 이야기하자면 '자연스레 하고 있는 것'이기도 합니다.

"'나도 모르게 하는 것'이라니, 무슨 뜻이죠?"라고 생각하셨겠죠. 예를 들어 보겠습니다.

- 나도 모르게 바로 행동한다
- 나도 모르게 사람을 관찰한다
- 나도 모르게 리스크를 고려한다
- 나도 모르게 눈에 띄려 한다
- 나도 모르게 부정적으로 생각한다
- 나도 모르게 남의 기분을 고려한다
- 나도 모르게 사람에게 말을 건다

이 모든 것이 재능입니다.

여기서, 재능을 실감하기 위한 작업을 해 보겠습니다.

**머릿속에 종이를 떠올리고,
손으로 자신의 이름을 써 보세요.**

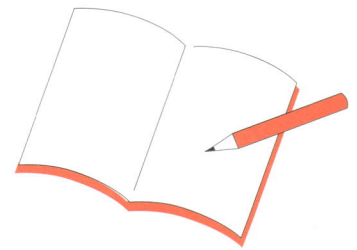

다 쓰셨나요?

그럼, 질문입니다.

이름을 어느 손으로 썼나요?

아마 대부분의 사람이 주로 쓰는 손으로 썼을 것입니다.

그리고 주로 쓰는 손을 이용해 글씨를 쓸 때 '주로 쓰는 손을 써야지.'라고 의식조차 하지 않았을 터입니다.

이것이 '나도 모르게 하는 것'입니다.

재능도 이와 마찬가지로 모두가 항상, 의식하지 않고 하고 있는 일입니다.

그러나 주로 쓰는 손을 쓰는 것은 나에게 있어서 무의식적인 행동이므로 "이름을 어느 손으로 썼나요?"란 질문을 듣기 전까지는 '지금 주로 쓰는 손으로 글씨를 쓰고 있다.'고 깨달은 사람은 없을 것입니다. 재능도 마찬가지로 평소에도 쭉 하고 있지만 굳이 의식하기 전에는 깨닫지 못합니다. 그렇기에 시간을 들여 행동을 반복함으로써 스스로가 무의식적으로 사용하는 재능을 발견할 필요가 있습니다.

이 반복을 돕는 것이 이 책의 역할입니다.

이 책을 읽는 도중 당신은 별것 아닌 일상에서 사실 재능을 살리고 있었다는 걸 깨닫고, 자기 자신을 보는 방식이 점점 바뀌어 갈 것입니다.

하지만 재능이 '나도 모르게 하는 것'이란 말을 듣고, 누군가는 이렇게 말할지도 모르겠습니다.

"그게 어떤 식으로 도움이 되는지 모르겠다."

"일에서는 숫자로 동료와 비교당한다."

"현실은 그렇게 간단하지 않아. 사회에서 평가받는 게 아니라면 의미 없다."

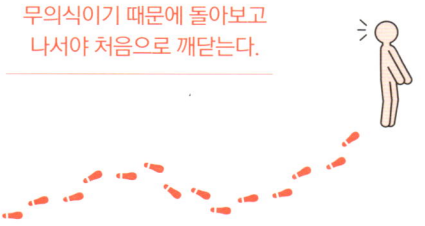

무의식이기 때문에 돌아보고 나서야 처음으로 깨닫는다.

일에서 사용한다는 관점에서 보았을 때에는 확실히 여러분이 한 말대로입니다. 그렇지만 등잔 밑이 어둡다는 게 바로 이 점입니다. 여러분이 항상 '나도 모르게 하는 것'이야말로 대단한 보물입니다.

'업무에서 재능을 어떤 식으로 도움이 될 수 있게 할까?'에 관해서는 CHAPTER 2에서 자세히 설명하도록 하겠습니다.

이 책을 다 읽고 나면 당신은 자신의 재능에 무한한 가능성이 잠들어 있는 걸 깨닫고 두근거림이 멈추지 않을 것입니다.

우선 여기에서는 '나도 모르게 하는 것 = 재능'이라고 이해하기만 한다면 문제없습니다.

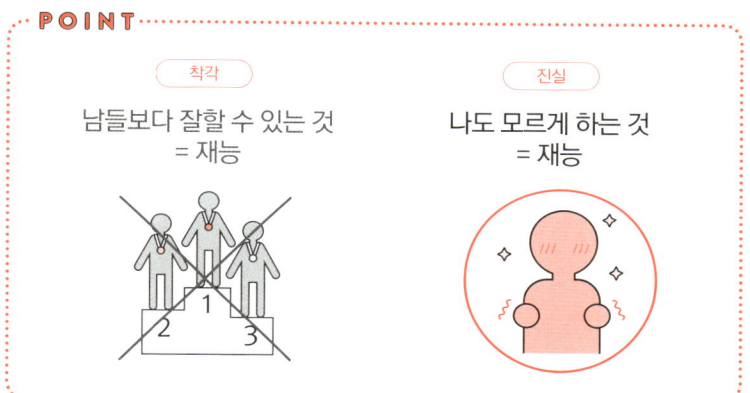

[재능을 발견하지 못하는 사람의 착각 ②]
자격이나 기술이 중요하다

　재능이라고 많이들 착각하는 것은 자격의 대표 격인 기술 또는 지식입니다. 이 3가지는 닮은 듯하면서도 전혀 다릅니다.

　재능의 예는 '리스크를 고려할 수 있는 것', '남의 기분을 중요하게 여기는 것', '한 가지 일에 몰두할 수 있는 것' 등입니다.

　반대로 기술 또는 지식이란 '영어를 할 수 있다.', '프로그래밍을 할 수 있다.', '요리를 할 수 있다.' 같은 것입니다.

　이 둘은 3가지 점에서 전혀 다릅니다.

　먼저 첫 번째. 재능은 특별한 노력을 하지 않고 몸에 익힌 것이고, 기술 또는 지식은 후천적으로 배워서 몸에 익힌 것이라는 차이점이 있습니다.

　두 번째. 재능은 한번 알고 쓸 수 있게 되면 어떤 일에도 쓸 수 있지만, 기술 또는 지식은 특정한 일에만 활용 가능합니다.

　세 번째. 재능은 평생 사용할 수 있는 반면, 기술 또는 지식은 오래되면 쓸 수 없게 될 가능성이 있습니다.

　표로 정리하면 이렇게 됩니다.

재능	자격과 같은 기술·지식
천성 등 특별한 노력 없이 몸에 익힌 것	후천적으로 몸에 익힌 것
어떠한 일에도 사용 가능	특정한 일에만 사용 가능
평생 사용 가능	오래되면 쓸 수 없을 가능성이 있음
예 : 리스크를 고려할 수 있는 것, 남의 기분을 중요하게 여기는 것, 전략을 세우는 것	예 : 영어, 프로그래밍, 마케팅, 간호사, 회계사

'어라? 그렇다면 기술이나 지식은 중요하지 않나?'라고 생각했을지도 모릅니다.

물론 기술 또는 지식은 필요하지만, 이것들은 시대의 변화와 함께 진부해집니다. 과거에는 주산학원에 다녀 자격을 따면 취직에 유리했지만 이제 그런 일은 없습니다. 기술이란 그러한 것입니다.

또한 **한번 익힌 기술이나 지식에 의존해 자기 인생의 자유도를 낮추는** 사람도 있습니다.

그렇기에 이 기술 또는 지식을 중시하는 사람은 좀처럼 재능을 발견하기 어렵습니다.

예를 들어 간호사 자격을 땄다고 칩시다. 자격 취득을 위해 노력한 건 정말 존경스러운 일입니다.

하지만 간호사를 그만두게 된다면 어떨까요?

그 자격 자체가 쓸모없어질지도 모릅니다.

제게는 자주 "이직을 하고 싶은데 간호사 자격을 살리고 싶어요."와 같은, 지금 가진 자격을 살리고 싶다는 상담이 들어옵니다.

==이는 자신이 하고 싶은 일보다도 자격을 살리는 것의 우선순위가 높은 상태입니다.==

그렇게 해서 선택한 다음 직업이 정말 당신을 행복하게 해 줄까요?

삶을 풍족하게 하기 위한 자격이 거꾸로 당신을 얽매고 있다면 주객전도입니다.

또한 예를 들어 공인회계사 자격증을 땄다고 하겠습니다.

이는 엄청난 노력이 필요한 일로, 정말로 대단한 것입니다. 그러나 실제로 일을 시작해 보고 자신에게 맞지 않는다고 느낀다면 어떻게 할까요?

실제로 이런 질문을 받은 적이 있습니다.

"공인회계사 자격을 따서 회계사무소에 취직했지만, 일이 적성에 맞지 않아 그만두고 싶습니다. 하지만 지금까지의 노력이 물거품이 된다고 생각하니 결단을 내리기 어렵습니다."

이 또한 자신이 하고 싶은 일보다도 자격을 살리는 것의 우선순위가 높은 경우입니다.

이처럼 자격이라 할 수 있는 기술 또는 지식을 중시하는 삶의 방식은 무척이나 자유롭지 못합니다.

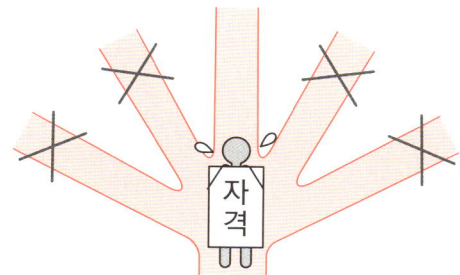

그럼 어떻게 하면 좋을까요?

답은 간단합니다.

자신의 겉모습으로 향하고 있던 눈을 자신의 내면으로 돌리면 됩니다.

<mark>자신의 외면에 있는 기술 또는 지식을 추구하는 것이 아니라, 내면에 있는 재능에 시선을 주면 되는 것입니다.</mark> 지식 또는 기술을 사용하는 것도 결국엔 자기 자신이므로, 무엇보다도 먼저 자신의 재능에 대해 배워야만 합니다.

자신의 재능을 깨닫게 되면 좋아하는 일을 하며 자유롭게 살 수 있습니다.

'나에게는 ○○의 재능이 있다.'고 깨닫게 되면 어떤 시대에서도, 어디에 가더라도 활약할 수 있다는 압도적인 자신감이 붙으며, 자유로운 인생을 보낼 수 있게 됩니다.

"학교 영양사 일을 그만두고 이직하고 싶습니다."

20대인 S씨가 이런 상담을 해 왔습니다.

이분은 재능을 발견하기 위한 프로그램을 통해 하고 싶은 일과 대면한 결과, 다이어트 요가 강사를 하고 싶다는 마음을 찾아냈지만, 지금까지 경험해 보지 못한 일이기에 "이직할 수 있을까?"라며 무척이나 불안한 듯 보였습니다.

확실히 영양사 자격증은 요가 강사 일에는 직접적인 도움이 되지 않는 것처럼 보일 수 있습니다.

이럴 때 중요한 것이 재능입니다.

S씨의 과거 경험에 대해 들어 보니, 영양사 일 중에서도 영양 지도는 무척이나 즐거웠고, 여기에서 성과도 제법 낸 모양이었습니다.

어떻게 성과를 냈는지 비결을 묻자, "상대의 반응을 보고 있으면 무엇을 모르는지 단숨에 알아챌 수 있어서, 그 부분을 구체적으로 설명하는 방식을 썼다."고 했습니다.

찾아냈습니다! 상대의 반응에 맞춰 적절한 설명이 가능하다는 것이 S씨의 재능입니다! ==이 재능은 어떠한 일에도 도움이 될 수 있을 것입니다.==

요가 강사 지원 서류에는 이 재능에 초점을 맞추어 '영양 지도 때와 같이 손님의 반응을 살피며 정중하게 권유할 수 있습니다.'라고 썼습니다.

서류 전형은 무사히 통과했고, 면접에서도 그 점을 강조해서 전달할 수 있도록 조언했습니다.

나중에 S씨로부터 연락이 왔습니다.

"야기 씨, 요가 강사로 채용이 결정되었어요!"

분명 잘될 거라고 생각하고 있었지만, 이런 순간은 몇 번을 겪더라도 항상 감동하곤 합니다.

재능의 발견으로 직종도 업계도 넘어선 커리어 변경이 가능해집니다.

재능을 발견한 사람은 나이도 경험도 관계없이 언제부터라도 자신이 바라는 근무 방식을 손에 넣을 수 있는 것입니다.

재능을 발견하게 된다면 당신도 분명히 할 수 있습니다.

어떠한 기술 또는 지식보다도 우선 재능을 발견한다.

주의해야 할 점은, 기술 또는 지식이 필요 없다는 것은 아닙니다. 중요한 건 순서입니다.

우선 재능을 발견하고 그 재능을 토대로 하여 기술 또는 지식을 쌓아 올립니다. 이에 따라 당신만의 강점이 생겨나는 것입니다.

아까 전 S씨의 경우에는 '상대의 반응에 맞춰 그때그때 적절한 설명을 한다.'는 재능을 가지고 요가 강사로서의 기술과 지식을 몸에 익혔습니다.

이 순서를 잘 기억해 주십시오.

많은 사람들은 기술 또는 지식을 배우는 일에 시간을 들입니다.

재능은 인생의 토대가 되는 것인데, 이를 발견하기 위해서 누구도 시간을 들이려 하지 않습니다.

심지어 처음부터 자신에게 재능이 있다는 사실마저 깨닫지 못합니다.

그렇기에 이를 깨달은 사람에게는 말도 안 되도록 커다란 기회가 옵니다.

==당신의 재능은 당신이 살아 있는 한 평생을 함께할 당신의 무기가 될 것==입니다.

이처럼 평생 갈 재능을 이 책을 통해 몸에 익혀 봅시다.

POINT

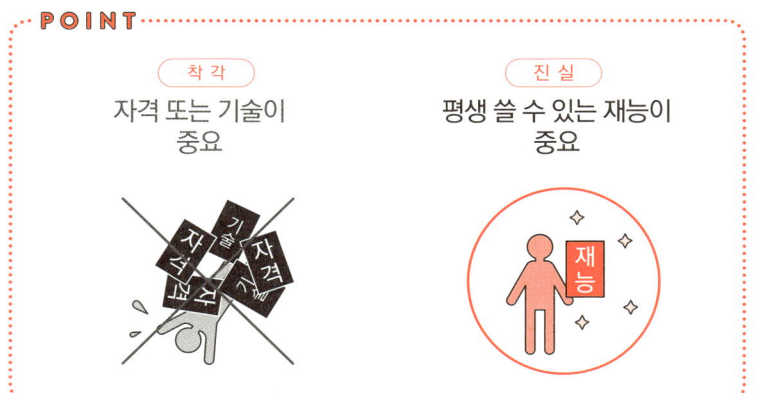

[재능을 발견하지 못하는 사람의 착각 ③]
'되고 싶은 나 자신'이 되려 한다

"저는 '되고 싶은 자신'이란 단어를 싫어합니다."

제가 강연에서 이렇게 말했을 때, 그 자리에 있던 청중 모두가 한순간에 깜짝 놀란 표정을 지었습니다.

아마도 많은 사람들이 '되고 싶은 자신'을 목표로 하는 것이 좋은 일이라고 생각하기 때문일 것입니다.

어째서 저는 '되고 싶은 자신'이란 단어를 싫어하는 것일까요? 왜냐하면 '되고 싶은 자신'이라 할 때의 그 대상은 자신의 겉모습이기 때문입니다.

'저 사람처럼 되고 싶다.' '이렇게 되고 싶다.'

이는 동경입니다. 일반적으로 동경이란 아름답고 빛난다고 생각합니다.

하지만 사실 '동경 = 자기부정'입니다.

왜냐하면 동경이란 '지금의 나는 형편없으니, 되고 싶은 나 자신이 되자.'는 발상에서 오기 때문입니다. 하지만 자기부정을 하며 동경할 필요 따위 없습니다. 당신은 아직 깨닫지 못했을 뿐 이미 멋진 재능을 가지고 있기 때문입니다. 그저 그 재능을 살리기만 하면 됩니다.

'되고 싶은 자신'을 놓아 버리면, 재능이 보인다.

대부분의 경우 동경하는 상대는 내게 없는 것을 가진 사람입니다.

이렇게 말하는 저도 쭉 다른 사람을 동경하며 살아왔습니다. 제 경우에는 제 형이 동경의 대상이었습니다. 형은 초등학교 때에는 운동회의 응원단장이었고, 중·고등학교 때에는 배드민턴부 부장을 할 만큼 사교적이며 누구와도 금방 친해지는, 언제나 모두의 중심에 있는 듯한 존재였습니다.

저는 낯가림 때문에 혼자 지내는 편이었으므로, '어째서 형처럼 친구를 만들지 못할까?'라며 쭉 자기부정을 되풀이해 왔습니다. 그 결과 앞에 서술했던 것처럼 히치하이킹까지 해서 낯가림을 극복하려고 노력했지만, 결과는 대실패였습니다.

여러분도 이처럼 단점을 극복하기 위해 노력한 경험이 있지 않습니까?

여기서 다시 한번 하고픈 말이 있습니다.

되고 싶은 자신이나 동경은 나쁜 것이다. 오늘만이라도 버리자.

제가 어째서 동경을 이렇게까지 부정하느냐 하면, 동경이란 건 본래 현대에 사용되는 것처럼 긍정적인 단어가 아니었기 때문입니다.

여러분은 '동경하다.'라는 단어의 어원을 알고 계십니까?

일본어로 '동경하다(あこがれる아코가레루).'의 어원은 'あくがる아쿠가루'이며, '본래의 장소에서 떨어져 헤매다, 마음이 몸과 분리되다.'라는 뜻의 단어였습니다. 즉 동경이란 '본래의 나 자신에게서 멀어져 있는' 상태라고도 할 수 있습니다.

잠시 생각해 보세요. 동경이란 감정을 안고 있을 때의 당신은 어떤 기분인가요? 이상적인 이미지 속에서 기분은 좋지만 본래 자신의 모습을 볼 수 없는 상태는 아니었나요? 그 상태에 만족해 버리는 것이 당신이 언제까지나 재능을 발견하지 못하는 원인입니다.

==분명히 말해 두지만, 동경을 놓지 않는 한 자신의 재능은 절대 발견할 수 없다고 해도 과언이 아닙니다.==

'되고 싶은 자신'에 대한 동경이 당신의 재능을 죽이고 있습니다.

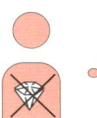

동경이 재능을 죽이고, 체념이 재능을 살린다.

'하지만 그렇게 간단히 동경을 버릴 수 있을까?'

이렇게 생각하는 사람도 있을지 모릅니다.

사실 동경이란 '스스로를 파악하는 것'으로 놓아 버릴 수 있습니다.

어째서일까요?

답을 찾기 어려울 때 단어가 가진 원래의 의미로 되돌아와 보면 단순한 답에 다다를 수 있습니다. 여기서는 '체념하다.'란 단어의 의미를 생각해 보겠습니다.

'체념하다.'란 단어의 정의를 일본어 사전에서 찾아보면 '관찰한 여러 가지를 정리하여 진상을 확실히 하는 것'이라 되어 있습니다.

실제로 일본어의 '체념하다(あきらめる아키라메루).'와 '명백한(あきらかㅇ아키라카)'은 어원이 동일하다고 알려져 있으며, '사물의 진실한 모습을 명백히 함으로써 가까스로 체념할 수 있다.'는 뉘앙스가 담겨 있습니다.

==즉, '진짜 모습이 명백해지면, 있는 그대로를 받아들이고 동경을 체념할 수 있다.'는 것입니다.==

여기서, 여러분에게 질문입니다.

하늘을 나는 새와 자신을 비교해서 '왜 나는 날 수 없을까?'라고 생각해 본 적이 있으십니까?

아마 없을 것입니다. 이는 자신은 하늘을 날 수 없다고 체념했기 때문입니다.

또한 《드래곤 퀘스트》 같은 게임에서는 자신의 능력치가 숫자로 명백히 보입니다.

그렇기 때문에 공격력이 낮은 마법사는 검을 들고 싸우려 하지 않습니다. 이는 '자신은 검으로 공격하더라도 이길 수 없다.'고 체념하고 있기 때문입니다.

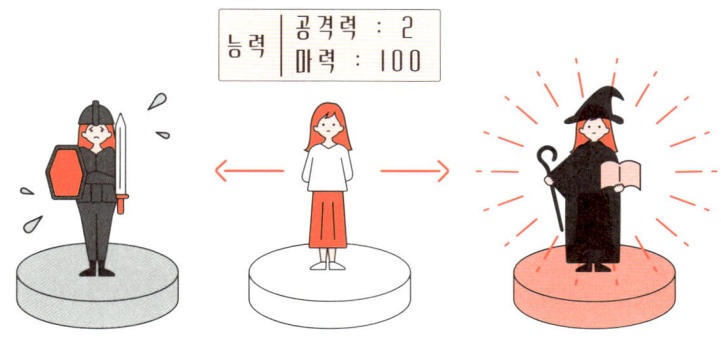

당신이 누군가를 동경하게 되는 건 자신도 그렇게 살아갈 수 있을지 모른다고 아직 희망을 가지고 있기 때문입니다. 물론 과거의 저도 그랬습니다. '열심히 하면 낯가림을 극복할 수 있을지도 몰라.' 이렇게 생각하며 필사적으로 발버둥 쳤습니다.

그 결과는 다들 알고 있는 대로입니다.

하지만 그와 동시에 대단한 수확도 있었습니다. 온갖 노력을 다해 보다가 스스로와 마주한 끝에 낯가림이 전혀 낫지 않았다는 것이 명백해지며, 체념할 수 있었기 때문입니다.

저는 이를 통해 자신의 재능을 살려 살아갈 결심을 했습니다.

지금까지의 이야기를 표로 정리해 보면 다음과 같습니다.

동경	체념
되고 싶은 자신	될 수 있는 자신
자기부정	자기긍정

그리고 기억해 주시기 바랍니다.

==동경은 재능을 죽이고, 체념이 재능을 살립니다.==

체념하기로 마음먹은 순간 겨우 체념할 수 있다는 시원한 기분을 가지고 진정한 자신의 재능에 눈을 돌려 인생을 다시 시작할 수 있게 됩니다.

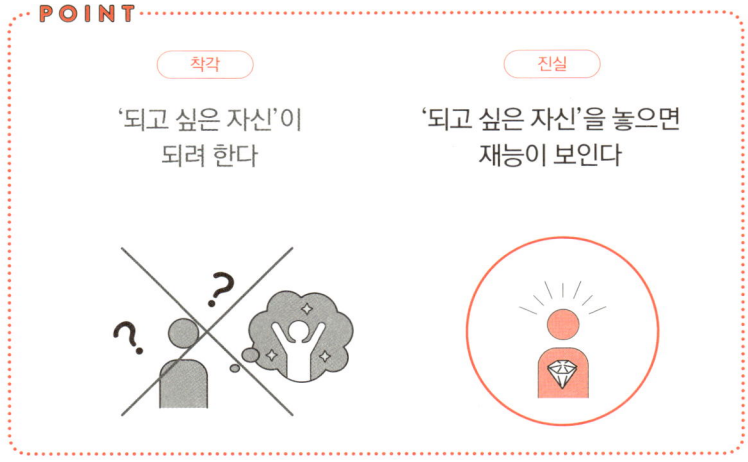

POINT

착각: '되고 싶은 자신'이 되려 한다

진실: '되고 싶은 자신'을 놓으면 재능이 보인다

[재능을 발견하지 못하는 사람의 착각 ④]
노력은 반드시 보상받는다

마음대로 되지 않았던 일.

실패한 프로젝트.

바로 그만둬 버린 아르바이트.

무엇이 잘못되었던 것일까.

노력이 부족했기 때문에?

그럴지도 모릅니다만, 다들 스스로의 인생을 되돌아보며 어렴풋이 느끼고 있지 않을까요?

보상받은 노력과 보상받지 못한 노력이 있다는 것을요.

- **노력하면 성공한다**
- **노력하지 않으면 성공할 수 없다**

대부분의 사람들은 이 둘 중 어느 쪽이라 생각할 것입니다. 그러나 그건 착각입니다.

사실은 이렇습니다.

- 재능이 있는 일에 대해 노력하며 즐기면서 큰 성공을 거둔다
- 재능이 없는 일에 대해 노력해서 괴로운 경험을 했는데도 불구하고 성과

도 내지 못한다, 그리고 노력하길 그만둬 버린다

이것은 연구로도 증명된 사실입니다.

미국의 네브래스카 대학에서 16살짜리 학생들을 대상으로 한 연구에서는, 학생들을 '읽기가 장점인 그룹'과 '읽기가 평균적인 그룹'으로 나누어 3년간 같은 훈련을 했습니다.

'읽기가 평균적인 그룹'은 훈련 전에는 매분마다 90자의 글자를 읽는 속도였지만, 3년 뒤에는 분당 150자를 읽을 수 있게 되었습니다. 성장률은 1.6배 이상입니다.

'읽기가 장점인 그룹'은 매분마다 350개의 글자를 읽던 것이 3년이 지나자 분당 2,900자 이상 읽을 수 있게 되었습니다. 놀랍게도 8배 이상의 성장률입니다.

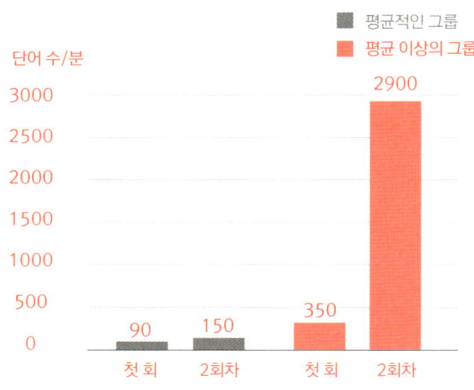

즉, 이 연구를 통해 다음과 같은 사실을 알 수 있습니다.

- 재능이 없는 일에 대해 노력하더라도 커다란 결과는 나오지 않는다
- 재능이 있는 일에 노력하면 커다란 결과가 나온다

그래서 같은 시간을 들이면 들일수록, 원래 그 일을 잘하는 사람과의 격차가 벌어지고 마는 것입니다.

피터 드러커도 이렇게 말했습니다.

"노력해도 평균밖에 되지 못하는 분야에는 쓸데없이 시간을 쓰지 않는다. 강점에 집중해야만 한다. 무능을 평균 수준으로 만드는 데에는 일류를 초일류로 만드는 것보다 훨씬 더 많은 에너지가 필요하다(피터 드러커, 《프로페셔널의 조건》)."

노력은 반드시 보상받는다고 생각하는 사람은 자신의 재능을 깨닫기 어렵습니다.

노력하지 않고도 가능한 재능을 키운다면 커다란 결과가 나온다는 걸 알아 두십시오.

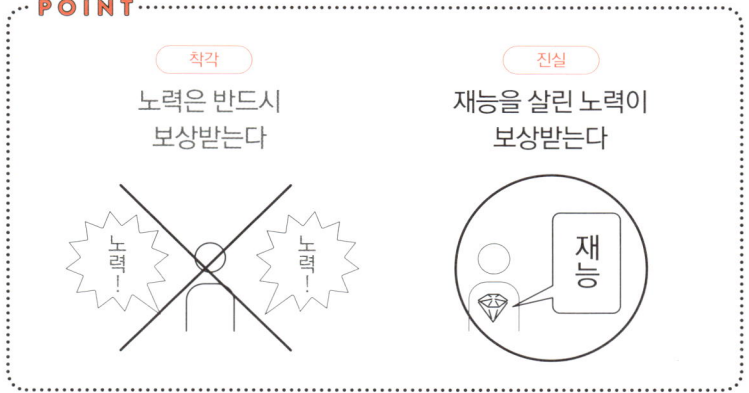

[재능을 발견하지 못하는 사람의 착각 ⑤]
성공한 사람에게서 배우면 성공할 수 있다

유명한 경영자나 기업가, 영향력 있는 사람이 쓴 책을 읽고 그 사람이 이야기하는 성공 법칙을 따라 해 보려고 한 적은 없습니까?

저 자신도 대학 시절에는 많은 유명인이 쓴 자기계발서를 읽고 또 읽던 시기가 있었습니다.

자기계발서를 읽으면 커다란 고양감이 생기며 '나도 이 사람처럼 해서 성공하자!'는 생각이 들었습니다.

그러나 다른 책을 읽어 보면 전에 읽었던 책의 저자와 말이 다르다고 느낄 때가 있어서, 책을 읽으면 읽을수록 혼란스러워졌습니다.

모순된 것처럼 느껴지는 조언은 주변에 무수히 존재합니다.

모순된 조언 리스트

- 만족할 줄 알아라 ↔ 탐욕스레 살아라
- 분위기를 좀 더 읽어라 ↔ 더욱 둔감해져라
- 인맥은 중요하다 ↔ 혼자서 노력하는 것이 중요하다
- 남에게 피해를 끼치지 마라 ↔ 많이 실패해라
- 행동이 중요하다 ↔ 행동하기 전 생각하는 것이 중요하다
- 여러 가지 일에 도전해라 ↔ 한 가지 일에 몰두해라
- 꿈을 보고 좇아라 ↔ 인생에서 꿈을 보지 말고 현실을 봐라

- 지금 있는 장소에서 피어나라 ↔ 자신이 빛날 수 있는 곳에서 피어나라
- 3년은 계속하는 편이 좋다 ↔ 자신에게 맞지 않는 일은 얼른 그만두는 편이 좋다

왜 사람마다 조언이 달라지는 걸까요??

그것은 성공한 사람의 입에서 나오는 내용이 '그 사람만의 성공 패턴'이기 때문입니다. 바꾸어 말하면 '그 사람이기 때문에 잘될 수 있었던 방법'을 설명했다는 것입니다.

예를 들어 저는 인맥이 중요하다는 말을 듣고 열심히 노력했지만, 이는 저에게 있어 도움이 되는 조언이 아니었습니다. 반대로 3년간 많은 책을 읽고 블로그에 많은 글을 쓰며 고독한 시간을 보냈던 일은 지금과 연관이 있습니다.

'인맥이 중요하다.'와 '혼자서 노력하는 것이 중요하다.', 어느 쪽이 맞는 걸까요?

결론은 둘 다 정답입니다.

그러나 그 정답이 자신에게 들어맞을지는 알 수 없습니다.

여기까지 읽고 나서 '그렇다면 이 책에 나온 방법도 작가 본인한테만 적용되는 성공 패턴인 거 아냐?'라고 생각하시는 분도 있을 것입니다.

분명 제가 제 자신의 성공 법칙으로 확립한 "소수의 사람과 깊은 인간관계를 맺어라!"와 같은 조언을 늘어놓기 시작한다면 그 말처럼 될 것입니다. 하지만 이 책에서 저의 개인적인 성공 패턴은 말하지 않을 겁니다. 대신 한 발짝 물러나 여러분 자신의 성공 패턴을 발견하는 방법을 알려 드리려 합니다.

다른 사람의 조언을 들을수록 무수한 '누군가의 정답'에 현혹되곤 합니다.
그러나 중요한 것은 자신의 재능을 살리는 방법의 발견입니다.
이를 위해 눈을 돌려야만 하는 곳은 다른 사람의 성공담이 아니라, 자신의 과거에 있었던 진짜 체험 같은 것입니다.
답은 항상 자신의 밖이 아닌 안에 존재합니다.

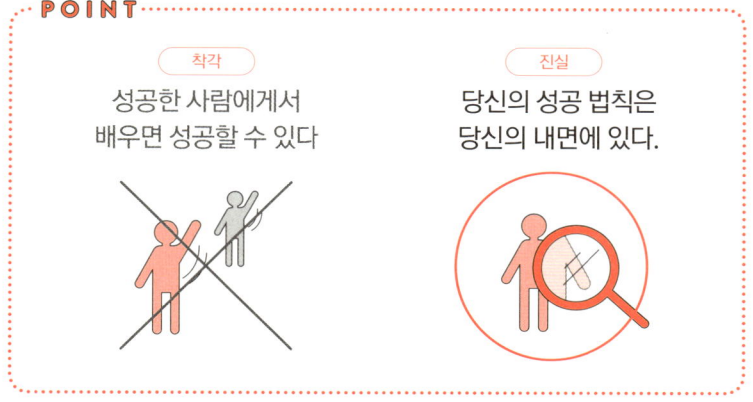

여기까지 이해하셨을까요? 이 5가지 착각이 해결되었다면, 당신은 재능을 발견하기 위한 출발점에 설 수 있을 것입니다.

사람은 지금, 이 순간부터 자신감을 가질 수 있다

"스스로에게 자신이 없다."
"지금 하는 일이 내게 맞지 않는 것 같다. 하지만 딱히 자신을 가질 만한 일도 없다."

이런 고민을 자주 듣습니다.
저 또한 과거에 그랬던 것처럼 재능을 발견하지 못한 세상 대부분의 사람이 비슷한 고민을 가지고 있습니다.
그런 사람에게 제가 전하고 싶은 말은 ==재능의 발견을 하루라도 빨리 끝내야 한다는 것입니다.== 그리고 오늘 이 순간부터 단번에 재능을 발견하여 자신감 넘치는 나 자신으로서 새로운 삶을 살았으면 합니다.
왜냐하면 수입 하나만 두고 보더라도 스스로에게 자신이 있는 사람과 자신이 없는 사람의 격차는 매일매일 벌어져 가기 때문입니다.
1979년에 14살부터 22살까지의 남녀 7,660명의 자기 평가를 조사한 뒤, 그로부터 25년 뒤인 2004년에 같은 그룹에 대한 재조사를 실시한 결과, 스스로에게 자신을 가지고 있던 사람들의 수입이 비약적으로 늘어나 있었습니다.
즉, 시간이 지나면 지날수록 수입 격차가 벌어진다고 판명된 것입니다.

냉혹한 결과지만, 이것이 현실입니다.

재능의 발견을 끝내지 못하는 한, '진정한 자신'은 손에 넣을 수 없다고 해도 과언이 아닙니다.

재능을 발견하지 않은 채 붙은 자신감은 기초공사를 하지 않은 채 빌딩을 세우는 것과 같은 실속 없는 자신감입니다.

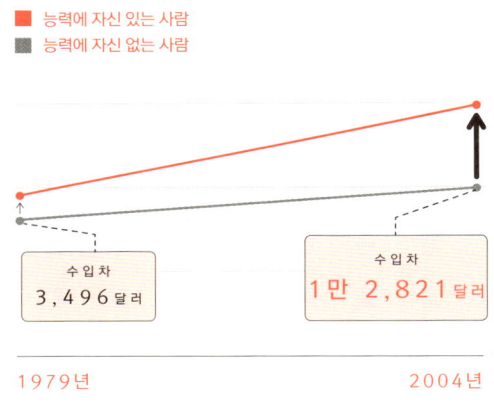

아무리 자격증을 따고 세미나에 참석하고 책을 읽어 지식을 익히더라도, 자신감이란 토대가 없다면 이런 것들은 아무런 힘이 없습니다.

시대가 변하며 자격증이 쓸모없어지거나,

지식이 낡은 것이 되어 버리거나, 직업이 바뀐다거나 하면, 아무것도 없는 공터로 되돌아가기 때문입니다.

==재능을 발견하는 것만 성공한다면 있는 그대로의 자신에게 자신감을 가진 채 평생을 살아갈 수 있습니다.==

그리고 한번 재능을 발견하고 나면 이전의 자신감 없던 나 자신으로는 돌아갈 수 없습니다.

재능을 발견해서 자신감을 갖는 것은 간단합니다.
==전부 자신의 내면에서 일어나는 일이기 때문에 누구에게라도 가능합니다.==

상상해 보세요. 재능을 발견하여 자신감을 갖게 된 당신은 어떠한 하루를 보내고 있을까요?

- **하루를 시작할 때 오늘 할 일에 대해 틀림없다는 자신감을 가진다**
- **자신의 강점을 확신하고 일에 매진한다**
- **주위 사람들에게 도움을 주어 매일 같이 고맙다는 말을 듣는다**
- **하루를 끝마칠 때 앞으로 다가올 미래에 가슴 두근거리며 잠이 든다**

이러한 하루하루를 손에 넣고 싶다고 생각하지 않으십니까?
세상 속에는 자신의 재능을 모른 채 다른 사람을 부러워하는 삶을 평생 이어가는 사람들이 많이 있습니다. 당신 또한 오늘까지는 그런 사람들 중 하나였을 것입니다.

하지만 이 책을 통해 배우고 나면 재능을 발견한 당신으로 다시 태어날 것입니다.

자, 보물을 찾아 모험하는 것 같은 기분으로 앞으로 나아가 봅시다.

자기 자신을 보는 방식이 바뀌고, 세상을 보는 방식이 바뀌는 체험을 시작해 봅시다.

> **POINT**
> 재능을 발견한다면
> 지금 이 순간부터 인생을 바꿀 수 있다.

CHAPTER

2

알게 되면 세상을 보는
눈이 바뀌는 재능의 공식

공식을 모르는 채로 재능에 대해 생각해서는 안 된다

CHAPTER 2에서는 재능의 공식에 대해 말씀드리겠습니다.

이 공식을 모른 채 재능에 대해 생각한다는 건 처음 하는 요리를 레시피도 보지 않은 채 자기 마음대로 만드는 것과 같습니다. 몇 번이고 도전한다면 맛있는 요리를 만들 수 있을지도 모르지만, 그러기까지 한없이 시간이 필요합니다.

인생의 시간은 유한합니다.

이 장을 읽는 몇십 분으로 제가 10년에 걸쳐 정리한 간단한 재능의 공식을 몸에 익혀 보세요.

우선은 '재능이란 어떤 것인가?'를 설명하겠습니다.

'왜 안 되지?'라는 생각이 든다면 재능을 발견할 찬스

지금은 이처럼 재능에 관한 책을 쓰고 있는 저이지만, 재능에 대한 이해가 부족했던 시절엔 부끄러운 실패를 했습니다.

특히, 나에게 당연히 가능한 일이라고 다른 사람도 당연히 할 수 있다고 단정 지을 수 없다는 본질을 잊고 잘못을 저질러 왔습니다.

회사 창립 초기의 일입니다. 사업 확장을 위해 회사 멤버에게 고객 서포트 매뉴얼 작성을 의뢰하기로 했습니다.

저는 매뉴얼 작성을 잘하는 것이 커다란 장점입니다. 저와 똑같이 해 주었으면 좋겠다 생각하며 직원인 T씨에게 매뉴얼 작성을 맡겼습니다.

하지만 그 프로젝트가 시작된 뒤로도 T씨의 작업은 좀처럼 진전이 없었습니다. 만드는 도중의 매뉴얼을 보았는데, 빈말로도 퀄리티가 높다고 말하기 어려운 상태였습니다.

저는 제가 매뉴얼을 만들 때 의식하고 있던 부분을 매주 있던 미팅에서 조언했지만, T씨는 매주 만날 때마다 어깨가 축 처져 갔습니다. 스케줄도 점점 늦어지는 건 물론 퀄리티도 전혀 오르지 않았습니다.

'이거 뭔가 이상한데?'라고 느낀 저는 왜 매뉴얼 작성이 순조롭지 못한지를 T씨와 이야기해 보았습니다.

T씨는 머릿속에 가지고 있던 생각을 이런 식으로 말해 주었습니다.

"이 부분은 고객님들의 반응에 의해 반응을 바꾸어야만 하는데, 이걸 매뉴얼에는 어떻게 써야 좋을까요. 으음, 다른 것들도 눈앞의 고객마다 다르니까 일괄적으로 이렇게 한다고는 하기 어렵습니다. 하나하나 '이건 저 사람에겐 맞지 않는구나.'라는 생각이 들고 말아요. 저 사원이 이 방식을 쓴다면 곤란하겠는데, 라든가……."

그도 그럴 것이 T씨는 고객이나 환경에 맞춰서 임기응변으로 대응하는 재능을 가진, 고객 응대 전문가였기 때문입니다.

T씨가 가진 '임기응변으로 대응한다.'는 재능은 매뉴얼 작성에 필요한 '일반적인 응대를 기록한다.'는 재능과는 완전 반대였습니다. 이는 시간을 내어 T씨와 함께 지난 과정을 되돌아보지 않았다면 몰랐을 일입니다.

이때 간신히 깨달았습니다.

"내가 당연히 할 수 있는 일이라고 해서, T씨도 당연히 할 수 있는 건 아니다."

라고요.

그리고 T씨의 재능을 살리지 못할 일을 맡겨 버렸다는 것도 말입니다.

나는 반성하고 T씨에게 사과했습니다. 지금은 T씨에게 직원 육성을 맡기고 있습니다. T씨는 거기서 '개개인에 맞추어 반응한다.'는 재능을 충분히 살려 보람을 느끼며 일하고 있습니다.

재능은 외부에서 찾아서는 안 된다

저의 실패담을 통해 전하고 싶은 것은 당신에게 당연한 것과 다른 사람에게 당연한 것은 다르다는 점입니다.

'거야 그렇겠지.'라고 생각할지도 모릅니다.

하지만 제 에피소드에서도 알 수 있듯이, 긴장을 풀면 '내가 당연히 하고 있는 일은 남들도 당연히 할 수 있다.'고 착각해 버리기 쉽습니다.

거꾸로 말하면, 당신이 '이 일은 누구나 할 수 있고, 대단한 것도 아니다.'라고 생각하고 있는 일 중 당신의 진짜 재능이 있을지도 모른다는 것입니다.

저도 이 경험을 통해 누구나 재현할 수 있는 매뉴얼을 작성하는 것은 저만의 재능이란 걸 깨달았습니다.

이와 마찬가지로 당신의 재능도 이미 당연히 하고 있는 일 중에 있을 것입니다.

재능을 외부에서 찾으려 하면 안 됩니다. 여러분이 이미 하고 있는 일이 재능입니다. 보물은 이미 당신 안에 있습니다.

> **POINT**
> 재능은 당연히 하고 있는 것 중에 있다.

'동사'에 주목하면 재능을 발견할 수 있다

재능의 특징으로 또 한 가지 기억해 두었으면 하는 점은 이것입니다.

재능은 '동사'다.

예를 들어 아래의 재능은 모두 다 동사입니다.

- 진중하게 나아간다
- 정보를 수집한다
- 미래를 생각한다
- 사람과 사람을 이어 준다
- 사람의 기분을 고려한다
- 처음 만난 사람과 친해진다

예를 들어 보도록 하겠습니다.
여행을 좋아하는 A씨, B씨, C.씨가 있습니다. 똑같이 여행을 좋아하지만, 여행의 어떤 점이 즐거운지는 각각 다릅니다.

A씨에게 "여행의 어떤 점이 즐거워요?"라 물었더니 "여행지에서 즐거웠던 일을 사진으로 찍어 친구들에게 전해 주는 것이 즐겁다."고 답했습니다. 이 경우 A씨는 '어떠한 매력을 전달한다.'는 재능을 가지고 있을 가능성이 높습니다.

B씨는 "계획을 세우는 일이 즐겁다."고 대답했습니다. B씨는 '계획을 세운다.'는 재능을 가지고 있을지도 모릅니다.

C씨는 "새로운 경험을 하는 일이 즐겁다."고 말했습니다. C씨는 '새로운 일에 뛰어든다.'는 재능을 가지고 있을지 모릅니다.

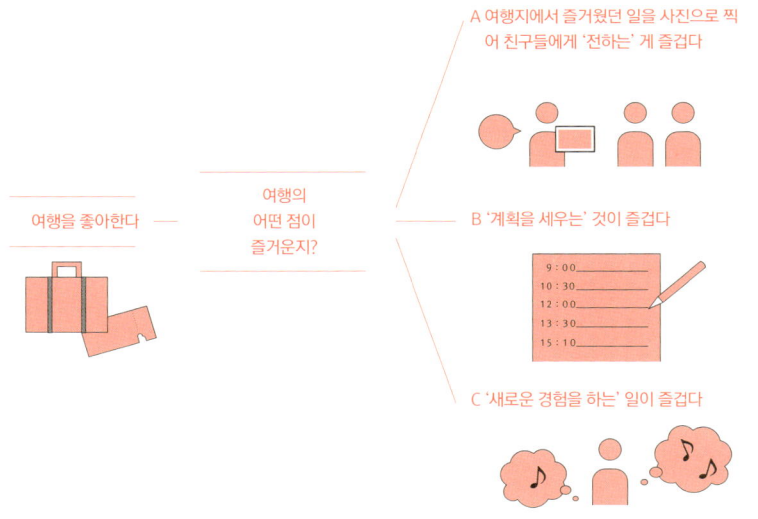

위 세 사람의 예에서도 볼 수 있듯이 재능은 '전달하다·계획하다·뛰어들다'라는 식의 동사로 표현하는 걸 알 수 있습니다.

즉, 여러분이 나도 모르게 하고 있는 행동이야말로 재능인 것입니다.

덧붙이자면 저의 자기이해법에서는 '재능'과 '잘하는 것'을 같은 의미의 단어로 사용하고 있습니다.

이 재능(잘하는 것)은 동사로 표현되지만, 좋아하는 것은 명사로 나타납니다(A씨, B씨, C씨가 좋아하는 건 '여행'입니다).

지금은 '재능은 동사'라는 것만 이해하면 충분합니다.

> **POINT**
> 재능은 동사
> 나도 모르게 하고 있는 행동이야말로 재능

재능의 약 50%는 유전으로 결정된다는 사실 앞에서, 어떻게 살아야만 할까

재능에 대해 이런 질문을 빈번하게 듣습니다.

"재능은 유전으로 정해지나요?"

확실히 이 점은 상당히 궁금한 부분입니다.

행동유전학 연구에 의하면 재능의 약 50%가 유전으로 정해지고, 나머지 절반은 자라난 환경으로 정해진다 합니다.

그래서 사춘기를 보낼 때까지는 재능이 변할 수 있고, 이는 나이가 들수록 바뀌기 어렵다고 합니다.

즉, 성인이 된 뒤에는 어떻게 해서든 자신의 재능을 바꾸어 보려 해도 바꾸기 어렵다는 말입니다.

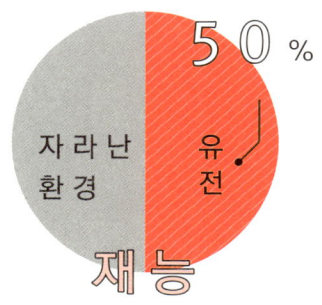

없는 것을 가지고 싶어 하는 사람은 언제까지나 불행하다

여기까지 읽고서 혹시 '나의 재능은 바꿀 수 없는 걸까?'라며 부정적인 생각이 들었을지도 모릅니다.

저는 재능을 바꾸는 일이 어렵다는 것을 무척이나 멋진 일이라고 생각합니다. 하지만 '멋지다니 말도 안 돼, 내가 싫으니까 어떻게 해서든 바꾸고 싶어.'라고 생각하는 사람이 있는 것도 이해할 수 있습니다. 제게도 자기 자신을 바꾸려 필사적으로 노력한 경험이 있으니까요.

그런데도 왜 재능을 바꿀 수 없다는 걸 멋진 일이라고 생각하는 걸까요. 이는 나는 나 자신으로 살아갈 수밖에 없다고 체념할 수 있기 때문입니다.

그리고 '지금의 나로 살아갈 수밖에 없다.'고 정해진 환경 쪽이 확실히 행복해질 수 있기 때문입니다.

이런 연구가 있습니다.

수백 명에게 몇 가지 모양 중에서 마음에 드는 포스터를 골라 가져가도록 했습니다.

참가자는 두 가지 그룹으로 나뉘었습니다.

그룹 1 : '한 달 이내에 다른 포스터와 교환 가능'이라고 전달받은 그룹
그룹 2 : '이게 마지막 결정이며, 한번 고른 포스터는 절대 교환 불가능'이라고 전달받은 그룹

두 그룹의 만족도를 조사해 보니, 그룹 2 쪽이 월등히 포스터를 마음에 들어 한다는 걸 알 수 있었습니다. 더 좋은 포스터를 고를 수 있을지도 모른다는 가능성이 남겨진 그룹 1보다도 돌이킬 수 없는 선택을 한 그룹 2 쪽이 더 만족하고 있었다는 말입니다.

많은 사람들은 그룹 1처럼 자신이 가지지 못한 것에 눈을 돌리고 그것을 계속 추구하는 삶을 살고 있습니다.

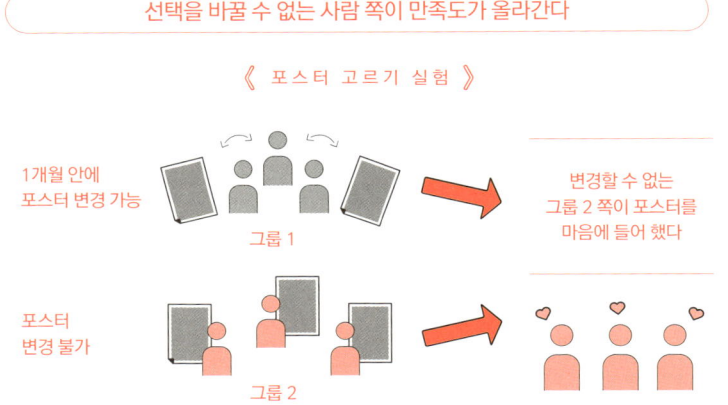

이 연구에서도 알 수 있듯이, 그렇게 한다면 시간이 아무리 지나더라도 자신의 삶에 만족할 수 없습니다. 없는 걸 계속 가지고 싶어 하면 불행해질 뿐입니다.

좋은 성격·나쁜 성격은 존재하지 않는다

재능은 어느 정도 정해져 있고, 이제 와서 바꿀 수는 없습니다.

하지만 바꿀 수 있는 것도 있습니다. 재능을 바라보는 시각입니다. 재능을 보는 눈은 전적으로 당신의 몫이기 때문입니다. 자신이 가진 재능의 긍정적인 점에 눈을 돌리고 끝까지 알차게 이용하겠다고 각오한 순간 당신은 자신의 인생을 완벽히 받아들이고 진정한 자신으로서의 새로운 삶을 살아가게 될 것입니다.

"그렇다고는 해도 내 재능은 어떻게 해도 도움이 되지 않는다고 생각한다."

이렇게 말하는 사람도 있을 것입니다. 저도 쭉 그랬으니까요.
하지만 실제로 재능에 우열은 존재하지 않습니다.
예를 들어 설명해 보도록 하겠습니다.
인간의 성격은 크게 2가지로 나누어 외향형과 내향형이 있습니다. '어라, 재능 이야기인데 성격이란 단어가 나왔네.'라고 생각하는 사람도 있을 것입니다. 이 책에서 재능의 정의인 '나도 모르게 하고 있는 것'은 성격에도 그대로 들어맞습니다. 이를 위해 '성격'도 '재능'과 같은 의미의 단어로 쓰도록 하겠습니다.
2개의 성격을 간단히 설명하자면 이런 차이점이 있습니다.

- **외향형** …… **활발하고 사교적**
- **내향형** …… **섬세하고 소극적**

당신은 자신을 외향형이라고 생각하십니까, 내향형이라고 생각하십니까?

저는 스스로를 내향형이라고 생각합니다. 사실 오랫동안 심리학자들 사이에서는 외향형 쪽이 행복한 성격이라는 의견이 있었습니다.

그 때문에 '내향형의 성격을 어떻게 하면 외향형으로 바꿀 수 있을까?'에 대해 연구했습니다. 즉, '내향형 = 나쁨'이라고 생각한 것입니다. 이래서야 내향형인 사람이 '나 자신을 바꾸고 싶다.'고 생각하는 것도 무리는 아닙니다.

하지만 최근의 연구에서 이 내용이 뒤집히기 시작했습니다. 내향형은 행복도가 낮다고 알려져 있었는데, 사실은 그렇지 않았다는 것입니다.

새롭게 알려진 사실은 아래와 같습니다.

- **외향형이 되어야만 한다고 생각하는 내향형 사람은 불행**
- **내향형인 자기 자신에게 만족하고 있는 내향형 사람은 행복**

즉, ==자기 자신을 받아들이면 행복해지고, 받아들이지 못하면 불행==하다는 것입니다. 성격 자체에 우열이 있는 게 아니라 그 성격을 어떤 시각으로 바라보느냐가 전부입니다.

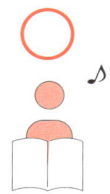

내향형인 사람은 모두 불행

• 외향형이 되어야만 한다고 생각하는 내향형 사람은 불행
• 내향형인 자기 자신에게 만족하고 있는 내향형 사람은 행복

이 결과에는 여러분도 납득할 수밖에 없지 않습니까?

내향형이어도 혼자만의 시간을 즐기는 사람은 무척 행복해 보입니다.

저 자신도 내향형이란 점을 받아들인 순간부터 외향형을 부러워하지 않게 되었습니다. 지금까지는 '내향형인 탓에'라고 생각했지만, 지금은 '내향형인 덕에'라고 생각할 수 있게 되었습니다.

그 결과 제가 즐겁다고 생각하는 독서나 글 쓰는 일에 시간을 쓰게 되었고, 무척 행복하게 살아갈 수 있게 되었습니다. 그리고 성과 또한 내고 있습니다.

> **POINT**
> '내향형인 탓에'서 '내향형인 덕에'로

'자신을 바꾸기 위해서는?'이 아니라 '자신을 살리기 위해서는?'이라고 생각한다

이번 장에서 재능의 약 50%가 유전으로 결정된다고 일부러 언급한 것도 지금의 자기 자신으로 살아가자고 생각했으면 해서입니다.

그 각오를 다지지 않는 한은 자신의 재능을 발견한 뒤에도 계속 '더 좋은 재능이 갖고 싶다.', '저 사람 같은 재능이 갖고 싶다.'며 없는 것을 가지고 싶어 하다가, 10년이 지나도 20년이 지나도 자신감을 가지지 못한 채 행복해질 수 없기 때문입니다.

아무리 이 책으로 노하우를 익혀 재능을 발견했다 한들 근본적인 부분에서 자기 자신을 바꾸는 편이 낫다는 마음이 남아 있다면 이 재능을 살려 나간다는 각오를 하지 못하고, 또다시 다른 누군가처럼 되려고 하기 시작할 것입니다.

정년이 가까워진 타이밍에서 "정년 뒤에 자신의 재능을 살려서 살아가고 싶기 때문에 자기이해 프로그램을 들으려 생각했다."며 찾아

오는 분이 있었습니다.

그때마다 기쁜 동시에 무척이나 서글픈 기분이 들었습니다.

그분이 만일 지난 인생의 십수 년 사이 본인이 가진 멋진 재능을 발견했었더라면 그 하루하루가 얼마나 풍요로웠을지를 생각하니 너무나도 안타까웠습니다.

물론 언제 시작하더라도 늦지는 않습니다만, 이 책을 읽고 있는 분들에게 드리고 싶은 말이 있습니다.

<mark>평생 나 자신과 함께 지내야만 하니 재능을 발견하는 건 인생에서 가장 젊은 지금 이 순간에 끝마치지 않겠습니까?</mark>

그리고 주어진 재능을 받아들이고 살리는 삶을 지금부터 시작하지 않으시겠습니까?

> **POINT**
> 재능을 발견하는 타이밍은 바로 지금

정리 : 재능이란 어떤 것?

1. 재능이란 나도 모르게 하고 있는 것.
   당신이 당연히 하고 있는 것 중에 숨겨져 있다

2. 재능은 '동사'로 표현한다

3. 재능은 유전으로 50%가 결정된다.
   하지만 바라보는 시각은 바꿀 수 있다

재능을 누구도 흉내 낼 수 없는 강점으로 바꾸는 2가지 공식이 있다

"재능이 '나도 모르게 하고 있는 것'이라는 걸 알았습니다만 그것을 어떻게 써야 할지 이미지가 떠오르지 않습니다."

그 감각은 저도 잘 알고 있습니다.

그도 그럴 것이, 재능은 있는 그대로 쓰는 게 아니라 조금씩 요리할 필요가 있기 때문입니다.

감자는 날로 먹을 수 없지만, 레시피에 따라 조리하면 맛있는 고기감자조림이 됩니다.

재능도 마찬가지로 '도움이 되는 강점'으로 바꾸기 위한 2가지 공식으로 조리할 필요가 있습니다.

재능을 2가지 공식으로 조리하면 도움 되는 강점이 된다

감자 → 요리 레시피 → 고기감자조림   재능 → 2가지 공식 → 강점

그렇다면 슬슬 당신의 재능을 유일무이한 강점으로 바꾸기 위한 황금 레시피, 즉 2개의 공식을 소개합니다.

[재능의 공식 ①]
단점 ← 재능 → 장점

재능은 식칼 같은 것. 전부 이용하기 나름

먼저 첫 번째 공식은, '단점 ← 재능 → 장점'이라는 것입니다. 이는 재능은 단점도 장점도 된다는 간단한 이야기입니다.

• **자연스럽게 다른 사람의 기분을 고려한다**

　단점 ➡ 자신의 기분은 뒷전으로 한다

　장점 ➡ 다른 사람의 기분을 배려해서 행동한다

• **자연스럽게 앞일을 생각한다**

　단점 ➡ 리스크가 눈에 보여 함부로 움직일 수 없다

　장점 ➡ 일을 효율적으로 진전시킬 수 있다

• 자연스럽게 새로운 것을 배운다

　　단점 ➡ 배우는 걸로 만족해 버리고 행동으로 옮기지 않는다
　　장점 ➡ 향상심이 있다

　이처럼 재능 자체는 좋은 것도 나쁜 것도 아닙니다. 쓰는 방법에 따라 좋아질 수도 나빠질 수도 있는 것입니다.

　식칼을 떠올려 보십시오.

　같은 식칼이라도 요리로 사람을 행복하게 해 줄 수도 있는 반면, 살인사건을 일으켜 사람을 불행하게 할 수도 있습니다.

　그러나 많은 사람들에겐 자신의 재능이 가진 단점만이 보이고, 다른 사람이 가진 재능의 장점만이 보입니다.

　옆집 잔디는 항상 푸르러 보입니다. 하지만 그런 때야말로 떠올려 보세요. ==옆집 잔디는 분명 푸르지만, 다른 사람의 눈에 당신의 잔디도 푸르러 보인다는 것을.== 당신에게도 반드시 재능이 있으며, 장점은 존재합니다.

승부처는 '생기 넘치는 환경'을 발견할 수 있는지 아닌지입니다.

지금까지 당신도 한 번쯤은 '장점을 잘 발휘했다!'고 생각해 본 적 있을 것입니다.

물론 그 이상으로 '오늘은 엉망진창이네.'라고 단점 때문에 침울했던 경험도 있을 것입니다.

항상 순조로울 거라고는 장담할 수 없습니다.

그렇기 때문에 이렇게 생각하지는 않습니까?

'언제나 내 재능이 장점으로만 쓰이면 좋을 텐데.'라고요.

재능이 장점이 될지 단점이 될지를 나누는 가장 중요한 포인트는 환경입니다. 예를 들어 '자연스럽게 누락된 것이 없는지 확인한다.'는 재능은 스피드가 필요한 환경에서는 '손이 느리다.'는 단점이 되어 버립니다.

그러나 정확함이 필요한 환경에서는 '실수하지 않는다.'는 장점이 될 수 있습니다.

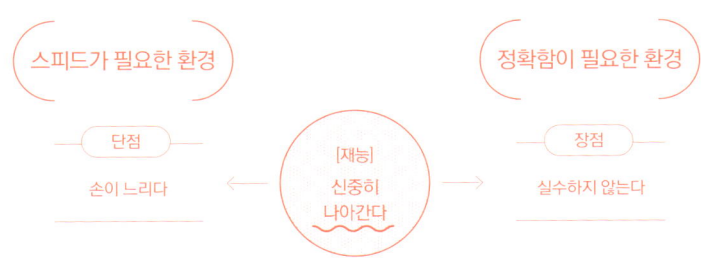

==재능을 살리기 위해 필요한 것은 필사적으로 노력하는 게 아닙니다.==

==자신의 재능을 깊이 이해하고, 재능을 장점으로 살리는 환경에 발을 들이는 것입니다.==

즉, '나 자신이 활기차게 움직일 수 있는 건 이러한 장소다.'라고, 재능을 더한층 발휘할 수 있는 환경을 가려내는 것이 중요합니다.

환경에는 크게 나누어 '사람'과 '활동 내용'이 있습니다.

예를 들어 당신도 '이 사람과 있을 때의 내가 좋다.'고 느껴지는 사람이 있지 않습니까?

그것은 그 사람과 있으면 자신의 재능이 장점이 된다고 느껴지기 때문입니다.

또는 '이 일을 하고 있으면 즐겁다.' 하고 느낀 적은 없었습니까?

이는 그 활동이 추구하는 일이 자신의 재능에 들어맞기 때문입니다.

"여기서 안 된다면, 어디에 가도 똑같아."란 말에 속지 마세요.

'지금의 장소에서 순조롭게 나아가지 못한다고 해서 환경을 바꾸는 건 도망치는 거 아닐까?'

이렇게 생각하는 사람이 많습니다.

- 회사 상사에게 "여기서 못하면 어디에 가도 마찬가지야."란 소리를 들었다
- 주위 사람에게 "지금 도망치면 도망치는 버릇이 들걸."이란 말을 들었다

당신에게도 이런 경험이 있습니까? 실제로 고객들에게서 자주 듣는 말입니다. 분명히 같은 환경에서 잘해 나가는 사람이 있는 걸 보면 '순조롭게 해 나가지 못하는 건 자신의 노력 부족'이라고 느낀다 해도 무리가 아닐 것입니다. 하지만, 단언하겠습니다.

"여기서 못하면 어디에 가도 마찬가지다."란 말은 거짓말입니다. 나 자신이 힘든 환경에 처해 있다면 지금 당장 도망쳐도 좋습니다.

아니, 오히려 '도망쳐도 좋은' 정도가 아니라 '반드시 도망쳐야만' 합니다.

==모처럼 얻은 재능을 있는 힘껏 살려 나가는 것이 당신의 책임입니다. 그것은 다른 누군가에겐 절대로 불가능합니다.==

누구에게나 있을 때 힘이 넘치는 장소가 존재합니다.

그러나 도망쳐도 좋다는 말을 듣더라도 이런 의문이 들게 마련입니다.

- 도망치는 습관이 들어 버리는 건 아닐까?
- 도망칠지 아닐지 판단하는 기준은?
- 도망친 뒤 어떻게 해서 나 자신을 살려내는 환경을 찾으면 될까?

이런 의문에 대해서는 CHAPTER 4에서 알기 쉽게 설명할 것이니 안심해 주세요.

> **POINT**
> 싫어하는 일에서는 도망쳐야만 한다
> 당신에게는 당신의 재능을 끝까지 살려 나갈 책임이 있다

당신이 빛날 수 있는 환경은 이 세상에 반드시 존재한다.
지금 있는 환경이 부적합할 뿐이다.

단점이 눈에 띄는 환경에서 장점을 살릴 수 있는 환경으로 옮기면, 아무짝에도 쓸모없는 인간 취급을 받던 사람이 주위에서 존경받는 영웅으로 바뀝니다.

K씨는 진심을 담아 사람들을 상대하고 싶다고 생각해서 대학 졸업 후 이직 에이전트 회사에 취직했습니다. 하지만 커리어 어드바이저로 일하기 시작하고 나서부터 이상과 현실의 괴리감에 괴로워하기 시작했습니다.

회사의 평가 기준은 얼마나 많은 사람을 이직시켰는지입니다. 즉 여기서 중요한 것은 최소한의 노력으로 눈앞의 고객을 이직시키는 것입니다.

하지만 K씨의 재능은 한 명 한 명 진심을 담아 대한다는 것이었습

니다. 그럼에도 불구하고 100명의 손님을 응대해야만 했습니다.

 진심을 담아 응대하면 응대할수록 시간이 모자라게 되어, 많은 사람을 이직시키기 힘들어졌습니다. 선배에게는 "한 명에게 할애하는 시간을 줄이자."는 조언을 들었습니다.

 K씨 본인도 《업무 처리를 빨리 하는 방법》 같은 책을 읽었습니다. 하지만 단기간에 사람을 판단하는 건 K씨의 재능과는 정반대의 방식이기 때문에, 일하는 도중 어떤 식으로건 괴로움을 느끼게 되었습니다.

 물론 그 회사에서 바람직한 성과를 내는 사람도 있었습니다. 그런 사람과 자기 자신을 비교하며 '나는 사회부적응자일지도 몰라.'라고 자기부정을 반복하던 매일이었죠.

 K씨는 자신의 재능이 단점이 되는 환경에서 일하고 있었습니다. K씨는 지푸라기에라도 매달리고 싶은 심정으로 괴로운 나날에서 벗어날 수 있는 방법을 찾던 중 제 블로그를 발견하고 자기이해에 대해 도움을 받기 시작했습니다.

 그 결과 K씨는 '나는 최선을 다해 눈앞의 사람에게 시간을 할애할 수 있는 환경에서 빛날 수 있다.'는 걸 깨닫고, 독립해서 커리어 어드바이저로서 활동하기 시작했습니다. K씨는 물 만난 고기가 되어 노동 시간은 절반으로 줄어들었고, 수입은 2배 이상이 되었습니다.

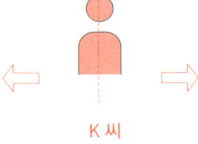

많은 사람과 만나길 원하는 환경		눈앞의 사람과 마주할 수 있는 환경
• 100명을 동시에 만나서 성과를 내지 못하고 쓸모 없는 사람 취급	K 씨	• 한 사람 한 사람에게 진심을 다해 마주해서 노동시간 1/2, 수입 2배

만일 '나는 사회부적응자다.'라고 생각하는 분이 있다면 잘 들어주십시오. 당신은 사회부적응자가 아닙니다. 지금 있는 환경에 부적합할 뿐입니다.

당신이 딱 들어맞아 빛날 수 있는 환경은 반드시 존재합니다. 이 책에서 그런 환경을 반드시 찾아내 봅시다. 그 일을 도울 수 있게 해주세요.

> **POINT**
> 당신은 사회부적응자가 아니다.
> 지금 있는 환경이 부적합할 뿐

[재능의 공식 ②]
재능 × 기술·지식 = 강점

여기까지, 공식 ① '단점 ← 재능 → 장점'은 확실히 이해하셨나요?

이어서 2번째 공식에 대해 설명하겠습니다.

이는 '재능 × 기술·지식 = 강점'이라는 것입니다.

실은 이 책에서 여러분이 손에 넣었으면 하는 것은, 장점보다 한 단계 위에 있는 '강점'입니다.

강점이란 '성과를 낳는 능력'입니다.

이 2번째 공식을 이해한다면 당신이 지금부터 무엇에 시간을 할애해야 하는지 확실히 알 수 있을 것입니다.

피카츄인데 잎날 가르기 연습을 하지 마라

"피카츄인데 잎날 가르기 연습을 하지 마라."

세미나에서 제가 이런 말을 하자 청중들은 일순 깜짝 놀란 표정을 지었습니다. 이는 제가 공식 ② '재능 × 기술·지식 = 강점'을 설명할 때 자주 쓰는 예시입니다.

예를 들어 만일 피카츄가 '잎날 가르기'란, 이파리로 상대를 공격하는 기술을 익히려 하는 걸 떠올려 보십시오. '어려울 것 같은데……'란 생각이 들지 않습니까?

맞습니다. 자신의 타입에 맞지 않는 기술을 익히는 건 무척 어렵습니다.

피카츄는 전기 계열 포켓몬이기 때문에, 풀 계열 포켓몬의 기술을 죽도록 연습해도 몸에서 이파리가 돋는 일은 벌어지지 않습니다.

어찌해서 이파리를 잘 날릴 수 있게 된다 해도 이렇다 할 데미지를 입히지 못하기 때문에 포켓몬 배틀에서 이길 수 없을 것입니다. 아무리 연습해도 몸에서 이파리가 돋는 이상해씨처럼 잎날 가르기를 능숙하게 구사할 수 없습니다. ==즉, 원래부터 재능이 없는데 기술·지식을 연마한다 한들 자그마한 성과만 나오는 게 고작입니다.==

피카츄가 잎날 가르기를 연습해도 성과는 나지 않는다

한편 처음부터 몸에서 전기를 만들어낼 수 있는 피카츄가 '백만 볼트'란 기술을 익히는 건 어떨까요? 자신에게 딱 맞는 기술·지식을 익힌다면 그만큼 커다란 위력이 발휘되고, 포켓몬 배틀에서 이기기도 쉬워질 것입니다.

실은 포켓몬 세계는 스스로 가지고 있는 타입과 같은 기술을 쓰게 되면 기술의 위력이 1.5배가 된다는 구조입니다(전기 타입인 피카츄의 경우, 전기 기술을 쓰면 1.5배). 그리고 이런 구조는 포켓몬 세계뿐만이 아니라 인간 세계에서도 마찬가지입니다.

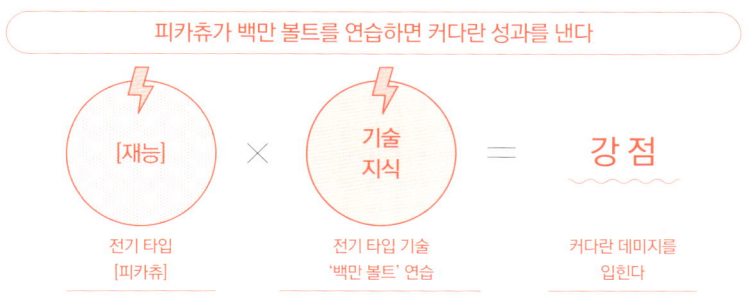

'강점의 곱셈'으로 '특별한 존재'가 되다

제 경우, 가지고 있던 체계를 확립해 전달한다는 재능을 살릴 수 있을 것이라는 생각에 블로그 운영 지식이나 글을 쓰는 기술을 배웠습니다. 그러자 블로그를 통해 정보를 전달할 수 있게 되었고, 지금까지의 블로그 페이지 뷰는 누계 2,600만에 달합니다.

즉, '체계를 확립한 문장으로 블로그를 쓴다.'는 강점을 손에 넣은 것입니다.

이런 경험으로 자신의 재능에 맞는 기술과 지식을 익히는 것의 중요성을 통감했습니다.

그리고 이것으로 끝내지 않았습니다.

저는 이 위에 '자기이해의 지식'이란 것을 곱했습니다.

그 결과, '자기이해에 대해 체계가 있는 문장으로 설명한다.'는 강점을 길러 '자기이해에 관한 책이 30만 부 이상 팔린 베스트셀러가 된다.'는 성과를 낼 수 있었습니다.

이처럼 재능에 기술과 지식을 곱함으로 셀 수 없이 특별한 강점이 생겨나는 것입니다.

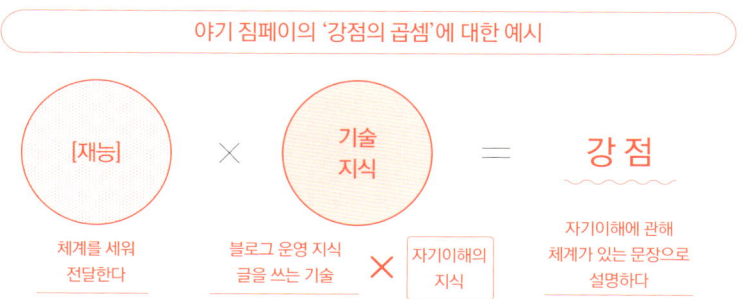

재능을 발견하기 전 '자격 취득'에 목매서는 안 된다

'장래를 위해 무언가 좀 더 전문성을 가지는 편이 좋지 않을까? 하지만 무슨 공부를 해야 할까?' 이런 식의 고민을 하는 사람은 적지 않습니다.

그러나 초조함에 마구잡이로 공부한다 한들 시간과 돈을 낭비할 뿐이고, 쓸 일도 없는 지식만 잔뜩 갖게 되고 맙니다.

"프로그래밍을 배웠지만 좌절했습니다."

이런 말을 한 건 20대 Y씨였습니다. 그는 대학의 필수 강의를 계기로 프로그래밍 공부를 시작했습니다. 프로그래밍을 할 수 있게 된다면 먹고 살 수는 있다고 들었기 때문에 필사적으로 공부했다고 합니다. 하지만 밤새워 공부해도 전혀 실력은 늘지 않았고, 대학 과제는 프로그래밍을 잘하는 친구에게 대신 해 달라고 부탁해서 어찌어찌 학점을 받았습니다.

사실, Y씨의 과제를 대신 해 준 친구는 Y씨와 같은 타이밍에 프로그래밍을 배우기 시작했습니다. 즉, 대학 수업과 프로그래밍 공부를 병행하면서 거기다 Y씨의 과제까지 대신 해 주었다는 것입니다. 이를 알게 된 Y씨는 '왜 난 이렇게 쓸모없는 걸까? 머리가 나쁜 건가?'라며 스스로를 책망했다고 합니다.

'강점의 곱셈'의 실패 예시

[재능] × 기술 지식 = ~~강점~~
미발견   프로그래밍   ……

'재능 → 기술'의 순서를 반드시 지킨다

Y씨처럼 '돈을 벌 수 있을 것 같아서', '밥벌이를 못하진 않을 것 같으니까'란 이유로 배우기 시작한 것은 결실을 맺기 상당히 어렵습니다. 왜냐하면 그 기술이 자신의 재능에 맞는지 아닌지를 검증하지 않은 채 시작하는 경우가 많기 때문입니다.

==재능을 발견하고 그 재능에 맞는 기술을 배우면, 성과와 연결될 가능성은 단숨에 올라갑니다.==

Y씨는 자기 자신과 마주한 결과 '언어로 사람의 감정을 움직인다.'는 재능을 발견해 냈습니다. 재능을 발견한 뒤로 배울 기술을 선택한 Y씨는 어떻게 되었을까요?

Y씨는 지금 본업과 동시에 아티스트로도 활약하고 있습니다. 유료 라이브 때는 콘서트장에 100명이 모였고, 영상 스트리밍도 300명이 볼 정도로 인기가 있습니다.

'언어로 사람의 감정을 움직인다.'는 재능에 보이스 트레이닝으로 목소리를 가다듬는 연습, 가사를 쓰는 연습을 함으로써, 수많은 사람들의 마음에 꽂히는 가사를 만들고, 전달할 수 있게 된 것입니다. Y씨는 라이브에 찾아온 사람들로부터 "큰 용기를 얻었어요.", "긍정적인 마음을 가질 수 있는 가사가 무척이나 좋습니다."란 말을 듣습니다. Y씨는 '많은 사람의 마음에 꽂히는 노래를 전하는' 강점을 손에 넣은 것입니다.

Y씨의 '강점의 곱셈'에 대한 예시

"프로그래밍을 공부했을 때와 비하면 즐거운 정도가 완전히 다릅니다. 기술을 배워도 공부를 하고 있다는 생각이 전혀 들지 않아요." 라고 Y씨는 말합니다. 이는 다름이 아니라 ==재능과 기술·지식이 어긋나 있지 않기 때문입니다.==

우선 자신의 재능을 알고 거기에 맞는 기술을 배운다, 이것이 최단 루트입니다. 이 일이 가능해질 때 당신은 진정한 의미의 대체할 수 없는 존재가 될 수 있습니다.

재능을 당신만의 강점으로 바꾸는 3가지 단계

지금까지 설명한 재능에 관한 2가지 공식을 정리하면, 재능을 당신만의 강점으로 키우는 데에는 3가지 단계가 있다고 설명할 수 있습니다.

1단계 재능을 발견한다(CHAPTER 3)

우선 당신의 '나도 모르게 하는 일'인 재능을 발견하는 것부터가 시작입니다. 이 일을 통해 3개의 재능에 자신을 가지게 됩니다.

CHAPTER 3을 통해 재능을 자각하면 몸속 깊은 곳에서 에너지가 샘솟아 전신에 넘쳐흐르는 상태가 됩니다. 재능을 살리고 싶어 어쩔 줄 모르는 상태가 되어 봅시다.

2단계 재능을 살린다(CHAPTER 4)

다음으로 공식 ① '단점 ← 재능 → 장점'을 이용해 발견한 재능을 장점으로 살립니다.

재능을 쓰는 법을 마스터하고, 재능이 장점으로 살아나는 환경에서 빛날 수 있는 사람이 되어 봅시다.

3단계 재능을 키운다(CHAPTER 5)

재능을 장점으로 살릴 수 있게 되면, 마지막으로 공식 ② '재능 × 기술·지식 = 강점'을 사용합니다.

재능을 적절히 길러 강점이 되었을 때, 재능은 완성형이 됩니다.

'재능과 맞는 기술과 지식은 어떻게 해야 알 수 있을까?'라는 의문을 느끼는 사람도 있을지 모릅니다. 그 점은 CHAPTER 5에서 자세히 설명할 테니 기대해 주세요.

이 '발견하고 → 살리고 → 키우기'라는 3단계를 밟음으로써 당신의 재능을 최대한 빛나게 할 수 있게 됩니다.

그러면 삶의 망설임에서 해방되어 진정으로 홀가분해집니다. 답답하다고 생각하던 세계가 단숨에 자유로운 곳이 됩니다. 거기에서부터 당신은 타고난 그대로 쭉쭉 뻗어나가며 살 수 있게 되는 것입니다.

당신의 재능은 당신이 발견해 주기만을 기다리고 있습니다.

자기 자신을 보는 방식이 바뀌며 진실된 자신을 받아들이고 살아가는 감각을 체험해 보세요.

다음 장에서는 드디어 재능을 발견할 수 있습니다.

그럼 진정한 자신으로 살아가는 첫걸음을 내딛어 보도록 하겠습니다.

> **POINT**
> 재능은 당신이 발견해 주길 기다리고 있다.

재능의 공식 모음

재능 이란? = 나도 모르게 하는 것

- 특징 1 : 당신이 '당연하게 하고 있는 것' 중에 숨어 있다
- 특징 2 : '동사'로 표현한다
- 특징 3 : 유전으로 50%가 정해진다. 하지만 바라보는 시각은 바꿀 수 있다

공식 ① 「단점 ← 재능 → 장점」

재능은 식칼 같은 것. 같은 칼이라도 사람을 다치게 할 수도 있고 요리로 사람을 행복하게 할 수도 있다

공식 ① 「재능 × 기술·지식 = 강점」

피카츄가 잎날 가르기를 연습해도 성과는 나지 않는다 백만 볼트를 연습하면 커다란 성과를 낸다!

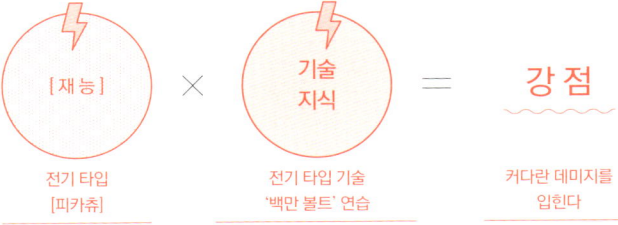

전기 타입 [피카츄] × 전기 타입 기술 '백만 볼트' 연습 = 커다란 데미지를 입힌다

'이런 게 재능?' 고민될 때의 7가지 체크리스트

재능을 발견했을 때 이게 내 재능인지 깨닫기 어려울 때가 있습니다. 그럴 때는 재능을 사용할 때의 특징을 알아 두면 판단할 수 있습니다. 특징은 전부 7개. 몇 개가 맞아떨어지는지를 보고 재능인지 아닌지 판단해 주십시오.

0~3개 : 재능이 아님
4~5개 : 재능일 가능성 있음
6~7개 : 재능

표는 다음과 같은 3가지로 나뉘어 있습니다.

- 전 : 재능을 쓰기 전의 특징
- 중 : 한창 재능을 사용하고 있을 때의 특징
- 후 : 재능을 쓴 뒤의 특징

재능이 무엇인지 고민될 때 체크해 보시기 바랍니다.

		재능이 있는 것	재능이 없는 것
전	1	활동에 이끌린다	활동으로부터 멀어지고 싶다
중	2	스트레스를 받지 않고 할 수 있다	스트레스를 받는다
중	3	하고 있으면 나답다는 감정이 든다	하고 있으면 나답지 않다는 감정이 든다
중	4	순조롭게 할 수 있다	순조롭게 할 수 없다
중	5	빨리 할 수 있다	빨리 할 수 없다
후	6	하고 있으면 시간이 빠르게 지나간다	하고 있으면 시간이 길게 느껴진다
후	7	하고 난 뒤 만족감이 있다	하고 난 뒤 피로를 느낀다

How to find
your
talent.

CHAPTER

3

'자신 안에 잠들어 있는 보물을 발굴하는
재능을 발견하는 기술'

'내게는 재능이 없어.'라는 생각은 잘못되었다

그럼, 이 장에서는 좀 더 즐거운 일을 해 볼까요. 이 장의 목표는 재능 지도를 완성하는 것입니다.

재능 지도란 당신만의 재능을 한눈에 바라볼 수 있는 한 장짜리 그림입니다. 그리고 재능 지도를 만드는 건 전혀 어렵지 않습니다. 당신이 절대 헤매지 않도록 한 단계씩 설명할 것이니 안심하고 나아가 보도록 합시다.

지금은 아직 '나에게 재능이란 게 정말로 있을까?'라고 생각한다 해도 전혀 문제없습니다. 재능을 발견하기 전까지는 모두가 그렇기 때문입니다.

자신에게 있어 너무나도 당연한 것이 재능이란 걸 알게 되면, "와, 이게 재능이구나!"라며 놀라게 됩니다.

자신의 재능을 발견했을 때 흥분으로 심장 고동이 빨라지는 느낌을 당신도 느껴 보았으면 좋겠다고 생각합니다.

'이게 나의 재능이다!'
흔들림 없는 자신감을 갖기 위해서는?

누구나 재능은 발견할 수 있다고 말씀드렸습니다.

하지만 사실 재능을 발견하는 것보다 중요한 것은 재능에 자신감을 갖는 것입니다. 지금까지 1,000명이 넘는 사람이 제가 개발한 자기이해 프로그램을 들었습니다. 거기서 알게 된 것은 많은 사람들이 '이게 내 재능일지도 몰라.'라고 어렴풋이 깨닫고는 있지만 자신을 가지지 못하는 상태라는 것입니다.

여러분에게도 '이게 내 재능일지도 몰라.'란 생각이 드는 것이 한 가지는 있지 않습니까? 그런 것이 있다고 해도 자신이 있는지 없는지에 따라 인생의 결과는 크게 달라집니다.

예를 들어 '정리해서 전달하는 것이 특기일지도 모른다.'고 반신반의하는 사람보다, '정리해서 전달하는 것이 특기다.'라고 자신을 가지고 있는 사람 쪽이 그 재능을 살리고 키워 나갈 수 있겠지요.

또, 그만큼 자신을 가지고 있으면 주변 사람들에게도 그 자신감이 전해지므로, 주위에서 일을 부탁해 오는 경우도 많아집니다.

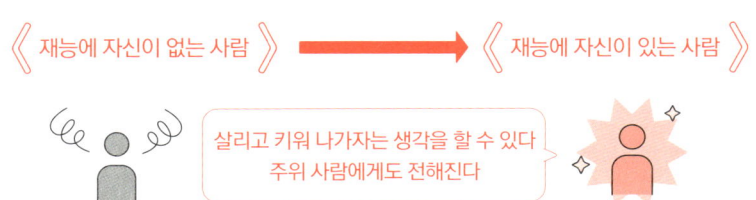

하지만 재능은 눈에 보이지 않는 것이기에 "나에게 이런 재능이 있다."고 자신을 가지고 딱 잘라 말할 수 있는 사람은 무척이나 적습니다.

그렇다면 재능에 자신을 갖기 위해 어떻게 하면 좋을까요? '재능이 나타난 경험을 4개 이상 발견하는 일'로 자신감을 가질 수 있습니다. 어떤 것인지 이미지화해서 설명하겠습니다.

여기서 여러분에게 질문이 있습니다.

외발자전거와 자동차 중 어느 쪽이 바람이 불 때 넘어지기 쉽다고 생각하십니까?

당연히 외발자전거 쪽이 넘어지기 쉽습니다. 타이어가 4개 있는 차는 웬만하면 바람에 뒤집히거나 하지 않습니다.

재능에 자신을 가지는 것 또한 이와 마찬가지입니다. 우선 재능에 자신을 가지지 못한 사람은 외발자전거처럼 한 가지 경험만으로 재능을 받치고 있는 듯한 형태입니다. 예를 들어 보겠습니다.

"술자리에서 대화에 끼어들지 못하는 사람이 있으면 나도 모르게 화제를 바꾸곤 하니까 모두가 기분 좋게 시간을 보낼 수 있도록 하는 게 재능일지도……. 하지만 가끔 그러는 것일지도 모르고……."

다들 이런 상태라는 말입니다.

이 그림을 보면 어떤 느낌이 드십니까? 어쩐지 흔들거리며 쓰러질 것 같은 느낌이 들 것입니다.

실제로 이런 상태에서는 무언가 행동을 하더라도 주위 사람들로부터 "이걸 하는 편이 나아."란 말을 들으면 마음이 흔들려서 행동을 멈추어 버리고 맙니다.

재능에 자신이 없는 사람은 행동하지 않고 "저걸 하는 게 나을까? 이쪽이 나을까?" 하고 우왕좌왕하며 쓸데없이 시간을 보냅니다. 당연히 결과도 나오지 않습니다.

그렇다면 재능에 자신을 가진 사람은 어떤 형태일까요?

이미 답을 알고 있다면 당신은 매우 날카로운 사람입니다.

재능에 자신이 있는 사람은 한 가지 재능을 자동차처럼 여러 개의 경험으로 받치고 있습니다.

예를 들어 '모두가 기분 좋게 시간을 보낼 수 있도록 한다.'는 재능이라고 해 봅시다.

- 술자리에서 대화에 끼어들지 못하는 사람이 있다면 화제를 바꾼다
- 어렸을 때 불안해 보이는 전학생에게 말을 걸었다
- 셰어하우스에 살았을 때 운영 리더로서 모두가 쾌적하게 지낼 수 있는 규칙을 만들었다
- 사람들에게 함께 있으면 마음이 편하다는 말을 들었다

이런 경험이 토대가 된 상태라는 말입니다.

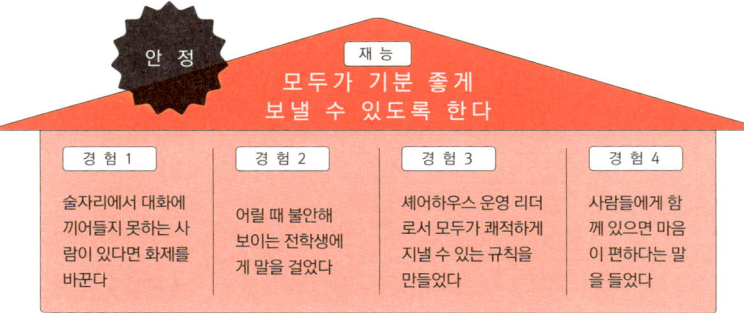

이것이라면 어지간한 일에 무너지지 않겠다는 생각이 들지 않습니까?

이 상태가 되면 주위 사람들이 어떻게 말하더라도 '이게 내 재능이다.'란 자신을 가지고 인생을 살아갈 수 있게 됩니다.

'이게 내 재능이다!'라는 흔들림 없는 자신감을 가지는 방법, 그것은 재능이 나타난 경험을 4개 이상 발견하는 것입니다.

그렇다 하더라도 '아니, 야기 씨, 전 그런 재능을 살려 본 경험이

없는데요.'라고 생각할지도 모릅니다.

그래도 괜찮습니다. 재능이란 숨쉬기처럼 하는 것이라 당신이 깨닫지 못했을 뿐입니다.

이번 장에서는 3가지 방법으로 재능을 발견하고, 반드시 당신이 재능을 살렸던 경험을 찾아낼 수 있도록 해 보려 합니다.

POINT

재능에 자신이 없는 사람	재능에 자신이 있는 사람
재능을 발휘했던 경험을 하나밖에 발견하지 못했다	재능을 발휘했던 경험을 4개 이상 발견했다

한번 만들면 평생 쓸 수 있는 '재능 지도'를 손에 넣는다

지금부터는 재능을 발견하는 구체적인 활동에 들어가려 합니다.
재능을 발견해 자신을 가지기까지의 순서는 간단합니다.

- 3가지 기술로 재능을 발견한다
- 발견한 재능을 정리해 '재능 지도'를 만든다

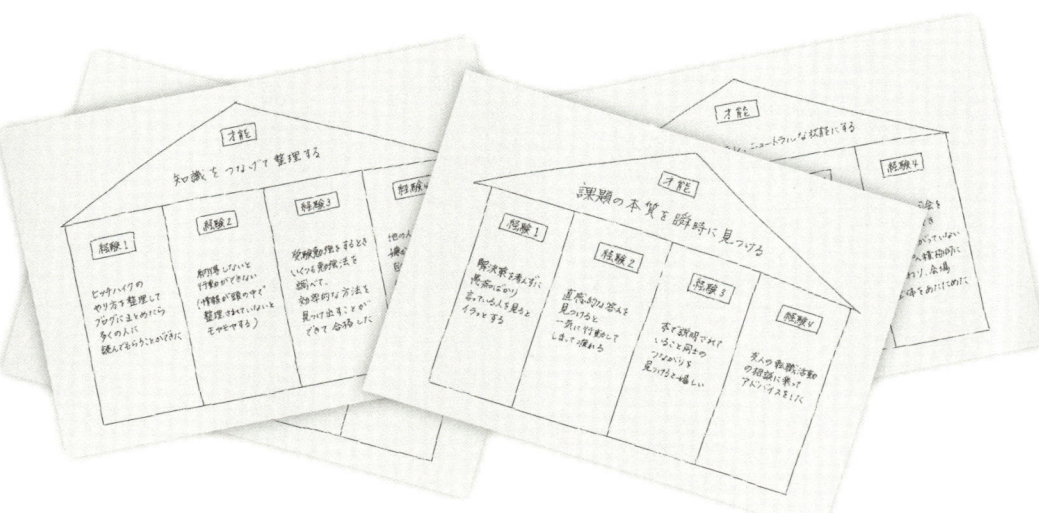

이것뿐입니다.
'재능 지도가 뭐지?'란 의문을 가질지도 모릅니다.
재능 지도란 A4용지에 한 가지 재능에 관한 경험을 4가지 쓸 수 있는 무척이나 간단한 도구입니다.

  이번 장을 다 읽고 난 다음, 재능 지도를 3개 만들고, 3가지 재능에 자신을 가진 상태가 되었으면 합니다. 이를 완성한다면, 예를 들어 취업 면접에서 "당신의 장점은 무엇입니까?"란 질문을 들었을 때에도 구체적인 경험과 그 재능 지도를 기반으로 바로 대답하고 상대를 납득시킬 수 있게 될 것입니다. 완성한 재능 지도는 ==재능을 평생 잃어버리지 않기 위한 지도가 되어 줄 것==입니다.

빠트리는 것 없이 모든 각도에서 재능을 발견한다

자, 재능을 발견할 준비는 이제 다 끝났습니다.
그렇다면 이 3가지 기술로 재능을 발견해 보도록 합시다.

- 5개의 질문에 답한다
- 리스트 1000에서 선택한다
- 3가지 방법으로 타인에게 묻는다

전부 간단하고 누구나 할 수 있는 일입니다.
이 3가지 기술을 활용하여 당신의 재능을 여러 각도에서 바라보고, 재능에 자신을 가지기 위한 근거를 손에 넣어 보도록 합시다.

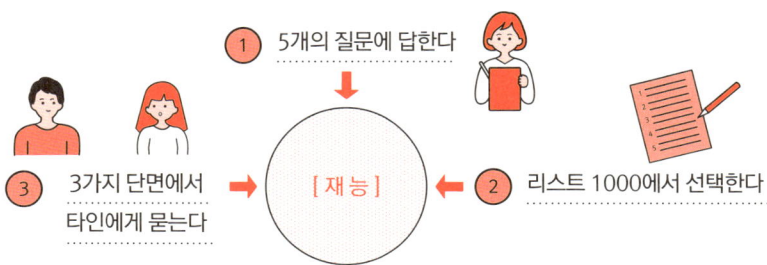

재능 발견 활동에서 명심해야 할 3가지 포인트

당신만의 재능을 발견하기 위해 3가지 기억해 두어야 할 포인트를 소개하도록 하겠습니다.

포인트 1 지금 하지 않더라도 문제없음

지금 시간이 없어서 재능 발견 활동에 집중하지 못하더라도 전혀 문제없습니다. 왜냐하면 각 활동에는 수많은 예시 답변을 준비해 두었기 때문에 훑어보는 것만으로도 '이 답변이 나와 가까울지 몰라!'라고 재능을 깨달을 수 있기 때문입니다. 지금 진득하게 앉아서 집중할 수 없는 사람은 우선 읽는 것부터 시작해 보세요.

포인트 2 한 가지 활동에 대해 몇 가지의 답이 나와도 괜찮음

지금부터 활동에 대해 소개하겠지만, 한 가지 활동이나 질문에 대한 대답은 한 가지가 될 필요가 전혀 없습니다. 오히려 여러 가지 답변을 내더라도 상관없습니다. 왜냐하면 3가지 활동이 끝난 뒤에 나온 답변을 정리할 것이기 때문입니다.

포인트 3 참여할 수 없는 활동이 있더라도 신경 쓰지 않기

반대로 활동 내용이 전혀 감이 잡히지 않는 경우 뛰어넘더라도 전혀 문제없습니다. '어, 모든 활동에 참여하려 했는데……!'라고 생각한 사람도 있을지 모릅니다.

세미나 같은 곳에서 이 활동을 한 적이 있는데, 대부분의 사람이 진지하게 참여하기에 모든 활동에 참여해야만 한다고 생각하게 되는 모양입니다. 그렇게 되면 답이 생각나지 않는 부분이 있을 때 자기 자신을 책망하게 됩니다.

하지만 어떤 활동에 참여하더라도 여러분이 발견하는 것은 똑같은 재능입니다. 그렇기에 참여하기 어려운 것이 있다고 해도 재능은 발견할 수 있습니다. 반드시 재능을 발견할 수 있도록 만들어 놓았으니, 즐기면서 참여해 보세요.

[재능을 발견하는 기술 ①]
5개의 질문에 답한다

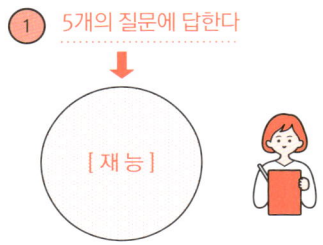

그럼 우선 질문을 통해 재능을 발견해 봅시다!

질문은 전부 해서 5개. 모든 질문의 답변에 참고가 될 만한 예시를 들어 두었습니다.

Q1 다른 사람에게 화가 나는 건?

당신이 다른 사람에게 화가 나는 건 어째서입니까? '왜 화가 나는 걸로 재능을 알 수 있지?'라는 생각이 들 것입니다. 왜냐하면 화가 난다는 것은 아래의 둘 중 한 가지 생각이 들었기 때문입니다.

- '나라면 이렇게 할 텐데.'
- '나라면 절대 이렇게 안 할 텐데.'

즉, 나라면 평범하게 할 일을 하지 못하는 사람을 보았을 때 '왜 이런 것도 못하지?'라며 화를 내는 것입니다. 하지만 이 '화'가 날 때가 당신의 재능을 발견할 커다란 기회입니다. '화'의 뒷면에는 반드시 재능이 숨어 있습니다.

구체적인 예를 소개해 보도록 하겠습니다.

제 친구 중 술자리에서 항상 중심이 되는 사람이 있습니다.

어느 날 그런 친구가 "재미없는 이야기를 길게 늘어놓는 사람에게 화가 나."라고 말했습니다. 이는 저로서는 한 번도 느껴 본 적 없는 감정이라 너무나도 놀랐기에 아직도 선명하게 기억하고 있습니다.

재미있는 이야기를 해서 자리에 흥을 북돋우는 걸 당연하게 하고 있었기에 할 수 있는 말일 것입니다.

그런 친구는 '자연스레 재미있는 이야기로 사람을 즐겁게 한다.'는 재능을 가지고 있는 것입니다.

이 질문에서 재능을 발견하기까지 걸리는 시간은 10초입니다.

- 우선, 화가 날 때를 떠올린다.
⇒ 그다음, 내가 무얼 당연하게 생각했기에 화가 났는지 생각한다

구체적인 예를 들어 보겠습니다.

'다른 사람에게 화가 나는 건?'에 대한 예시 답변

- 상대의 입장을 생각하지 않고 의견을 내는 일에 화가 났다
➡ '상대의 입장에 서서 생각하는 것'을 당연하게 할 수 있는 재능
- 같은 실패를 반복하는 사람에게 화가 났다
➡ '문제가 생겼을 때 근본적인 해결을 하는 것'을 당연하게 할 수 있는 재능
- 모순된 말을 하는 사람에게 화가 났다
➡ '논리적으로 사물을 생각하는 것'을 당연하게 할 수 있는 재능

이처럼 다른 사람에게 화가 났을 때는, 다른 사람이 하지 못하는 일을 지적하는 게 아니라, '그 반대가 내 재능이다.'라고 파악해 봅시다. 이것이 가능해지면 인간관계가 무척 원활히 진전되고 인생이 편안해집니다.

앞으로도 다른 사람에게 화가 나는 순간이 있을 게 분명합니다. 그런 때 이 기술을 써 보았으면 합니다. 이는 재능을 발견하고 인간관계도 편해지는 일석이조의 테크닉입니다.

> **POINT**
> 당신을 화나게 하는 사람은 당신의 재능을 가르쳐 주고 있다

Q2 부모님이나 선생님이 자주 주의 주는 건?

부모님이나 선생님에게 주의를 들었던 건 무엇입니까?

'주의를 들었다는 건 잘하지 못한다는 말이죠? 어떻게 거기에서 재능을 발견할 수 있지?'라는 생각이 들지도 모릅니다. 남들이 주의를 주는 건 당신이 가진 뛰어난 부분입니다. 눈에 띄기 때문에 주의를 주는 것입니다.

예를 들어, 시속 300킬로미터로 달릴 수 있는 F1 자동차가 최고속도 시속 50킬로미터인 일반 도로를 달린다면 어떻게 될까요? 긴장을 풀고 조금이라도 속도를 올려 버리면 바로 속도위반으로 주의를 받을 것입니다. 그렇다고 최고속도를 지키려고 하면 이미 가진 잠재력을 발휘하지 못해 무척이나 괴로워할 것이 뻔합니다.

하지만 F1 자동차가 레이스장에 가면 엄청난 속도를 낼 수 있습니다.

여기에서 알 수 있는 건 무엇일까요?

그렇습니다. 주의를 받을 만큼 자연스럽게 할 수 있는 재능을 발견해서, 그것을 장점으로 발휘할 수 있는 환경으로 옮겨가는 것이 중요하다는 것입니다.

예를 들어 '부정적인 일만 신경 쓰인다.'와 같은 것은 어떻게 생각해도 단점처럼 보입니다.

그런 단점을 가진 U씨는 주위 사람들에게서 언제나 "부정적인 생각만 하는 건 그만둬."라고 주의를 받아 왔습니다. 그 결과 자기 자신도 이것이 곤란한 단점이라고 부정적으로 생각하며 가능한 한 드러내지 않으려 했습니다.

하지만 이러한 단점은 U씨가 사죄 회견 담당 전문가로 일을 시작한 순간 장점이 되기 시작했습니다. 부정적으로 생각하여 리스크를 철저하게 없애는 것으로 고객들에게서 신뢰를 받으며 일을 의뢰받고 있습니다.

또한 제 경우에는 고등학생 무렵 세계사 시험에서 0점을 받아 선생님께 혼이 난 적이 있습니다. 제 수험 과목에는 세계사가 필요 없었기 때문에 다른 교과목의 공부에 시간을 들인 탓에 0점이란 결과가 나온 것입니다. 이 이야기에서는 저의 '필요 없는 일은 버린다.'는 재능을 알 수 있습니다.

그 외에도 아무리 생각해도 단점으로밖에 보이지 않는 것을 반드시 장점으로 살릴 수 있는 방법이 있습니다.

(단점으로 밖에 보이지 않는 것을 장점으로 살린 예)

- 모든 것을 의심한다

➡ 사람들에게 진실을 전달하는 저널리스트가 된다
• 다른 사람의 말을 듣지 않고 혼자서 말을 이어 나간다
➡ 세미나 강사가 된다
• 누가 물어보지 않았는데도 "이렇게 하는 게 좋아."란 말을 한다
➡ 컨설턴트가 된다
• 쉽게 싫증 낸다
➡ 연속기업가[*]가 된다
• 정치가의 악담을 자주 한다
➡ 사회 풍자를 하는 래퍼가 된다

이처럼 주의를 받는 부분에서 재능을 발견하는 것도 무척이나 간단합니다.

• **주의받았던 일을 떠올린다**
➡ **나의 어떤 '나도 모르게 하는 일'이 단점이 된 것인지 생각하고, 장점으로 바꾸어 파악한다**

예를 들어 이런 식으로 답해 보세요.

"부모님이나 선생님이 자주 주의 주는 것은?"의 예시 답변

연속기업가(Serial Entrepreneur) : 새로운 사업을 몇 가지씩 시작하고, 해당 사업을 매각·양도해서 얻은 자금이나 경험을 살려 또다시 새로운 사업을 시작하길 반복하는 기업가

- 쉽게 싫증 내는 점에 주의를 받았다
➡ 새로운 일에 흥미를 가지는 재능
- 부모님과 상담하지 않고 결정해 버리는 부분에 주의를 들었다
➡ 스스로 의사 결정을 하는 재능
- 차갑다, 배려심이 없다는 주의를 들었다
➡ 감정을 배제하고 생각하며 판단하는 재능

당신이 주의를 받았던 일에서 재능을 발견한다면 앞으로의 인생에서는 그 재능을 살리는 환경을 골라, 거기서 살아가길 바랍니다. <mark>무엇보다 주의를 받는 환경에서 노력하는 일은 그만두도록 합시다.</mark>

재능을 살릴 수 있는 환경을 찾는 법은 이어지는 다음 장에서 설명하려 합니다.

우선 이 장에서는 당신의 재능을 발견해 보도록 하겠습니다.

> **POINT**
> 주의를 받는다는 것은 남들보다 뛰어난 포인트

Q3 해서는 안 된다고 금지당하면 괴로운 것은?

왜 금지당하면 힘든 일을 생각해서 재능을 발견할 수 있는지 혹시 짐작하셨습니까? 이 시점에서 이미 깨달았다면 당신은 재능 발견의

전문가입니다.

몇 번이나 말했지만, 재능이란 '나도 모르게 하는 것'입니다. 스스로에게 있어서 그 일을 하고 있는 상태가 자연스럽고, 하지 않는 상태가 부자연스럽습니다. 무의식적으로 하고 있는 것이므로 이를 금지당해 할 수 없는 상태가 무척이나 괴로운 것입니다.

이는 새에게 하늘을 나는 걸 금지하고 땅을 걸으라고 하는 것과 같은 것입니다.

지인인 T씨는 감염병 유행에 의한 외출 자제 기간에 사람과 만나 말하는 일을 금지당해 무척이나 침울해했습니다.

즉 '다른 사람과 커뮤니케이션한다.'는 재능을 가지고 있는 것입니다.

참고로 저는 사람과 만나 대화하는 일을 금지당하더라도 전혀 괴롭지 않습니다. T씨에게 그 이야기를 하자 그는 깜짝 놀랐습니다. 여러분은 어떠십니까? 재능은 이런 식으로 사람마다 각자 다릅니다.

이 질문에는 아래와 같은 순서대로 대답해 보세요.

1. 해서는 안 된다고 금지하면 괴로운 일을 떠올린다
2. 어떠한 '나도 모르게 하는 일'이 금지당한 것인지 생각한다

이 질문의 포인트는 1번입니다. 직설적으로 '금지해서 괴로운 일'이 무엇인지 묻는다면 도무지 생각나지 않을지 모릅니다. 그런 사람은 '이전에 숨이 막혔던 환경은 무엇인가?'라고 생각해 보시길 추천합니다.

이는 스스로 '나도 모르게 하는 일'을 금지당했던 환경일 경우가 많기 때문입니다.

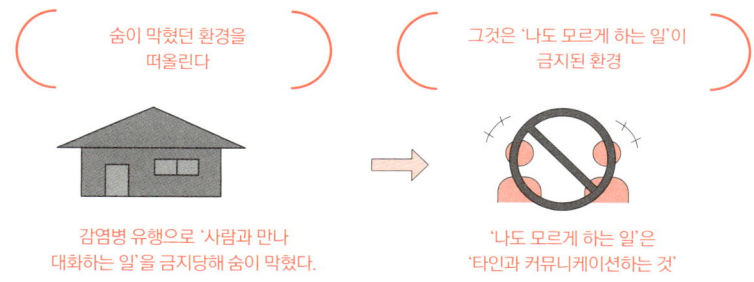

숨이 막혔던 환경을 떠올린다 → 그것은 '나도 모르게 하는 일'이 금지된 환경

감염병 유행으로 '사람과 만나 대화하는 일'을 금지당해 숨이 막혔다. / '나도 모르게 하는 일'은 '타인과 커뮤니케이션하는 것'

이 질문에도 구체적인 예를 소개해 두겠습니다.

> 해서는 안 된다고 금지하면 괴로운 것은?

- 건강해 보이지 않는 사람에게 조언하는 일을 금지당하면 괴롭다
⇒ '개선을 위한 조언을 한다.'는 것이 나도 모르게 하고 있는 재능
- 침울해하는 사람이 있을 때 이야기를 들어 주는 일을 금지당하면 괴롭다
⇒ '사람의 감정에 다가간다.'는 것이 나도 모르게 하고 있는 재능

- 책 읽는 걸 금지당하면 괴롭다
➡ '새로운 지식을 배운다.'는 것이 나도 모르게 하고 있는 재능

이 질문에서 찾아낸, 금지당하면 괴로울 정도의 재능을 업무에 살리면 어떻게 될까요? 그렇게 된다면 일을 하고 싶고 안 하고 싶고의 수준이 아니라, 일을 나도 모르게 하는 상태가 됩니다.

그때 인생에서는 의욕이란 문제가 사라져 버립니다. 다시 말하자면 지금 당신의 의욕이 오르지 않아 곤란하다면, 재능을 살리지 못하고 있다는 말입니다.

성공의 비결은 '할 마음이 드는 것'이 아니라 '할 마음이 없어도 할 수 있는 일을 이어가는 것'입니다. 그리고 할 마음이 없더라도 할 수 있는 일은 당신의 재능과 관계가 있습니다.

이 질문들을 통해 꼭 그런 재능을 발견하였으면 합니다.

> **POINT**
> '해서는 안 된다고 금지하면 괴로운 것'을 직업으로 가지면,
> 의욕의 고민이 해결된다

> **Q4** 당신의 단점을 '그렇기 때문에'로 바꾸어 말하면 어떻게 되나?

새삼스럽지만, 단점과 장점은 표리일체입니다.

그런데도 "당신의 장점이 무엇입니까?"라고 물어보았을 때 대답할 수 있는 사람은 적고, "당신의 단점은 무엇입니까?"라고 물으면 대부분의 사람이 쉽게 대답합니다. 이상하다 생각하지 않으십니까?

사실 이는 인간의 본능과 관계가 있습니다. 인간은 긍정적 정보보다 부정적 정보에 주의를 기울이기 쉬운 부정편향을 가지고 있습니다. 왜냐하면 사람의 뇌는 매일 살아가기 위해 필사적이어야 했으며, 자칫 잘못하면 죽고 마는 수렵채집 시대에 만들어졌기 때문에, 위험한 일이나 리스크와 같은 부정적인 일에 주목할 필요가 있었기 때문입니다.

==부정적인 일에 주목하는 본능은 죽음의 리스크가 줄어든 현대 사회에서도 변함이 없습니다.== 사회 변화가 너무 급격해지며, 뇌의 진화가 따라오지 못했기 때문입니다.

이 본능을 이용해서 발견하기 쉬운 단점으로부터 재능과 장점을 발견해 보도록 합시다.

사실 내 단점을 단번에 장점으로 바꾸는 마법의 단어가 있습니다.

그것은 '그렇기 때문에'입니다.

예를 들어 낯가림이 있으므로 좀처럼 새로운 친구를 만들기 어렵다고 생각하고 있다고 할 때.

이 '있으므로'를 '그렇기 때문에'로 바꾸어 보면 어떨까요.

그렇게 하면 '낯가림이 있기 때문에 소중한 사람과 차분히 대면할 수 있다.'거나 '낯가림이 있기 때문에 혼자서 차분히 생각할 시간을 가질 수 있다.'처럼 단번에 장점으로 바꾸어 말할 수 있습니다.

이 단어를 사용하면 어떤 단점도 예외 없이 장점으로 바꾸어 말할 수 있습니다.

그래서 이 질문은 다음 순서대로 답하면 됩니다.

- 단점을 떠올린다
➡ 단점이 어떤 재능에서 생겨났는지 생각한다

(당신의 단점을 '그렇기 때문에'로 바꾸어 말하면 어떻게 되나?)

- 다른 사람과 긴 시간 같이 있으면 피곤하다
➡ 그렇기 때문에 혼자 생각하며 새로운 것을 만들어 낼 수 있다
- 인정받고 싶은 욕구가 강하다
➡ 그렇기 때문에 많은 사람들의 눈에 띄는 일을 할 수 있다
- 강한 어조로 사람을 상처입히는 일이 있다
➡ 그렇기 때문에 그런 말들로 타인의 등을 밀어 줄 수 있다
- 상대의 관점으로 생각하기 힘들다

➡ 그렇기 때문에 자신의 의견을 직설적으로 전할 수 있다
• 지적받은 대로 하기 어렵다
➡ 그렇기 때문에 스스로 주체성을 가지고 일할 수 있다
• 임기응변으로 대응하기 어렵다
➡ 그렇기 때문에 확실하게 준비할 수 있다
• 목적 없는 잡담이 어렵다
➡ 그렇기 때문에 목적에서 멀어지지 않고 일을 진행시킬 수 있다
• 공부하는 게 어렵다
➡ 그렇기 때문에 스스로 배우지 않고 다른 사람에게 기댈 수 있다

이 외에도 무수히 많은 예가 있습니다. 이와 관련해 권말부록으로 [재능의 구체적인 예시 리스트 1000]을 게재해 두었습니다.

==단점이 있는 당신은 '그렇기 때문에' 빛날 수 있습니다.== 그런 장소가 이 세상에 반드시 존재합니다.

> **POINT**
> '그렇기 때문에'로 단번에 단점은 장점으로 바뀐다

Q5 다른 사람은 싫어하는데, 내게는 즐겁다는 생각이 드는 건?

일임에도 ==놀이라는 생각이 들 만큼 너무 즐거운 일을 찾는다면== 당

신은 이미 이긴 거나 마찬가지입니다. 많은 사람들은 일이란 고통을 수반하는 것이라고 생각합니다. 하지만 현실은 정반대입니다. 일이란 놀이이며, 기쁨을 수반하는 것이다. 이런 생각으로 일해야만 즐겁고, 결과도 나오는 것입니다.

내게는 놀이처럼 즐거운데 주위에서는 일이라고 받아들인다면, 그것이 당신의 재능입니다.

놀이처럼 즐겁다면 하루 16시간, 주 7일 일한다고 해도 힘들지 않지만, 고통을 수반하는 일이라고 느끼는 사람에게는 너무나도 힘들 것입니다. 그러므로 누구도 당신을 이길 수 없습니다.

노력하는 자는 즐기는 자를 이길 수 없다.

이는 일에 관해 자주 언급되는 말입니다. 여러 가지 버전이 더해져 돌아다니고 있지만 원래 공자의 《논어》에 있는 '知之者不如好之者, 好之者不如樂之者(알고 있다는 것은 좋아함에 미치지 못하고, 좋아한다는 것은 즐기는 것에 미치지 못한다)'로, 다르게 말하자면 '좋아하면 능숙해진다.'라고 할 수 있습니다.

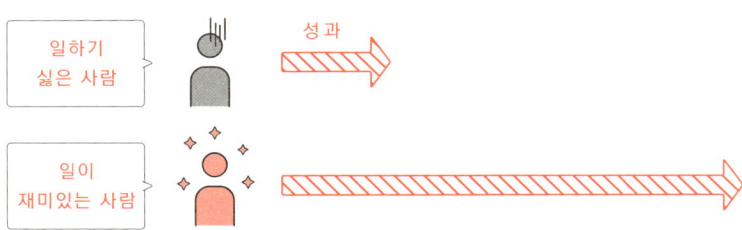

'제가 푹 빠질 수 있는 건 게임 정도밖에 없어요.'라고 생각하는 사람도 있을 수 있습니다. 물론 거기에도 재능은 숨어 있습니다. ==게임에 푹 빠진 사람은 많지만, 무엇을 즐기고 있는지는 제각각입니다.== 예를 들어 게임 중에서도 특히 레벨을 올리는 게 즐거운 사람이 있을 것입니다. 이 경우 '꾸준히 성장한다.'는 재능을 가지고 있습니다.

또, 최단 루트를 공략하는 것이 재미있다는 사람도 있습니다. 이런 사람은 '효율적인 전략을 생각한다.'는 재능을 가지고 있는 사람입니다.

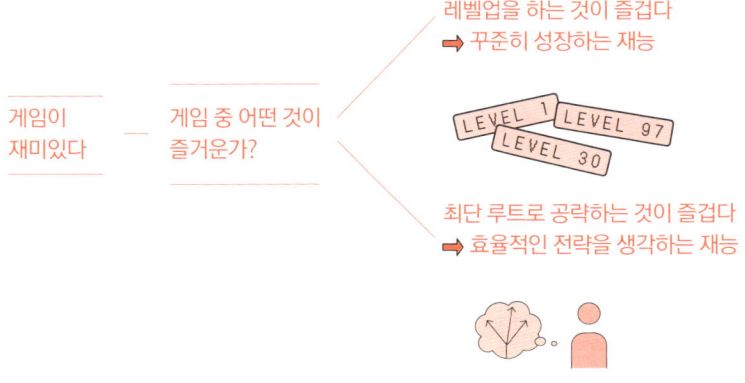

이렇게 해서 '푹 빠질 수 있는 일 중에서 어떤 행동이 가장 즐거울까?'까지 깊이 생각함으로써 당신의 재능을 발견할 수 있습니다. 그렇다면 이 질문에도 간단히 답할 수 있을 것입니다.

- '다른 사람은 싫어하는데 나에게 즐겁게 생각되는 일'을 떠올린다
- ⇒ **특히 어떤 것이 즐거웠는지 생각한다**

('다른 사람은 싫어하는데, 내게는 즐겁다는 생각이 드는 건?'의 예시 답변)

• 회의 진행을 맡는 일
➡ 모두의 의견을 모아 정리하는 것이 즐겁다 ⬅ 이것이 재능

• 동물을 돌보는 일
➡ 하루하루 돌보며 변화하는 모습을 보는 것이 즐겁다 ⬅ 이것이 재능

• 서류의 잘못된 부분을 발견하는 일
➡ 오류를 발견하는 것이 즐겁다 ⬅ 이것이 재능

이 질문에서 발견한 재능을 일에 살릴 수 있다면 '왜 얼른 일이 끝나지 않을까…….'가 아니라 '눈 깜짝할 사이에 시간이 지나가 버렸어! 좀 더 일하고 싶은데!'라고 생각하게 될 것입니다.

재능을 발견해서 살린다면, '지금까지의 인생은 무엇이었을까?'라는 생각이 들 만큼 세상을 보는 눈이 변해 버립니다.

> **POINT**
> 푹 빠질 수 있는 것을 찾아내면 재능이 보인다

재능을 발견하는 기술을 매일의 습관으로

지금까지 재능을 발견하는 5가지 질문을 소개했습니다. 5가지 질

문을 알게 된 지금, 아직 재능을 발견하지 못했다 해도 문제는 없습니다.

여기까지 읽은 것만으로도 재능을 발견하는 시점을 손에 넣고, 내일부터 생활하는 것만으로 점점 자신의 재능에 눈을 뜨게 될 것이기 때문입니다.

여러분은 어느 순간에서부터인가 재능을 발견하는 것이 습관이 되어 버릴 것입니다.

또한 권말부록에 있는 [재능을 발견하는 100가지 질문]을 활용한다면 더욱더 자신의 재능을 쉽게 발견해 나갈 수 있을 것입니다.

그러면 남은 2가지 기술로 재능의 조각을 찾아낸 다음, 재능 지도라는 하나의 지도를 만들어 보도록 하겠습니다.

그때에는 당신 안에 있는 **여러 가지 경험들이 하나로 연결되어** 당당히 인생을 살아 나갈 수 있을 커다란 자신감이 될 것입니다.

재능을 발견할 수 있는 5가지 질문

- **Q1** 다른 사람에게 화가 나는 건?
- **Q2** 부모님이나 선생님이 자주 주의 주는 건?
- **Q3** 해서는 안 된다고 금지당하면 괴로운 것은?
- **Q4** 당신의 단점을 '그렇기 때문에'로 바꾸어 말하면 어떻게 되나?
- **Q5** 다른 사람은 싫어하는데, 내게는 즐겁다는 생각이 드는 건?

[재능을 발견하는 기술 ②]
1000리스트에서 고르자

 재능을 발견하는 기술 중 2번째로 소개할 것은 1000 리스트에서 고르는 방법입니다. 권말부록으로 실린 [재능의 구체적인 예시 리스트 1000]을 봐 주세요. 여기에 모든 재능이 어떠한 단점과 장점이 되는지 정리해 두었습니다. 이 리스트를 보며 자신에게 들어맞는 재능을 선택해 보시기 바랍니다.

 '나에게 장점 같은 건 없다.'고 생각하는 사람도 이 리스트를 보면 단숨에 생각이 변할 것입니다. 이를 실행하는 방법은, 이것 하나뿐입니다.

- **리스트 중 나에게 들어맞는 부분에 ○를 그린다**

여기에 간단한 비결 2가지가 있습니다.

비결 1 단점란을 보며 생각한다

우선 단점란을 보며 자신에게 들어맞는지를 생각해 봅시다.

왜냐하면 많은 사람들이 본능적으로 자신의 단점을 더 알아채기 쉽기 때문입니다.

비결 2 비슷한 재능 중 딱 맞는 쪽에 ○를 한다

예를 들어 '스토리를 만들어 이야기한다.'와 '현장감 넘치는 이야기를 한다.'는 비슷한 재능이지만, 일부러 나누어 두었습니다.

왜 비슷한 것을 나누어 두었느냐 하면, 사람에 따라 '이거다!'라고 느끼는 키워드가 다르기 때문이다. 한쪽에만 ○표를 해도, 물론 2개 모두 ○표를 해도 문제는 없습니다.

하지만 1000 리스트를 전부 읽는 것은 조금 힘들 것입니다.

그렇기 때문에 우선은 리스트에서 1~100번까지 살펴보는 걸로도 충분합니다. 100개만 봤다가 재능을 놓치는 건 아닐까 걱정할 수도 있지만 정말 그걸로 충분합니다. 여기서는 유사한 재능을 비슷한 단어로 표현하고 있기 때문에, 100개만 보더라도 당신의 재능을 충분히 발견할 수 있습니다.

리스트에서 재능을 고르는 작업을 하는 것만으로 '나의 재능이 가진 경향'이 점점 눈에 보일 것입니다. 하지만 이는 아직 시작일 뿐입니다.

앞으로 재능 지도를 정리하고 거기에 대한 확신을 갖게 된다면 소름이 끼칠 만큼 자신의 가능성을 깨닫고, 몸속 깊은 곳에서부터 에너지가 샘솟아오를 것입니다.

그때를 기대하며, 꼭 하나씩 재능을 발견해 나가도록 합시다!

[재능을 발견하는 기술 ③]
3가지 방법으로 타인에게 묻는다

지금까지 재능을 발견하기 위한 2가지 기술을 소개했습니다. 지금까지 소개한 2가지는 혼자 몰두할 수 있는 기술입니다.

하지만 혼자서 하기에는 한계가 있게 마련입니다. 자신의 편견에서 도무지 헤어 나올 수 없을 수도 있다는 말입니다. 왜냐하면 재능은 나에게 있어 당연히 할 수 있는 것이기 때문에 발견했다고 해도 '이런 거 누구나 할 수 있잖아.'라고 생각하기 때문입니다.

그 한계를 돌파하기 위해 지금부터 소개할 '다른 사람에게 물어본다.'라는 기술이 있습니다. 나에게 있어 당연한 일이지만, 다른 사람에게는 특별하다는 걸 알아차리기 위해 제3자의 힘을 빌려 보도록 합시다.

자신의 감각을 의심하고, 타인의 의견을 믿자.

'다른 사람들이 정확한 의견을 가지고 있다고 할 수는 없잖아?'라는 의문을 가질지도 모릅니다.

사실, 300쌍의 커플을 조사한 연구에서 자신의 성격을 스스로 판단했을 때보다 친근한 파트너가 채점했을 때가 압도적으로 정확한 성격 판단이 가능했다는 결과가 나와 있습니다.

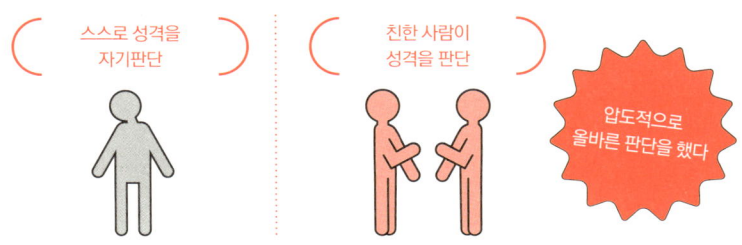

나를 모르는 건 나 자신뿐

예를 들어 본다면, 이전에 A씨와 이런 대화를 했습니다.

야기 "무언가 나도 모르게 했던 일이 있습니까?"
A씨 "여행을 가기 전 가고 싶은 장소의 영업일이나 교통수단을 조사해서 분 단위로 계획을 세웠던 적이 있습니다."
야기 "그거 무척이나 대단한데요! A씨의 재능입니다!"
A씨 "아니, 이런 거 보통 다들 하지 않나요. 그렇게 어렵지도 않고요."
야기 "저라면 절대 못합니다. 여행지에서 가게에 가 보면 쉬는 날이었던 일도 자주 있어요……."

A씨 "정말요! 저에겐 너무나 당연한 일이라 알아차리지 못했습니다."

이런 식의 대화는 일상다반사입니다.

주변 사람들은 명백히 "그거 재능이야."라고 알아차리고 있는데도 본인만이 알아차리지 못하는 일이 무척 많습니다.

재능은 이마에 걸친 안경 같은 것입니다. 나만 모르고 있을 뿐 다른 사람이 보면 명백한 것입니다.

스스로는 도무지 발견하지 못한다 | 다른 사람이 보면 명백하다

> **POINT**
> 재능을 발견하려 할 때에는 자신의 감각을 의심하고,
> 다른 사람의 의견을 믿자

대화에서 재능을 발견하는 3가지 방법

그렇다면 어떤 식으로 물어보면 주위 사람에게 정확한 의견을 끌어낼 수 있을까요?

당신이 질문하는 사람은 재능에 대한 깊은 이해가 없는 경우가 대부분일 것입니다. 이런 경우 "나의 재능이 뭐라고 생각해?"라고 물어도 "요리를 잘하는 거 아냐?"처럼, 내가 바라는 답을 이끌어 낼 수 없습니다.

그렇기 때문에 이쪽에서부터 적절한 방법으로 물어볼 필요가 있습니다.

여기에서는 다른 사람에게서 재능에 대해 물어볼 때 바로 실천할 수 있는 3가지 방법을 소개하고자 합니다.

다 함께 구체적인 예를 봐 주세요.

> 타인에게 묻는 방법 1

남들에게 칭찬받고 의외였던 건?

먼저 첫 번째 방법에서는, 다른 사람에게 새로이 물어보기보다 과거 다른 사람이 했던 말에서 당신의 재능에 대한 힌트를 발견하는 일입니다.

'별로 노력하지 않는데도 주위 사람들에게 칭찬을 받거나, 의외였던 건 무엇이었을까?'

만일 스스럼없는 친구나 가족에게라면 "나를 보고 대단하다고 느꼈던 일이 있어?"라고 물어도 좋을 것입니다.

다시 한번 말하지만 재능이란 열심히 해서 가능한 일이 아니라 노력하지 않아도 할 수 있는 일입니다. 당신에게는 그저 당연한 일인데도 주위 사람들이 보기에는 '어떻게 저걸 당연한 듯 할 수 있지?'라고 생각하며 당신에게 감사의 말을 합니다. 반대로 당신이 '노력해야 감사받을 수 있는 일'은 재능일 가능성이 낮습니다.

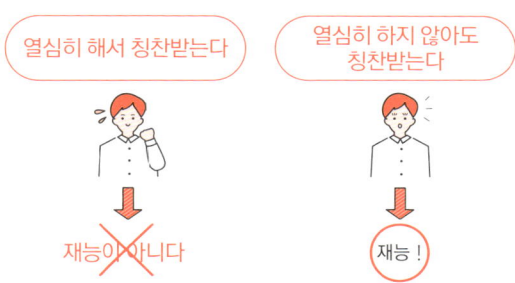

재능을 발견할 때 눈을 돌려야 하는 것은, 자신의 '노력'이 아니라 다른 사람으로부터의 '감사'입니다.

이 점은 다음과 같이 이용하면 됩니다.

- 열심히 하지 않았는데도 감사의 말을 들은 일을 떠올린다
⇒ 여기에서 '자연스럽게 하고 있던 일'을 떠올린다

참고가 될 구체적인 7가지 답변을 소개하도록 하겠습니다.

> '남들에게 칭찬받고 의외였던 건?'의 예시 답변

- 길을 헤매고 있을 때 근처에 있던 사람에게 물어보았더니, 같이 있던 사람이 큰 도움이 되었다며 기뻐했다
➡ 거리낌 없이 다른 사람의 힘을 빌리는 재능
- 일하고 있던 회사에서 웹 카메라와 같은 기술적 사용법을 동료나 선배에게 설명해 주니, 기계에 관해서는 잘 몰랐는데 도움이 된다며 감사 인사를 받았다
➡ 기계나 시스템의 사용 방법을 설명하는 재능
- 환자들에게 신경 써 주어서 고맙다는 말을 들었다
➡ 주위에 주의를 기울이는 재능
- 다른 사람이 하고 싶어 하지 않는 일을 적극적으로 했더니 감사 인사를 들었다
➡ 전체적 밸런스를 보고 구멍을 메우는 재능
- 어울리지 못하는 사람에게 말을 걸어 친구가 되었을 때 기뻐해 주었다
➡ 모든 사람에게 자신이 있을 자리가 있게끔 하는 재능
- 친구와의 여행에서 어디로 갈지 고민하고 있을 때 계획을 세워 주었더니 감사 인사를 들었다
➡ 모두가 즐길 수 있는 계획을 세우는 재능
- 평범하게 설명했는데 "정리돼서 무척 이해하기 쉬워!"라는 말을 들었다

➡ 정리해서 설명하는 재능

여기서 한 가지 여러분이 주의해야 할 점이 있습니다. 남들에게 칭찬을 들었을 때 "별거 아냐."라고 겸손해지지 않았나요? 만일 그랬다면 앞으로는 절대 그래서는 안 됩니다.

대다수의 사람들은 남들이 칭찬하면 겸손하게 답을 합니다. 왜냐하면 스스로에겐 너무나도 당연하기 때문에 별거 아닌 일이라 생각하기 때문입니다. 이 때문에 많은 사람들이 재능을 깨닫지 못하고 있습니다. ==반대로 남들의 칭찬에 겸손하지 않고 있는 그대로 받아들이게 되면 자신의 재능을 깨닫기 쉬워질 것입니다.==

이 방법으로 발견한 '열심히 하지 않아도 칭찬받는 것'을 직업으로 삼는다면 어떻게 될까요? 무척이나 편하게 성과를 내고, 감사받는 일이 늘어나며, 자존감이 올라가고, 얻게 되는 수익도 늘어날 것입니다.

여기서 되돌아볼 경험은 커다란 것이 아니라도 괜찮습니다.

왜냐하면 재능은 '발견한다.'는 것 다음으로 '살린다.', '키운다.'라는 단계를 통해서 사람들로부터 큰 감사를 받게 되기 때문입니다. 당신도 꼭 지금 이 재능을 씨앗으로 삼아 자그마한 칭찬의 말들을 발견해 내길 바랍니다.

> **POINT**
> 열심히 해서 칭찬받았다 → 재능이 아니다
> 열심히 하지 않았는데 칭찬받았다 → 재능

타인에게 묻는 방법2

내가 다른 사람과 다른 점은 무엇일까?

누군가에게 "내가 다른 사람보다 월등한 부분은?"이라고 묻는 건 조금 용기가 필요합니다. 그러니까 여기서는 "내가 다른 사람과 다른 점은?"이라고 물어보도록 합시다. '다른 점을 물어봐서 의미가 있나?'라고 생각할지도 모릅니다. 하지만 다른 점이란, 좋건 나쁘건 눈에 띄는 점입니다.

이 차이점이 지금은 단점인지 장점인지 모르지만 다른 사람과의 차이점은 재능과 관련이 있습니다.

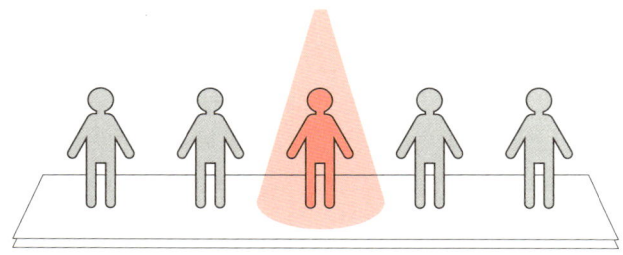

예를 들어 W씨는 이미 정해진 별거 아닌 일을 꾸준히 해 나가는 점이 다른 사람과 다르다는 말을 듣습니다. W씨는 예전 상사가 자유롭게 해도 좋다며 일을 맡겼을 때 어떻게 하면 좋을지 몰라서 일에 전혀 손을 대지 못했던 경험이 있습니다.

그와 달리 명확한 지시를 준 상사 아래에서는 엄청난 집중력을 발휘해 일을 끝마칠 수 있었다고 합니다.

이처럼 차이점은 놓인 환경에 따라 단점도 장점도 되는 것입니다. 이 부분의 사용법은 아래와 같습니다.

- **'내가 다른 사람과 다른 점은 무엇인가?'라고 묻는다**
- ➡ **'그 차이점이 낳는 행동'을 생각한다**

이것뿐입니다. 간단하지 않습니까?

예시 답변을 3가지 소개하도록 하겠습니다.

'내가 다른 사람과 다른 점은 무엇일까?'의 예시 답변

- "모두 모여 이야기를 나누고 있을 때 너만 조용히 듣고 있다."는 말을 들었다
- ➡ 다른 사람의 말을 가만히 듣는 재능
- 길가의 쓰레기를 무시하지 않고 줍는 점이 다르다고 들었다
- ➡ 자연스레 환경을 지키려 하는 재능
- "사람이나 사물에 집착하지 않는 점이 다르다."고 들었다.
- ➡ 불필요한 것에서 손을 떼는 재능

당신이 지금 있는 환경에서 자신의 재능이 단점으로 나타나는 경

우, '왜 남들에 비해 뒤처져 있을까?'라며 자기부정을 할지도 모릅니다. 하지만 당신은 뒤처져 있는 것이 아닙니다. 그저 다를 뿐입니다. 그 차이점을 장점으로 살릴 수 있는 환경에 자리 잡고 그것을 키워 나가며 이를 성과를 낼 수 있는 강점으로 만들면 되는 것입니다. 그 방법은 뒤에서 설명하도록 하겠습니다.

어찌 되었건 우선은 다른 사람과의 차이점을 발견하는 일에 집중해 주셨으면 합니다. 그렇게 하면 '재능을 살린다.'는 다음 문을 열 수 있게 될 것입니다.

> **POINT**
> 남들보다 뒤처진 것이 아니라
> 남들과 다를 뿐

타인에게 묻는 방법 3

나는 무얼 하고 있을 때 즐거워 보이나?

재능을 발휘하고 있을 때에는 당신의 내면에서 에너지가 샘솟아 나옵니다. 그리고 그 에너지는 주위 사람들의 눈에도 확실히 보일 것입니다.

재능을 살리고 있을 때의 에너지는 주위 사람들에게 전달된다

뭔가 엄청난 에너지다…….

당신은 옷을 살 때 자신에게 맞는지를 어떻게 판단하십니까? 아마도 거울을 이용해 객관적으로 자신의 모습을 보겠지요. 이과 마찬가지로 재능을 발견할 때에도 자기 혼자 판단하기는 어렵습니다. 옷을 고를 때의 '거울'이 자기이해를 할 때의 '타인'입니다. 예를 들어 제 경우 항상 곁에 있는 아내에게 물어봅니다.

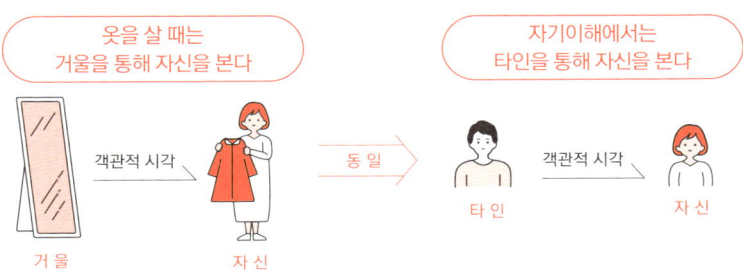

야기 "내가 즐겁다 느끼는 건 어떤 때일까?"
아내 "다른 해야 할 일 없는 상태에서 쭉 글을 쓰고 있을 때 무척 즐거워 보여."
야기 "어, 정말? 몰랐는데……."
아내 "말로 표현하기 어려울 정도로 즐거워 보였는데 몰랐어?"

이 예와 같이 재능을 살려 나갈 수 있는 순간은 너무나도 자연스러워서 알아차리지 못하는 때가 많습니다.

- "나는 무엇을 하고 있을 때 즐거워 보이나?"라고 묻는다
➡ 어떤 '자연스럽게 하는 일(재능)'이 관련되어 있는지 생각한다

'나는 무엇을 하고 있을 때 즐거워 보이나?'에 대한 예시 답변

- 영어 회화 공부를 하고 있을 때 즐거워 보인다는 말을 들었다.
➡ 할 수 없는 일을 할 수 있도록 배우는 재능
- 절약하는 방법을 생각할 때 즐거워 보인다고 한다
➡ 비용 절감의 재능
- 엑셀을 통해 작업을 자동화했을 때가 즐거워 보인다고 한다
➡ 효율화하는 방법을 생각하는 재능

여러분도 한번 속는 셈 치고 이 방법으로 반드시 주변 사람들에게 물어보았으면 합니다. 대부분의 경우 놀랄 만한 대답이 돌아오고, 스스로가 알아차리지 못했던 재능을 깨달을 수 있을 것입니다.

> **POINT**
> 자신을 객관화하고 싶을 때는 타인을 거울로 삼자

서로 헐뜯는 부부싸움이 서로를 살리는 부부대화로 바뀐 계기

U씨 부부는 이혼 직전이었습니다. 그 이유는 성격 차이였습니다.

언제나 놀랄 만큼 사소한 이유에서 시작한 싸움은 격렬하게 번져 갔습니다. 아내는 남편에게 "왜 좀 더 감정적이지 못해!?"라고 말하고, 남편은 아내에게 "왜 좀 더 냉정하게 생각하지 못해!?"라고 반박하곤 했습니다. 감정이 폭발한 아내가 냉장고에서 꽁꽁 언 닭고기를 꺼내 내던졌던 일도 있습니다.

하지만 남편이 재능에 대해 배운 다음 두 사람의 관계는 변하기 시작했습니다.

'화가 나는 것은 나에게 있어 당연한 일을 하지 못하는 사람을 보았을 때'라는 것을 배운 남편은 싸움이 시작될 때마다 '아내가 어떤 재능을 가지고 있는지 발견할 기회다!'라고 생각하고 아내의 재능에 대한 이해를 점점 더 깊이 하려 노력했습니다. 아내도 이에 영향을 받기 시작하며 서로 간의 '재능의 차이'를 받아들이게 된 모양입니다.

이렇게 차이를 헐뜯는 부부싸움은 차이를 살리는 부부대화로 변화했습니다. 이 뒤로 이들은 두 사람의 재능을 합쳐서 핸드메이드 제품의 판매사업을 시작했습니다.

지금은 서로 이 사람이 아니면 안 된다고 생각할 만큼 최고의 파트너라고 느끼고 있습니다.

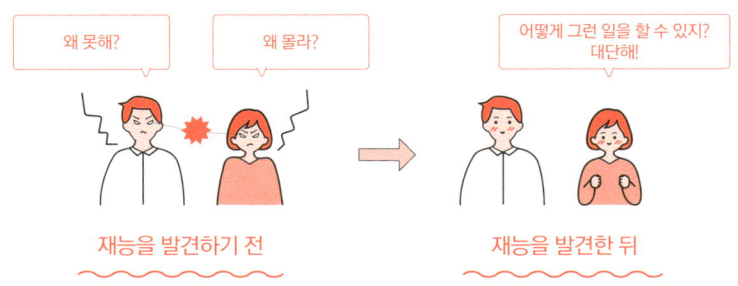

이처럼 지금까지 소개한 '5가지 질문'과 '3가지 방법'은 다른 사람의 재능을 발견하는 일에도 활용할 수 있습니다. 다른 사람이 나의 재능을 알려 준다면 그 보답으로 그 사람의 재능을 발견할 수 있도록 도움을 주도록 합시다. 서로가 상대의 거울이 되는 것입니다. 이 외에도 권말부록에서 [재능을 다른 사람에게 묻는 25가지 질문]을 소개하고 있습니다.

이를 활용해서 서로가 함께 재능을 키울 수 있는 최고의 관계를 반드시 만들어 봅시다.

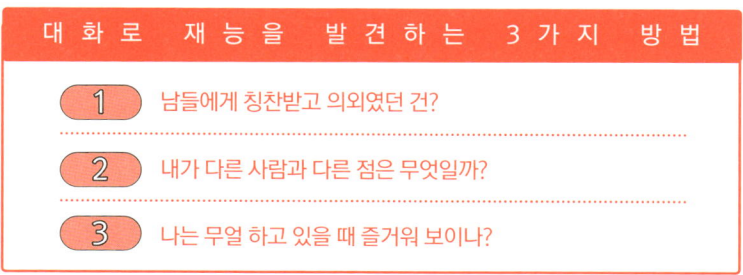

인생을 한 장의 종이에 정리해서 되돌아갈 장소를 만들자

지금까지 3가지 활동을 해 보았습니다.

- 재능을 표현하는 '동사'
- 재능의 구체적인 '경험'

이 2가지가 모였나요?

그렇다면 이제 이를 정리해 당신의 재능 지도를 만들어 봅시다. 집 모양 지도에 재능과 구체적인 경험을 세트로 정리한 것을 재능 지도라 부릅니다.

이를 완성한다면 **당신의 인생 경험을 한 장의 종이로 정리한, 언제라도 되돌아갈 수 있는 집과 같은 장소가 될 것입니다.**

그렇다면 재능 지도를 만드는 법에 대해 설명하도록 하겠습니다.

순서 1. 재능을 3~5그룹으로 나눈다
순서 2. 기둥에 구체적인 경험을 기입한다
순서 3. 재능 지도를 3개 완성한다

여러분은 이 간단한 3가지 순서로 자신의 재능에 자신을 가질 수 있게 되고, "이게 내 재능이었구나!"라고 놀라워하며, 자신의 재능을 살려 나갈 미래에 대한 두근거림이 멈추지 않을 것입니다.

순서 1 재능을 3~5그룹으로 나눈다

우선 비슷한 재능을 모아 보겠습니다.

지금까지 발견한 재능을 표현하는 동사를 전부 써내려 가 볼까요. 그 다음엔 비슷한 키워드를 묶어서 3~5개로 분류해 보겠습니다. 이때 포스트잇을 쓰는 방법도 추천합니다. 정리하기 쉽습니다.

이 중에서 비슷한 재능을 모은다면, 그 재능을 한 단어로 표현할 수 있는 동사로 바꾸어 보도록 하겠습니다.

그룹화한 재능의 수만큼 집 모양을 그린 A4용지를 준비해서 각각의 재능을 지붕 부분에 써넣어 봅시다.

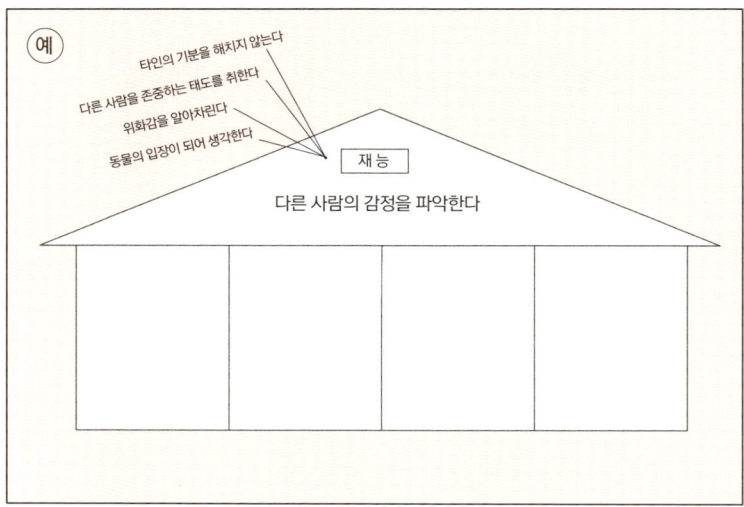

(순서 2) **기둥에 구체적인 경험을 기입한다**

각각의 재능 지도의 기둥 부분에 그 재능과 관계있는 구체적인 경험을 기입합니다. 이번 장에서는 재능에 확신을 가지는 것이 목적이므로, 기둥에 기입하는 내용은 재능이 단점으로 나타난 경험이라도 문제없습니다. 4가지 이상의 구체적 경험을 기입하고 나면 재능 지도가 완성됩니다.

(순서 3) **재능 지도를 3장 완성한다**

마지막으로 재능 지도를 3장 완성하고, 3가지 재능에 자신을 가지게 된다면 재능을 발견하는 작업은 끝이 납니다!

물론 4개 이상의 재능 지도를 만들 수 있다면 만들어도 좋습니다.

만일 지붕에 쓸 재능이나 기둥에 쓸 구체적 경험이 부족한 경우에는, 권말부록에 추가된 활동을 해 봅시다.

비용이 조금 들어도 괜찮은 경우라면 재능을 발견하는 네 번째 방법인 재능 진단을 받아 보는 것도 추천합니다. 어떠한 재능 진단을 받아야 하는지는 권말부록에 설명해 두었기에 흥미가 있는 분은 읽어 보시길 바랍니다.

재능 지도를 완성하고 나면 당신은 '내 재능은 이것'이라고 자신을 갖게 될 것입니다.

그리고, 살아가는 동안 ==길을 찾기 힘들 때 당신이 만든 재능 지도를 되돌아봄==으로써 몇 번이라도 자신을 가지고 다시 한 걸음 앞으로 나아갈 수 있게 될 것입니다.

완성한 재능 지도는 SNS에서 '#せかす才'라는 해시태그를 달아 올려 주시면 좋겠습니다. 저도 전부 읽어 보도록 하겠습니다. 당신의 재능 지도를 볼 수 있게 되기를 무척 기대하고 있겠습니다!

평범한 재능을 뛰어난 재능으로 바꾸는 생각법

자신을 가진 재능을 조합한다면, 당신만의 특별한 재능이 나타납니다.

예를 들어 제 경우 새로운 지식을 배우는 재능을 가지고 있습니다. 하지만 저보다 새로운 지식을 배우는 일에 능한 사람은 무척이나 많습니다.

하지만 저는 지식을 연결해서 정리하는 재능도 있습니다.

그리고 간단하게 전달하는 재능도 가지고 있습니다.

이 각각은 '나도 모르게 하는 일'일 뿐, 흔하디흔한 재능입니다. 하지만 이 3가지 재능을 조합해서 가지고 있는 사람은 많지 않습니다.

이들을 조합했을 때 '배운 지식을 체계적으로 간단히 전달한다.'는 저만의 특별한 재능이 만들어집니다.

아직 여러분의 3가지 재능을 어떻게 조합할지 모른다 해도 문제는 없습니다.

재능을 살려 나가는 동안 자신의 재능과 재능 사이의 연결고리가 점점 눈에 들어오며, '이것이 내 특별한 재능이다.'라고 단숨에 깨닫는 순간, 벼락에 맞은 것 같은 충격과 감격이 찾아올 것입니다.

이 순간을 기대하면서 다음 순서로 한 걸음 더 나아가 보도록 합시다.

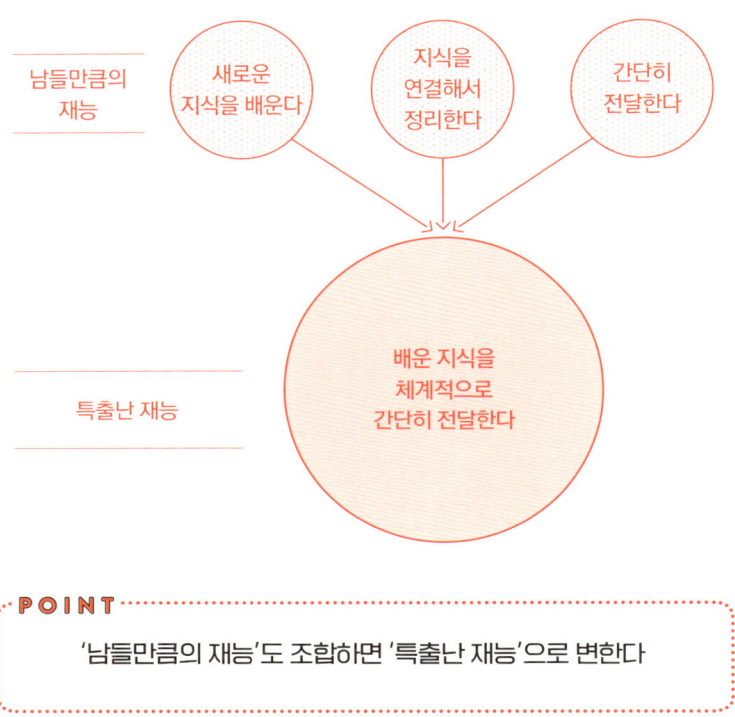

···· POINT ····
'남들만큼의 재능'도 조합하면 '특출난 재능'으로 변한다

CHAPTER

4

'당신답게 빛날 수 있는
재능을 살리는 기술'

'스스로를 받아들였다.'로 만족해서는 안 된다

지금까지 재능을 '발견하고 → 살리고 → 키우기' 중 '발견하기'에 대해 설명했습니다. 다음은 '살리기'로 넘어가 보겠습니다.

재능을 발견하며 지금까지 살아온 자신의 인생을 말로 설명할 수 있게 되면, 사람은 무척이나 안심하게 됩니다.

예를 들어 지금까지의 삶에 어려움을 느끼던 사람이 다음과 같은 개념을 만나며 자신을 받아들이게 되는 모습을 무척 많이 보았습니다.

- **나는 HSP**(Highly Sensitive Person)**이라 삶에 어려움을 느꼈다**
- **나는 내향형이라 삶에 어려움을 느꼈다**

'스스로를 이해할 수 없다.', '사회부적응자 같은 느낌이 든다.'라는 상태는 이루 말할 수 없을 만큼 불안합니다. 그러나 자신이 왜 그런 상태가 되었는지 설명할 수 있게 되는 순간 안심하게 됩니다. 이는 몸이 좋지 않을 때 병원에 가서 진단명을 확인했을 때와 비슷한 느낌입니다.

저 또한 '내향형'이라는 개념과 만났기에 저 자신을 받아들일 수 있게 되었고, 구원받은 것 같다고 느꼈습니다. 여러분도 이러한 감각을 느껴 보았으면 합니다.

하지만 거기서 멈춰서는 안 됩니다.

중요한 것은 가지고 있는 것을 어떻게 살리는가입니다. 내가 물고기라는 것을 깨닫는 것뿐만 아니라, 물고기로서 어떻게 살아가야 하는지 생각할 필요가 있는 것입니다.

이번 장에서는 재능을 살리는 기술을 체계적으로 전달하고자 합니다. 이 장을 읽으며 여러분은 평생동안 사용할 수 있는 재능을 살리기 위한 원칙을 마스터하게 될 것입니다.

이전의 자신이었다면 상상하지 못했을 가능성을 이 장에서 체감해 보시기 바랍니다.

거침없이 앞으로 나아가는 사람이 실천하는 '요트의 법칙'

재능을 살리는 기술은 무척 간단합니다. 해야 할 일은 이것뿐입니다.

- 장점을 살린다
- 단점을 커버한다

그럼 '장점을 살린다'와 '단점을 커버한다'는 어떠한 순서로 이루어져야 할까요?

이를 설명하기 위해 '**요트의 법칙**'을 소개하고자 합니다.

먼저 장점은 요트의 '돛'입니다. 그리고 단점은 요트 '바닥의 구멍'입니다.

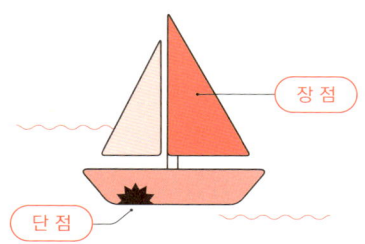

요트는 돛이 클수록 바람을 받아 거침없이 앞으로 나아갑니다. 마찬가지로 사람도 장점을 살릴 때 엄청난 기세로 전진하게 됩니다. 반대로 돛을 접게 되면 바람을 받지 못한 요트는 어느 방향으로도 나아갈 수 없습니다. 그리고 요트 바닥의 구멍을 내버려두게 되면, 점점 배 안으로 물이 들어와 잠겨 버리고 맙니다. 이와 마찬가지로 단점을 그대로 방치해 두면 언젠가 커다란 문제를 일으킬 수밖에 없습니다.

    그렇다면 이 '요트의 법칙'에서, 우리는 장점과 단점을 어떻게 마주 보면 좋을까요?

장점·단점을 올바르게 마주 보는 법

장점과 단점을 어떻게 다루어야 하는가. 여기에는 삶의 방식에 관한 3가지 선택지가 존재합니다.

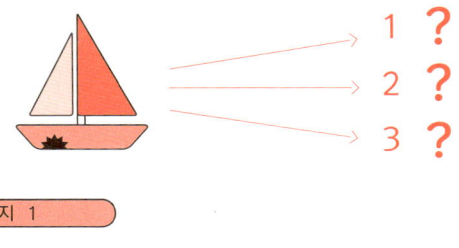

> 선택지 1

단점만 커버하고, 장점은 현상유지한다

우선 첫 번째는 '단점만 커버하고, 장점은 현상유지한다.'는 방법입니다. 많은 사람들이 이 첫 번째 선택지를 고르곤 합니다.

단점만 어떻게 해 보는 행위는, 바닥의 구멍을 수리해서 물이 들어오는 걸 막으려 하는 것입니다. 확실히 물이 새는 곳(단점)을 수리하지 않으면 요트는 언젠가 물에 잠길 것입니다.

하지만 물이 새는 곳(단점)을 수리했다고 해서, 돛(장점)을 펼치지 않으면 앞으로 나아갈 수 없습니다.

이 말을 듣고 '지금 나는 요트 바닥의 구멍만 수리해 두었을 뿐 전혀 앞으로 나아가지 못하고 있다.'며 흠칫하는 사람도 많을 게 분명

합니다.

중요한 부분이므로 다시 한번 말하지만, 부정적인 일에 신경이 쓰이는 것은 살아남기 위해 쌓아 온 인간의 본능이며, 당신은 잘못한 것은 전혀 없습니다.

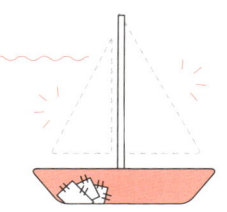

이러한 본능은 학교에서 더욱 강화됩니다. 아마 여러분 모두 잘하지 못하는 과목의 성적을 올리기 위한 노력을 했을 것입니다. 이는 100점 만점짜리 다섯 과목 테스트로 치면, 80점이 나오는 잘하는 과목의 성적을 올리기보다 20점짜리 못하는 과목의 성적을 올리는 것이 성적이 올랐다는 평가를 받기 쉽기 때문입니다. 하지만 사회에 나가면 개성이 중요하다는 말을 듣기 시작합니다. 왜냐하면 100점 만점이란 상한선이 사라지고, 한 가지 일에서 1만 점, 1억 점의 평가를 받기 때문입니다.

이처럼 현실에서는 학교와 사회 사이의 차이가 있으므로, 사회에 나갈 타이밍에 장점을 키우는 사고방식 쪽으로 생각의 전환이 필요합니다.

> 선택지 2

장점만을 살리고, 단점은 무시한다

두 번째는 '장점만을 살리고, 단점은 무시한다.'는 방식입니다.

사실 이것도 틀렸습니다.

많은 사람들은 세간에서 흔히 말하는 "장점을 살려라!"란 메시지를 '장점을 살리는 일만 생각하면 된다.'고 오해해서 따르고 있습니다.

왜 틀렸는지 이유는 간단합니다. 돛을 펼치고 있더라도 물이 새는 곳을 그대로 두면 앞으로 나아갈 수 없기 때문입니다.

예를 들면, 저는 사무 작업이 서툴러서 이를 방치해 버렸던 때가 있었습니다. 그러나 이를 해결하지 못했다는 사실에 계속 신경이 쓰여 일에 집중하지 못했고, 그러던 중 어느 순간 신용 카드가 정지되고 말았습니다.

이처럼 어떠한 타이밍에서 감당할 수 없게 고인 물로 인해 앞으로 나아가지 못하게 되었고, 고인 물을 요트 밖으로 퍼내는 것처럼 쌓인 독촉장에 대해 대금을 지불했습니다.

단점을 무시한 결과, 앞으로 나아갈 때에는 거침없이 전진했지만, 정기적으로 멈추었기 때문에 좀처럼 기세가 붙지 않는 상태였습니다.

이 외에도 단점을 무시해서 멈추게 되는 예로는 이러한 것들이 있습니다.

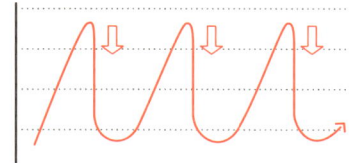

단점을 무시해서 멈추는 패턴

- 금전 문제를 방치해서 자금에 쪼들리게 된다
- 인간관계를 가볍게 여겨 의지할 사람이 없어진다
- 무언가 계속 배우긴 하지만 행동은 전혀 하지 않아 성과가 나지 않는다
- 새로운 아이디어는 끊임없이 떠오르지만 마지막까지 끝맺지 않는다

이처럼 좋을 때와 나쁠 때의 기복이 심한 사람은 단점을 무시하고 있는 경우가 많습니다. 여러분에겐 짐작 가는 부분이 없으십니까?

선택지 3

장점을 살리며 단점을 커버한다

마지막 세 번째 방법은 '장점을 살리며 단점을 커버한다.'는 방식입니다.

이미 아실 거라고 생각하지만, 이것이 여러분이 손에 넣었으면 하는 이상적인 삶의 방식입니다.

그렇다면 어째서 장점을 살려 나가며, 단점을 커버한다는 게 좋은 것인지 예를 들어 설명하겠습니다.

저는 건강을 의식하지 않습니다. 사회인이 된 이후로 5년 정도 다음과 같은 식생활을 계속해 왔습니다. 아침엔 설탕을 잔뜩 넣은 카

페오레와 버터가 잔뜩 들어간 크루아상. 점심은 라멘 곱빼기. 밤엔 선술집에서 닭튀김과 맥주. 덤으로 냉장고 속엔 콜라가 상비되어 있었습니다. 게다가 하는 일은 컴퓨터 작업이라 쭉 앉아 있기만 했습니다.

어느 순간 체중은 10kg이나 늘어 턱이 두 개가 되고, 티셔츠는 터질 듯 꽉 맞게 되었습니다. 그리고 이러한 생활 습관의 결과로 한 달에 한 번쯤 컨디션이 나빠져 감기로 드러눕는 생활을 했습니다.

이는 어느 타이밍에서 배 안에 물이 너무 많이 고여 더 이상 앞으로 나아가지 못하고, 멈추어 서서 요트 밖으로 물을 퍼내는 것 같은 일입니다.

저는 아직도 혼자서는 스스로의 건강을 챙기지 못합니다.

그래서 아내가 식생활을 관리해 주고 있습니다. 아내의 도움을 받은 결과 콜라와 설탕을 듬뿍 넣은 카페오레는 더 이상 마시지 않게 되었고, 라멘도 점점 싫어졌습니다. 그리고 놀랍게도 싫어했던 샐러드는 무척 좋아져서, 이제는 샐러드를 먹지 않으면 기분이 나쁘다는 생각이 들 정도로 변했습니다.

그리고 어느 사이엔가 체중이 10kg 줄어들어, 아내와 만나고 난 뒤로 컨디션이 무너진 건 딱 한 번뿐이었습니다. 심지어 최근 3년 사이엔 단 한 번도 병으로 드러누워 본 적이 없습니다. 그 결과, 집필한 책은 베스트셀러가 되었고, 회사의 실적도 쭉 우상향으로 올라가고 있습니다. 제 단점을 커버해 주는 아내에게 진심으로 감사하고 있습니다.

이처럼 저라는 요트는 물이 새는 곳(단점)을 막으면서, 커다란 돛(장점)을 펼쳐 전력 질주하고 있습니다. 모두가 실현해 주었으면 하는 것도 이 '장점을 살리며 단점을 커버한다.'는 삶의 방식입니다.

제 이야기에서도 알 수 있듯이 단점을 커버한다는 것은 혼자서 해야만 하는 건 아닙니다.

단점을 커버하는 3가지 방법에 대해서는 차츰차츰 설명하도록 하겠습니다. 그리고 이 장점을 살려 나가며 단점을 커버한다는 사고방식은 개인에 한정된 것이 아닙니다. 팀으로 움직이는 경우에도 마찬가지입니다.

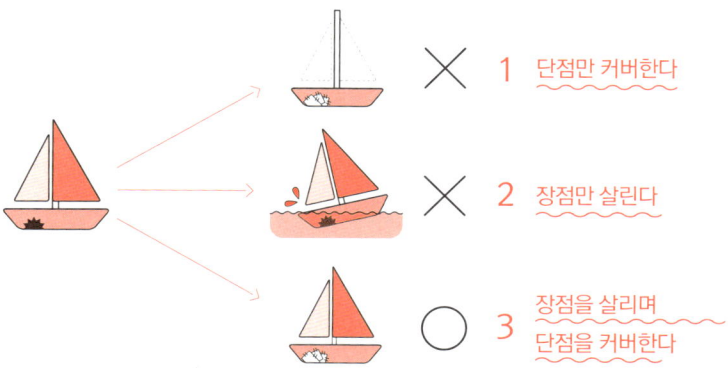

닌텐도의 전 사장 이와타 사토루 씨는 '우리는 무엇을 잘할까. 우리는 무얼 못할까. 이를 확실히 파악해서 우리가 잘하는 일은 살리고, 잘하지 못하는 일이 표면에 드러나지 않는 방향으로 조직을 이끄는 것이 경영이라 생각한다.[*]'는 말을 했습니다.

장점을 살리며 단점을 커버한다는 생각이야말로 인간이 가진 가능성을 최대한으로 발휘하기 위한 보편적인 자세입니다.

> **POINT**
> 장점을 살리며 단점을 커버하는 것으로 거침없이 앞으로 나아갈 수 있다.

《이와타 씨 : 이와타 사토루는 이런 말을 했다.》 호보일간사이트에 게시 중, 호보이치

'악순환에 빠지는 사람'과
'선순환에 올라타는 사람'의 단 한 가지 차이점

지금까지 장점을 살리며, 단점을 커버하는 것이 중요하다는 사실을 전달했습니다. 그렇다면 이제는 이런 의문이 들 것입니다.

'그렇다면 장점을 살리는 게 먼저일까, 단점을 커버하는 게 먼저일까?'

실은 이 순서가 무척 중요합니다.

장점을 살리는 것이 우선이다. 그다음으로 단점을 커버한다.

이것은 절대 바꾸어서는 안 되는 순서입니다.

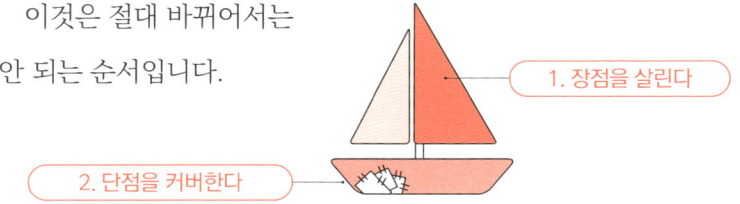

그 이유는 장점을 살릴 수 있다면, 단점이 잘 드러나지 않기 때문입니다. 이는 심리학의 기초 이론 중 하나인 확장형성이론으로 설명할 수 있습니다. 확장형성이론이란, '긍정적인 감정을 가지면 시야가 넓어지며 문제해결능력이 높아진다.'는 이론입니다.

　가장 먼저 장점을 살리게 되면 긍정적인 생각을 가지게 되며 시야가 넓어집니다. 그렇게 되면 자연스럽게 단점을 커버하는 방법에도 눈을 돌리게 됩니다. 이렇게 하여 장점이 더욱 잘 살아나게 된다는 선순환을 낳을 수 있게 되는 것입니다.

　많은 사람들은 우선 단점에 주목하면서 부정적으로 변하고, 이 때문에 더욱 좁아진 시야로 인해 실수가 늘어나는 악순환에 빠져 있습니다. 이렇게 되지 않기 위해서라도 여러분은 여기서 '우선은 장점을 살린다. 그다음 단점을 커버한다.'는 순서를 기억해 두었으면 좋겠습니다. 그렇다면 다음 장에서 드디어 재능을 장점으로 살리는 기술을 배워 보도록 합시다!

> **POINT**
> 우선 장점에 주목하면 긍정적인 선순환이 시작된다
> 우선 단점에 주목하면 부정적인 악순환이 시작된다

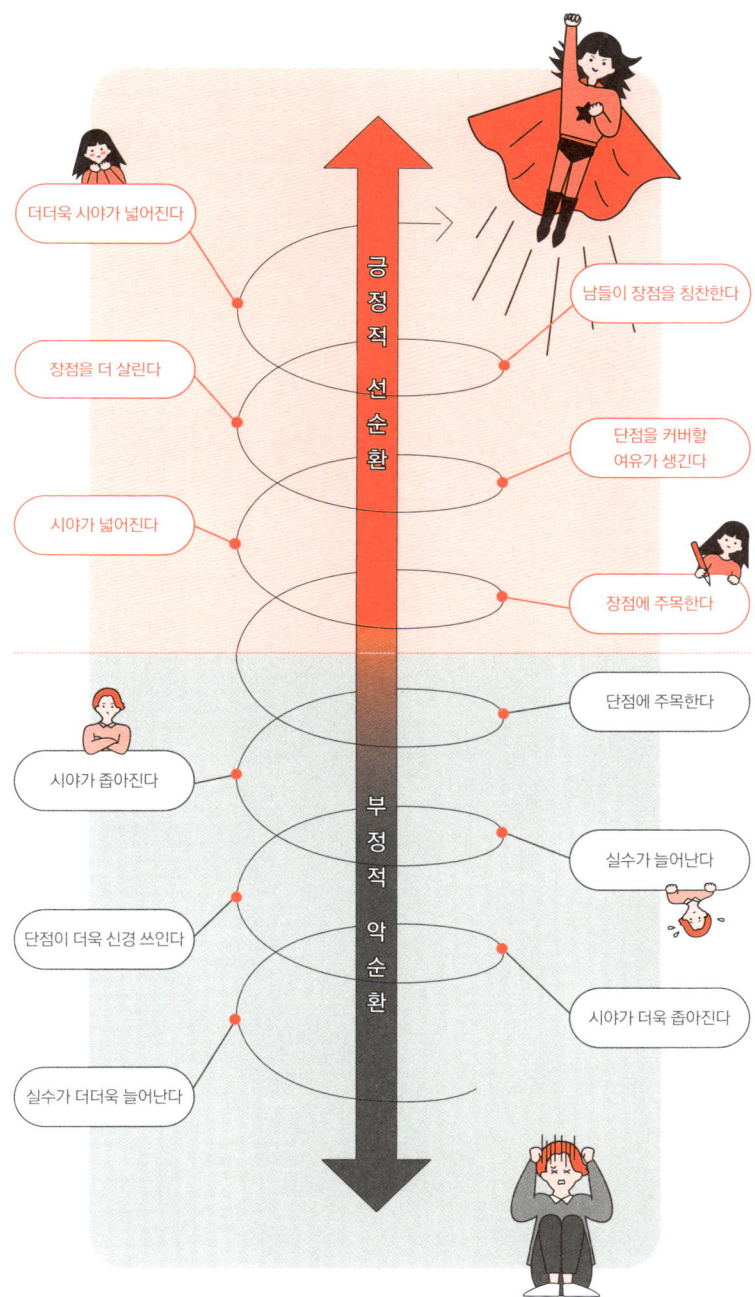

평생 무기가 될 기술을 무의식적으로 쓸 수 있게 된다

지금부터 '재능을 살리는 기술'을 설명하고자 합니다.

장점을 살리는 기술은 2가지, 단점을 커버하는 기술은 3가지 존재합니다.

알려드린 대로 재능을 살리는 기술은 다른 기술이나 지식과는 다른, 당신이 살아 있는 한 평생 사용할 수 있는 것입니다. 재능은 쓰면 쓸수록 익숙해지며, 의식하지 않아도 습관처럼 사용할 수 있게 됩니다. 이는 앞으로 계속 당신의 인생을 개척해 나가기 위한 무기가 되어 줄 것입니다.

장점을 살리는 2가지 기술

우선은 장점을 살리는 기술입니다.
장점을 살리는 기술은 단 2가지.

① 크래프트법 … 일을 천직으로 바꾸는 마법의 기술
② 환경이동법 … 장점이 빛나는 환경을 재현하여 손에 넣는 기술

즉, 당신에게는 재능을 장점으로 살리기 위해 '①지금의 환경에서 일을 천직으로 바꾼다' 혹은 '②환경을 바꾼다'라는 2가지 선택지가 있다는 것입니다.

환경을 바꾸는 기준은 '해냈는지 아닌지'

여기서 '어디서부터가 환경을 바꾸어야만 하는 기준선이지?'란 의문이 들 것입니다.
예를 들어, "성과는 내고 있지만, 다른 길도 있는 건 아닐까. 그렇다면 환경을 바꾸어야만 하는지 아닌지 고민이 된다."라는 말을 자주 듣습니다. 많은 사람들이 환경을 바꿀 타이밍의 판단에 고민합니다. 그 결과 '환경을 너무 빨리 바꾸어 버려 여러 가지 일을 계속 전

전하기만 한다.', '환경을 바꾸기에 너무 늦어 버려서 정신적으로 무너져 버렸다.' 같은 일이 일어납니다.

그래서 간단한 판단 기준을 여기서 알려 드리고자 합니다.

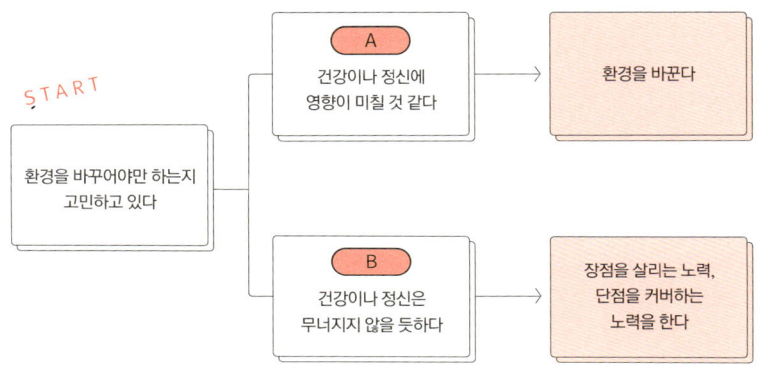

A 맞지 않는 환경으로부터 당장이라도 거리를 둔다

우선, 지금의 환경이 지속됨으로써 '난 안 돼.'라는 자기부정감이나, 건강이나 정신이 무너질 듯한 징조가 있는 경우에는 당장 환경을 바꾸어야 합니다. 고민할 시간 따위 없습니다. '다음엔 어떤 일을 할까?'라는 생각도 나중으로 미루도록 합시다.

왜냐하면 재능이 단점이 되어 버리는 환경으로부터 거리를 두지 않으면 냉정한 판단을 할 수 없기 때문입니다.

마음이 차분해지고 나면 158페이지에서 소개할 '[장점을 살리는 기술 ②] 환경이동법'에 집중해 보도록 하겠습니다.

B 하나부터 끝까지 파헤쳐 가며 '재능을 살릴 수 있는 환경'을 언어화한다

건강이나 정신이 괜찮을 것 같은 경우, 지금 있는 장소에서 재능을 살릴 수 있는 방법은 없는지 하나부터 끝까지 파헤쳐 보도록 합시다.

어째서 그래야 하느냐면, 그 과정에서 자신의 재능에 대한 이해가 깊어지기 때문입니다. 잘되지 않았다고 하더라도 무척 가치 있는 시간이 될 것입니다.

많은 사람들은 이만큼 노력해 보지도 않은 채 '왠지 모르게 싫다.'는 이유로 환경을 바꾸곤 합니다. 하지만 그러한 이유로 환경을 바꾸는 건 도박이나 마찬가지입니다. 그다음으로 선택한 환경이 자신에게 맞는다고 단정 지을 수 없기 때문입니다.

도박을 반복하는 것이 버릇이 되어 버린 결과, 대박(천직)을 찾기 위해 영원히 헤매며 돌아다닐지도 모릅니다.

이와 달리 노력에 노력을 더한 끝에 '이래서 싫다.'란 의지를 가지고 환경을 바꾼다면, 이전 환경에서 보냈던 시간은 재능을 살리기 위한 귀중한 판단 자료가 될 것입니다.

그리고 자신의 재능과 맞지 않는 환경뿐만 아니라, 자신의 재능을 살릴 수 있는 환경이 어떤 것인지도 점점 알 수 있을 것입니다.

그러한 경험을 쌓아 갈수록 환경을 선택하는 일에도 점점 능숙해지며, 우상향으로 발전하는 인생을 걸어 나갈 수 있게 됩니다.

이를 위해 이 책에서는 '①크래프트법 → ②환경이동법'의 순서대로 장점을 살리는 기술을 설명하려 합니다.

> **POINT**
> '왠지 모르게 싫다.'에서 '이래서 싫다.'로 언어화한다

[장점을 살리는 기술 ①]
크래프트법 — 일을 천직으로 만드는 마법의 기술

그럼 우선 '크래프트법'부터 설명해 보겠습니다.

크래프트법이란, 눈앞의 일에 '재능을 살리는 노력'을 해서 이를 자신의 천직으로 바꾸는 기술입니다.

저는 '천직을 발견한다.'는 표현을 좋아하지 않습니다. 왜냐하면 이 세상 어딘가에 오로지 나에게만 딱 맞는 천직이 있고, 그것을 발견하기만 하면 행복해질 수 있다는 착각을 가지게 되기 때문입니다.

천직은 '주어지는' 것이 아니라 '만드는' 것입니다. 나의 장점을 살리기 쉬운 환경에서 그 장점을 살리는 노력을 하는 것으로, '이것이 천직이다.'라고 느낄 수 있도록 변해 가는 것입니다.

크래프트법을 마스터해서 지금의 일을 천직으로 바꿀 수 있도록 바꾸어 봅시다.

다른 사람의 성공을 흉내 내는 일은 그만두자

제 느낌으로는 90% 이상의 사람들은 지금 처한 환경에서도 노력 여하에 따라 재능을 살릴 수 있는 여지가 있습니다.

20대 회사원 H씨를 예로 들어 보겠습니다. H씨의 목표는 세계에서 자유로이 활약할 수 있는 사람이 되는 것입니다. '일본에 있으면서 지금 할 수 있는 일은 무얼까?'란 생각에, 회사원 생활을 하며 부업으로 해외를 겨냥한 인터넷 방송을 시작했습니다.

처음엔 해외를 겨냥한 방송으로 성공한 다른 일본인을 흉내 내어 패션 관련 영상이나 일본 음식 리뷰, 스케이트보드를 타는 영상 등을 그럴듯하게 편집해 업로드했습니다. 하지만 채널 구독자는 20명 정도밖에 늘지 않았고, 즐겁지도 않고 본인답다는 느낌도 없었습니다.

그러던 때 제 이전 저서인《세상에서 가장 쉬운 하고 싶은 일 찾는 법》을 읽고, 책에 쓰인 대로 재능을 발견하는 방식에 집중했습니다. 거기서 그가 발견한 재능은 '이상적인 미래를 설명하는 것'과 '삶의 방식에 있어서 깊이 생각하는 것'이었습니다. 이 점을 살려 '내가 1년 안에 달성하고 싶은 일', '튀어나온 못에 망치질한다는 일본 문화에 대해 생각하는 점' 등에 대해 차근차근 영상을 업로드했습니다.

"엄청나게 즐거워요! 평소 생각하고 있던 걸 그대로 찍었을 뿐이라 무리하고 있다는 느낌도 전혀 들지 않고요."라는 H씨는 반년 동안 이 일을 계속한 결과 채널 구독자는 5,000명이 되었고, 지금도 계속 늘어나는 중입니다.

H씨는 이런 말을 해 주었습니다.

"다른 사람의 성공을 따라 하더라도 의미가 없다는 걸 통감했습니다. 가지고 있는 재능이 전혀 다르니까요. 내가 참고로 했던 사람은 보고 있는 것만으로 멋진 분위기에 잠길 수 있는 영상을 만드는 게 특기였습니다. 그건 그 사람의 재능을 사용한 방법이고, 제겐 저만의 방법이 있었던 거예요."

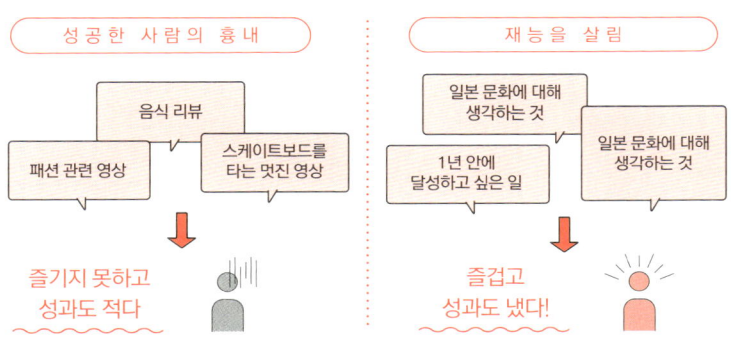

이 H씨의 메시지야말로 지금 여기서 제가 정말 전하고 싶은 이야기입니다.

같은 일을 하더라도 그 방식은 사람마다 다릅니다. 재능을 발견하고, 그 재능의 사용법을 깊이 생각하지 않으면 성과는 나지 않습니다. 만일 성과가 난다 하더라도 힘들기 때문에 쭉 이어 나갈 수 없습니다.

'나도 모르게 해 버리는 일'은 다르게 표현한다면, 성과가 나지 않을 때도 끈기 있게 이어 나갈 수 있는 일입니다. 당신이 지금 하고 있는 일에서도 당신의 재능을 알아차릴 수 있는 상황이 분명히 있습니다.

'스스로의 재능을 좀 더 잘 쓸 수 있는 방법은 없을까?'

이렇게 생각하는 버릇을 들인다면, 당신은 자신이 가진 재능을 장점으로 점점 발전시켜 나갈 수 있을 것입니다. 이 외에도 자신의 환경에서 재능의 사용법을 연구한 예가 있습니다.

지금의 환경에서 재능을 살리는 노력을 하기 위해 아래의 질문을 진지하게 생각해 보도록 해 주십시오.

> **크래프트법의 결과에 대한 예시**
>
> - 낯가림 때문에 새로운 인간관계를 만들기 어렵다
> ➡ '새로운 일에 호기심을 가지고 배운다.'는 재능을 살려서, 이어지고 싶은 사람이 있는 배움의 장에 나가서 사귀려 했다
> - 이론을 중시한 나머지 사람의 감정을 무시해 버린다
> ➡ '잘해 나갈 수 있는 규칙을 만들고 지킨다.'는 재능을 살려서, 다른 사람에게 의견을 말할 때 "난 이렇게 생각하는데 ○○씨는 어떻게 생각하나요?"라는 식으로 부드럽게 전할 수 있게 되었다
> - 공부해야만 하는데도 호기심이 일지 않는 분야에 대해서는 의욕이 일지 않는다

➡ '같은 목표를 지닌 동료와 함께한다.'는 재능을 살려서, 패밀리 레스토랑에서 친구와 서로 문제를 내주며 공부했다

> 크래프트법을 실천하기 위한 질문

우선은 3가지 질문에 대답해 보세요.
• 그 활동을 당신이 자연스럽게 하던 일과 연관 지을 수 있는지?
• 과거에 다른 일에서 잘 통했던 방식을 응용할 수 없는지?
• 당신의 동기가 자극될 행동을 할 수 없는지?

[장점을 살리는 기술 ②]
환경이동법 – 장점이 빛나는 환경을 재현하여 손에 넣는 기술

지금까지 이 책 속에서 '환경을 옮기는 일'로 재능을 실릴 수 있게 된 수많은 사례를 언급했습니다.

여기까지 읽었다면 이런 질문이 떠오를 것입니다.

'어떻게 하면 나에게 맞는 환경을 고를 수 있지?'

이것 또한 이어서 설명하도록 하겠습니다.

일이 잘 풀렸던 과거의 공통점을 찾아낸다

장점을 살리기 쉬운 환경을 찾아내기 위해서라도 재능 지도를 사용해야 합니다. 사용 방법은 간단합니다.

• 한 가지 재능 지도 속에서 재능을 장점으로 살렸던 경험을 끄집어내어, 공통된 환경 조건을 발견한다

이것뿐입니다.

장점을 살린 경험이 2가지 이상이라면 충분합니다. 만일 장점을 살렸던 경험의 수가 적다면 추가로 권말부록의 [재능을 장점을 통해 발견하는 25가지 질문]을 확인해 주세요.

2가지 이상의 경험이 있다면, 다음의 질문에 대답하는 것으로 당신의 재능을 장점으로 살릴 수 있는 환경의 조건이 단숨에 보일 것입니다.

- 하고 있던 것(일·작업·취미)의 특징은?
➡ 예 : 혼자서 묵묵히 몰입할 수 있는 것이었다
- 그때 주위에 있던 사람은 누구인지?
➡ 예 : 존경할 수 있는 선생님께 배울 수 있었다

한 가지 재능에 대해 이 같은 질문을 해 본다면, 남은 재능에도 같은 질문을 하는 것으로 재능을 살릴 수 있는 조건을 발견할 수 있을 것입니다.

'재능 4타입 분류표'로 환경과의 일치율을 올린다

하지만 어떠한 수단도 없이 나 자신을 살릴 환경을 발견하는 건 사실 난도가 조금 높은 일입니다. 그런 사람을 위해, 재능의 종류에 따라 그 재능을 다음 4가지로 나누어, 184페이지에 정리해 두었습니다.

- 장점을 살리기 쉬운 직종·역할
- 단점이 드러나기 쉬운 직종·역할

이 재능의 분류를 활용한다면 재능을 살릴 수 있는 환경을 발견할 수 있는 확률이 눈에 띄게 올라갈 것입니다. 어디까지나 한 가지 타입의 분류이므로 절대적인 것은 아니니 대략적인 방향성을 발견하기 위해서만 활용하시길 바랍니다. 표의 아래쪽에 있는 재능을 키우기 위해 적절한 기술·지식에 대해서는 CHAPTER 5에서 설명하도록 하겠습니다.

다시 한번, 우선은 크래프트법, 그다음으로 환경이동법을 시도하는 것입니다. 이 순서를 따라 앞으로 나아갑시다!

> **POINT**
> 우선은 장점을 살리기 위해 크래프트법 → 환경이동법을 실천한다

단점을 커버하는 3가지 기술

장점을 살리는 방법을 알게 되었다면, 다음은 단점을 커버하는 방법입니다.

당신의 주변에도 단점 없이 완벽하게 보이는 사람이 있을지 모릅니다.

그런 사람은 반드시 이 '단점의 커버'를 하고 있습니다.

단점이 없는 게 아니라 단점이 보이지 않을 뿐입니다.

모쪼록 착각하지 않았으면 하는 점은, '단점의 커버'란 당신이 '장점을 살리는 일'을 할 수 있게 된 다음부터 가능합니다.

장점을 살리기 전에 단점을 커버하더라도, 앞으로 나아가지 못하는 요트의 바닥을 고치는 것뿐이라는 이야기는 이미 했습니다.

단점을 커버하는 기술은 전부 3가지입니다.

① **손 놓기 법**
나답지 않은 일에서 전부 벗어나 자유로워지는 기술
② **조직법**
자명종 시계처럼 단점의 커버를 자동화하는 기술
③ **타인의지법**
스스로 편해지면서도 사회공헌을 할 수 있는 일석이조의 기술

재능 4타입 분류표

재능 타입 ① 추진 타입

[재능을 표현하는 동사]
아이디어를 떠올린다, 새로운 일을 시작한다, 자신의 의견을 말한다,
달성한다, 합리적으로 생각한다, 도전한다, 미래를 그린다

장점을 살리기 쉬운 직종·역할	단점이 나타나기 쉬운 직종·역할
관리직/경영자/연구개발 리더/프로젝트 매니저/마케팅/전체적인 모습을 본다/비즈니스 연락/아이디어를 낸다/상품개발/상품설계/매매전략설계/컨설턴트	데이터 분석/고객 서비스/루틴워크/상세분석/시장 연구/문장 교정/시간관리/카운슬러/다른 사람의 이야기를 듣는다/접객업/사무/인사

[재능을 키우기 위해 배워야 할 기술·지식]
정보정리, 사고정리, 비즈니스 모델, 아이디어 만들기, 프레젠테이션

재능 타입 ② 표현 타입

[재능을 표현하는 동사]
남들 앞에서 말한다, 도전한다, 의견을 솔직히 말한다,
새로운 사람과 친하게 지낸다, 전달한다, 사람을 매료시킨다

장점을 살리기 쉬운 직종·역할	단점이 나타나기 쉬운 직종·역할
프로듀서/광고/프로모션/세일즈/리더십/전략설계/프레젠테이션/동기부여/프로젝트 초기 단계/팀 리더/영업/예능 관련 업무/접객업/플래너	재무/시스템 설계/절충업무/분석/설계/프로젝트 관리/고객 서비스/문장 작성/기술직/연구자/세무사/의사

[재능을 키우기 위해 배워야 할 기술·지식]
프레젠테이션, 브랜딩, 스피치, 소셜미디어, 마케팅

재능 타입 ③ 사고 타입

[재능을 표현하는 동사]
생각한다, 공부한다, 리스크를 본다, 실수 없이 진행한다, 분석한다

장점을 살리기 쉬운 직종·역할	단점이 나타나기 쉬운 직종·역할
재무/컨설턴트/연구직/사업/애널리스트/기획직/시스템 설계/데이터 집계·분석·관리/우선순위 세우기/프로젝트 관리/컴플라이언스/서류 작성/조직 관리/시간 관리/ 문장 교정	교섭/고객 서비스/마케팅/세일즈/인재관리/브레인 스토밍/시스템 설계/팀 빌딩/카피라이팅/동기증진/상품개발/프레젠테이션/영업/접객/광고/크리에이터

[재능을 키우기 위해 배워야 할 기술·지식]
비판적 사고, 엑셀, 문장술, 금융, 회계, 정보수집·리서치, 프로젝트 관리

재능 타입 ④ 인간관계 타입

[재능을 표현하는 동사]
팀으로 진행한다, 타인의 기분을 알아차린다, 곤란해하는 사람을 돕는다, 사람들을 한데 모은다, 이야기를 듣는다

장점을 살리기 쉬운 직종·역할	단점이 나타나기 쉬운 직종·역할
영업/교섭/광고대리점/저널리스트/인간관계 구축/팀 구축/컬래버레이션/파트너십/네트워킹(사람과의 교류)/적성심사/프로젝트 실행/시장조사/카운슬러/간호직/접객업/인사	재무/오퍼레이션 업무/상품개발/데이터 정리·보고/컴플라이언스/이노베이션/상품 개발/시스템 설계/위기관리/동기부여/규칙 관리/전략적 리더십/강연/마케팅/시스템 분석/전체적인 모습을 본다/변화를 일으킨다

[재능을 키우기 위해 배워야 할 기술·지식]
커뮤니케이션(말하는 법, 듣는 법), 영업, 교섭, 인재 매니지먼트, 팀 구축

CHAPTER 4

단점을 봉인하는 노력은 반드시 헛걸음으로 끝난다

단점을 커버하는 기술을 설명하기 전에 절대 하면 안 될 단점과 마주하는 잘못된 방법을 설명하고자 합니다.

그것은 단점을 봉인하려 하는 것입니다.

예를 들어, 다른 사람의 기분을 알아차리는 것이 특기인 사람의 경우 '다른 사람의 기분에 휘둘리고 마는 것'에 대해 고민하는 경우가 많습니다. 그럴 때 주위 사람이 "너무 신경 쓰고 있어.", "조금 둔감해지는 편이 나을 것 같아."라는 등의 조언을 할 때가 있습니다.

당신 또한 이런 조언을 했거나, 혹은 다른 사람에게 들어 본 적이 있지 않은가요?

하지만 이런 조언에는 아무런 의미도 없습니다. 오히려 고민하고 있는 사람을 더욱더 괴롭힐 뿐입니다. 그 조언을 진심으로 받아들여 '너무 신경 쓰지 말자.'라고 생각한들, 그렇게 되지 않을 것입니다. 왜냐하면 그 사람에게 있어서 다른 사람의 기분을 알아차린다는 것은 자연스럽게 하고 있는 재능이기 때문입니다.

무의식적으로 나타나기 때문에 재능이라 하는 것이므로, 이는 의식해서 막을 수 있는 것이 아닙니다. 새가 하늘을 날지 않도록 노력하는 것과 마찬가지입니다. 다른 사람의 기분을 알아차리는 것이 특기인 사람에게 있어서 아무 것도 느끼지 말라는 것은 불가능한 일입니다.

'신경 쓰지 않도록 하기 위해 노력해도 그렇게 하지 못하는 나 자신이 한심하다.'라는 식으로 더욱더 강하게 자기 부정을 일으키기만 합니다.

강한 의지로 계속 자신의 감각을 부정하려 한다면 타인의 감정을 배려한다는 멋진 장점마저 함께 봉인해 버리게 됩니다. 최악의 상황에는 건강마저 나빠질지도 모릅니다.

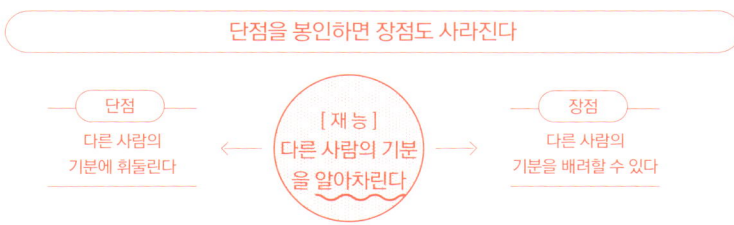

이 외에도 단점을 부정하려 하다가 잘못되는 패턴으로는 이와 같은 것들이 있습니다.

> 단점을 봉인하려 하는 패턴

- 진지해서 행동이 느린 사람
⇒ '어찌 됐건 움직여!'라고 의식한다

- 너무 성실하게 생각하는 사람
→ '적당히 해.'라고 의식한다
- 너무 깊이 생각하는 사람
→ '깊이 생각하지 않도록'이라고 의식한다
- 다른 사람의 시선이 신경 쓰이는 사람
→ '남의 눈에 신경 쓰지 마!'라고 의식한다
- 앞뒤 생각하지 않고 행동하는 사람
→ '진득하게 생각하고 나서 행동하자.'고 의식한다
- 과도한 책임을 지고 무리하는 사람
→ '무리하지 마.'란 말을 듣고 무리하지 않으려 한다

위의 것들은 잘못되었다는 정도가 아니라 미래에 발견할 수 있는 자신의 장점마저 없애 버리고 마는 행동들입니다. 그러니 절대 하지 않았으면 합니다.

그렇다면 단점은 어떻게 하면 좋을까요?

여기서 소개하고 싶은 것이 지금부터 말할 '단점을 커버하는 3가지 기술'입니다.

3가지 기술로 단점을 대처할 수 있게 된다면, 당신은 앞으로의 인생에 있어서 자신의 단점으로 고민할 일이 없을 것입니다.

평생 유용할, 단점을 커버하는 기술을 지금 여기서 몸에 익혀 주시기 바랍니다.

[단점을 커버하는 기술 ①]
손 놓기 법 – 나답지 않은 것을 전부 없애고 자유로워지는 기술

무의미한 일을 생산적으로 하지 마라

단점을 커버하기 위해 가장 먼저 고려할 점은 '단점이 드러나는 활동을 하지 않을 수 없을까?'입니다.

사실 자기만족과도 업무 성과와도 전혀 연관이 없지만 하고 있는 일은 의외로 많습니다. 대부분의 경우 해야만 한다는 고정관념에서 지속하고 있는 것들입니다.

우선 그런 활동을 손에서 놓지 않는 한, 아무리 단점을 커버하려 해도 무의미한 일을 생산적으로 하는 꼴이 될 뿐입니다.

그렇게 되고 싶지는 않으시겠지요?

그러기 위해 해야만 한다는 고정관념에서 벗어나 단점을 놓아 버리도록 합시다.

4인 이상의 술자리에서는 공기가 되어 버리는 나

제가 항상 고민하고 있던 이야기를 해 보겠습니다.

저는 4명 이상이 있는 술자리나 식사 자리가 무척이나 어렵고, 그런 자리에 가면 입도 떼지 못하는 상태가 됩니다. 남의 말에 맞장구를 치는 게 고작이고, 공기 같은 존재가 되는 것이 콤플렉스였습니다. 이런 제 말에 공감하는 사람도 있을지 모릅니다.

저는 낯가림이 있긴 하지만 1대 1이라면 평범하게 대화할 수 있고, 사이좋게 지낼 수도 있습니다. 하지만 4명 이상이 되면 이 모든 것이 전혀 불가능합니다.

그래서 지금은 대책을 세워 어떻게든 하고 있습니다. 대책이란 극히 간단한 것으로, 4명 이상이 모이는 술자리에 가지 않는 것입니다. 어려운 것은 어려운 것이라고 깔끔하게 인정하기로 했습니다.

세미나나 강좌에도 자주 참가하지만, 그 뒤에 있는 친목회는 참석하지 않습니다. 즐길 수 없다는 걸 알고 있기 때문입니다.

이를 인정하기 전까지는 많은 사람이 있는 장소에서 함께 어울려 즐겨야만 한다는 강박관념이 심했고, '정말 가지 않아도 되는 걸까?'라며 껄끄러운 마음이 있었습니다.

하지만 결과적으로 곤란한 일은 전혀 벌어지지 않았습니다. 오히려 가족이나 친구 한 사람 한 사람과의 시간을 중요시할 수 있게 되었습니다.

이로 인해 신뢰할 수 있는 사람과 깊은 관계를 쌓는 시간을 가질 수 있게 되었기 때문에, 신기할 만큼 일도 잘 풀리기 시작했습니다.

저에게 있어서 '많은 사람이 있는 술자리에서 인맥을 만들어야만

해!'라는 생각은 완전히 잘못된 것이었습니다. 단점에서 해방되자 스트레스가 사라지고, 생활도 일도 원만히 돌아가기 시작했습니다.

손을 놓으면 놓을수록 당신은 당신다워진다

한번 들은 뒤로 제 기억 속에 붙박혀 지워지지 않는 말이 있습니다.

"그럼 나무 코끼리는 어떻게 만들어?"
"거야 간단하지. 코끼리답지 않은 부분을 전부 깎아내면 되는 거야."

그리고 여기에 저는 이렇게 덧붙이고 싶습니다.
"그럼 나답게 살기 위해서는?"
"똑같아. 나답지 않은 부분을 전부 없애 버리면 되지."

나답지 않은 부분을 없애면
나다운 부분만이 남는다

지금까지 이 책에서는 내면에서부터 재능을 발견하는 방법을 설명했습니다.

하지만, 나답지 않은 것을 전부 손에서 놓아 버린 뒤 남는 것이야말로 사실상 자연스럽게 하는 일과 맞먹는 재능이라 생각할 수도 있습니다.

지금까지 당연하게 해 왔던 것에서 손을 떼기 위해서는 용기가 필요합니다. 하지만 당신이 손을 떼겠다고 생각한 시점에서 그것은 당신의 인생에 있어 해야만 하는 일이 아닌 것입니다.

==자연스럽게 하는 일이란 몸에 새겨진 행동이므로, 아무리 손 놓으려 해도 절대 놓아 버릴 수 없습니다.== 손을 놓음으로써 당신의 장점을 살리기 위한 시간이 생겨나고, 당신은 더욱 당신답게 살아갈 수 있게 되는 것입니다.

> **손 놓기 법의 실천 예시**
>
> - 목표설정에서 손을 떼었다
>
> ➡ 목표에 얽매이지 않고 생각나는 것을 행동으로 실천할 수 있게 되었다
>
> - 집안일을 완벽히 하는 것에서 손을 놓았다
>
> ➡ 하고 싶을 때, 할 수 있을 때에만 집안일을 하고, 완벽을 목표로 하지 않게 된 것으로, 일이나 취미, 미래를 위한 공부에 시간을 할애할 수 있게 되었다
>
> - 스마트폰 의존에서 손을 떼었다
>
> ➡ 하루 동안 스마트폰을 보지 않는 시간을 가짐으로써, 정보나 연

락에 쫓기는 듯한 기분이 사라졌다

> 손 놓기 법을 실천하기 위한 질문

- 그것은 당신이 일에서 성공하기 위해 불가결한 것인가?
- 그 활동을 그만둘 방법이 있는가?
- 그 활동을 그만두면 곤란해질 일은 무엇인가?
- 그만두기 전 상담해야 할 사람이 있는가?
- 그만둘 수 없다면, 어떻게 해서 모자란 시간을 줄일 수 있을까?

[단점을 커버하는 기술 ②]
조직법 – 알람시계처럼 단점 커버를 자동화하는 기술

두 번째로 소개할 것은, 자신의 단점을 커버해 주는 조직을 이용하는 방법입니다. 당신의 단점을 높은 확률로 커버해 줄 조직은 존재합니다. 조직을 이용한다고 하면 어려울 것처럼 느낄 수도 있겠지만, 그런 분에게 질문을 드리겠습니다.

알람시계를 써 본 적 있습니까?

대부분 있을 것입니다. 이 또한 아침에 일어나지 못한다는 단점을 커버하기 위한 조직 중 한 가지입니다. 이처럼 어려울 것이라고는 하나도 없습니다.

조직을 통해 해결할 수 있는 위력은 절대적이다

저는 부주의하고, 일에 있어서 자주 구멍이 생긴다는 단점을 가지고 있습니다.

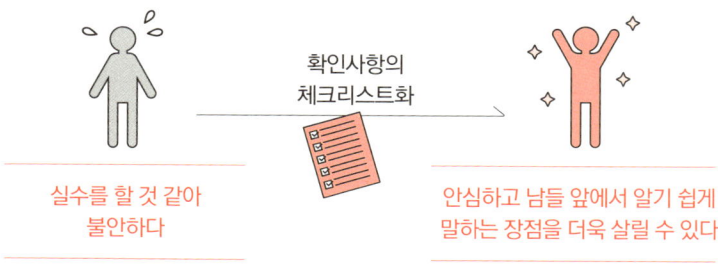

예를 들어 세미나를 개최할 때 컴퓨터에서 음성이 나오지 않아 당황해서 급히 대처하는 일이 자주 있었습니다.

여기서 조직법을 이용해 세미나 전에 확인 사항을 체크리스트로 만들어 확인하도록 했습니다. 이 체크리스트를 만든 뒤로는 세미나 때 실수가 없다는 걸 이미 확인했기에 안심하고 말할 수 있게 되었고, 원래부터 가지고 있던 사람들 앞에서 알기 쉽게 이야기한다는 장점을 더욱 잘 살릴 수 있게 되었습니다.

또, 저는 제가 좋아하는 일만 하고 싶어 해서 독립한 뒤로 쭉 영수증 관리나 확정신고 수속 등이 너무 힘들었습니다. 언제나 머릿속 한 켠에 있긴 하지만, 하고 싶지 않았기에 보고도 못 본 척하는 상태였습니다.

이처럼 제 에너지를 빼앗는 활동을 세무사에게 맡기기로 했습니다. 서류 관리나 신고를 세무사가 해 주기에 지금은 거기에 거의 시간을 할애할 필요 없이 일에만 집중할 수 있게 되었습니다. 이것도 조직법의 한 종류입니다.

그러나 조직법은 조금 돈이 들 수도 있습니다.

하지만 에너지를 빼앗기는 활동에 돈을 써서라도 스스로 하지 않아도 될 수 있게 하면, 장점을 살리는 활동에 시간을 할애할 수 있게 되고, 지불한 비용 이상의 효과가 되돌아오는 경우가 대부분입니다.

이 세상에는 멋진 조직이 많이 존재합니다.

<u>그 조직을 이용해 단점이 발휘될 여지를 없애는 것</u>입니다. 그렇게 해서 장점을 살릴 수 있게 되고 거침없이 앞으로 나아갈 수 있게 되었을 때의 감각을 꼭 한번 맛보아 주셨으면 합니다.

> 조직법의 실천 예시

- 정리를 못한다
➡ 가사대행 서비스에 의뢰한다
- 밤 늦게까지 스마트폰을 본다
➡ 밤 동안 집 안의 와이파이가 끊어지도록 한다
- 요리의 영양소가 한쪽으로 치우친다
➡ 매주 만들어 둔 요리를 배달해 주는 서비스를 이용한다

> 조직법을 실천하기 위한 질문

- 같은 단점을 갖고 있는 사람은 어떤 방법으로 대처하고 있는지?
- 당신이 시간을 들이고 싶지 않은 일을 돈으로 커버할 수 있는 방법이 있는지?
- '○○가 하기 싫다'(예 : 슬라이드 만들기 싫다)라고 검색해서 이를 커버할 수 있는 방법을 찾아본 적 있는지?

[단점을 커버하는 기술 ③]
타인의지법 – 편안해지면서 사회 공헌도 가능한 일석이조의 기술

'남에게 부탁하는 게 어렵다.'

실은 이런 울렁증을 가지고 있는 사람이 생각보다 많습니다.

하지만 많은 사람들이 울렁증을 가지고 있기에, 오히려 이 타인의지법을 쓸 수 있는지 아닌지로 커다란 차이가 발생합니다.

남에게 의지하지 않고 전부 스스로 어떻게든 해내려 하는 것은 피카츄가 전기 기술이 듣지 않아 상대하기 어려운 바위 계열 포켓몬에게 있는 힘껏 맞서는 것과 같은 일입니다.

바위 타입 포켓몬과 반드시 싸워야만 할 때에는 이를 상대하기 쉬운 물 타입인 꼬부기에게 대신해 달라고 하는 편이 낫다고 생각하지 않으십니까?

지금부터 알려 드릴 타인의지법을 쓰는 간단한 비결을 들으면, 당신도 분명 할 수 있을 것입니다.

다른 사람에게 부탁을 할 수 있게 되는 3가지 포인트

20대 후반인 M씨는 언제나 맡은 일을 혼자서 끌어안고 밤늦게까지 잔업을 하는 게 당연한 일상이 되어 있었습니다. 특히 세미나에서 이용하는 슬라이드를 만드는 일이 서툴러서 이에 시간이 한없이 걸리곤 했습니다.

함께 일하는 동료에게 "할 수 없는 일이 있으면 빨리빨리 도움을 청하세요! 도와 달라는 말을 들으면 나도 기쁠 테니까!"라는 말을 들어도 좀처럼 다른 사람에게 도움을 청하지 못했습니다.

하지만 어느 때를 기점으로 M씨는 자신이 잘하지 못하는 일을 다른 사람에게 부탁할 수 있게 되었습니다.

M씨의 내면에서 대체 어떤 변화가 일어난 것일까요?

일어난 변화는 3가지입니다.

첫 번째는 자신의 존재 가치를 인식했다는 것입니다. 두 번째는 자신이 싫어하는 일을 하고 싶어 하는 사람이 있다는 것을 깨달았다는 것이고, 세 번째는 사람은 누군가가 자신을 의지해 주면 기뻐한다는 것을 깨달았다는 것입니다.

타인의지법 포인트 1
다른 사람에게 기대지 못하는 사람은 자신의 존재 가치를 확신하지 못한 상태이다

자신의 장점을 살릴 수 있게 되면, 단점을 다른 사람에게 의지하기 쉬워집니다. 타인에게 의지하지 못하는 가장 큰 이유는 그 일에서 손을 놓아 버리면 나 자신의 존재 가치가 없어져 버린다고 생각하고 있기 때문이니까요.

즉, 남에게 의지하지 못하는 사람이란 자신의 존재 가치를 확신하지 못한 사람입니다.

반대로 다른 사람에게 의지할 수 있는 사람은 자신의 확고한 존재 가치를 확신하고 있는 사람인 것입니다.

M씨가 다른 사람에게 의지할 수 있게 된 가장 큰 계기는 부하 직원 교육을 담당하게 된 일이었습니다.

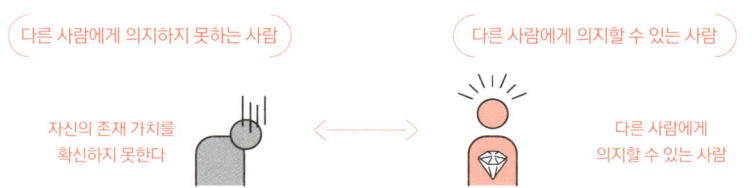

"어떤 식으로 커뮤니케이션을 하면 그 사람이 성장할 수 있는지를 손쉽게 알 수 있어요."라고 M씨는 말했습니다.

이것이 M씨의 재능을 장점으로 살릴 수 있는 일이었습니다.

자신의 장점을 살릴 수 있는 일을 손에 넣은 M씨는 '나는 팀에 공헌하고 있다. 조금쯤은 남에게 의지해도 괜찮아.'라고 느꼈고, 다른 사람을 의지할 수 있게 되었습니다.

M씨는 다른 사람에게 의지하지 않았던 때의 심리 상태를 이렇게 표현했습니다.

"슬라이드 만들기 같은 건 사회인으로서 일할 때 기초 스킬인데, 이런 일이 서툴다고 대놓고 보여 준다면 남들이 일을 못하는 사람이라고 생각할 것 같아 무서웠어요."

이전에 집안일이 서툴러서 곤란하다는 주부에게 "가사대행 서비스를 불러 보면 어떨까요?"라고 말하자, "가사대행 서비스라니 말도 안 돼요! 이건 제 일이라고요!"라는 반응을 보였던 적이 있었습니다.

자세한 이야기를 들어 보니 이분도 '이 외에 내가 공헌할 수 있는 일이 없기 때문에, 집안일에서 손을 놓아 버리면 나 자신의 존재 가치가 사라져 버린다.'고 느낀 듯 합니다.

만일 여러분이 단점에서 손을 놓지 못한다면, 아직 장점을 살릴 수 있는 장소를 발견하지 못했을 가능성이 높습니다.

사람은 자신의 장점을 살려 나갈 때에, 단점을 다른 사람에게 의지할 수 있게 되기 때문입니다.

그렇기 때문에 단점을 다른 사람에게 의지할 수 있게 되기 위해서도, 우선 장점을 살려 나갈 수 있게 되는 것이 최우선이 되어야 합니다.

> **POINT**
> 장점을 살려 나간다면, 단점인 부분을 의지할 수 있게 된다

타인의지법 포인트 2

내가 싫어하는 일을 하고 싶어 하는 사람이 있다는 점을 깨닫는다

타인의지법을 실행하기 위한 두 번째 포인트는 내가 싫어하는 일을 하고 싶어 하는 사람이 있다는 점을 깨닫는 것입니다.

이 점을 마음속 깊이 납득하게 된 순간 다른 사람에게 부탁하는 일이 더 이상 어렵지 않고, 눈앞의 난관을 돌파할 수 있게 됩니다.

많은 사람들은 내가 싫어하는 일은 모두가 싫어한다고 생각합니다.

여기까지 이 책을 읽은 여러분이라면 그 이유를 알 수 있지 않을까요?

그렇습니다.

나에게 있어 너무나도 당연한 일은 다른 사람에게도 마찬가지일 거라고 생각하기 때문입니다.

하지만 이는 커다란 착각입니다.

사람마다 가진 재능은 제각각입니다. 그러므로 각자가 즐거운 일도, 하기 싫은 일도, 완전히 다릅니다.

조금 전의 M씨도 "나는 슬라이드 만드는 게 싫으니까 다른 사람도 싫어할 거라고 생각했다."고 말했습니다. 조심스럽게 슬라이드 만들기를 부탁했을 때, 부탁을 받은 상대가 "하고 싶어요!"라고 눈을 반짝반짝 빛내며 대답했기 때문에 "어, 진짜?"라며 귀를 의심했다고 합니다.

당신도 그런 경험이 한 번은 있지 않으신가요?

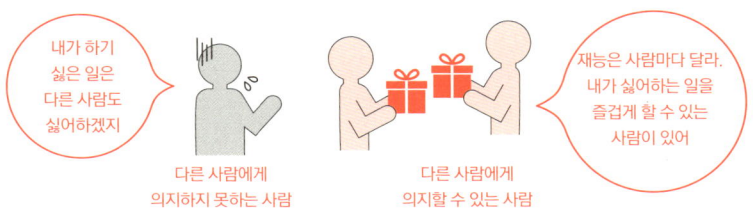

내가 당하고 싶지 않은 일을 다른 사람에게 해서는 안 된다고 배운 사람도 많을 것입니다.

이 또한 어떤 면에서는 맞는 말이지만, 반드시 그렇다고는 할 수 없습니다.

내가 싫어하는 일과 다른 사람이 싫어하는 일은 다르기 때문입니다.

스스로의 재능을 발견하고 다른 사람과의 차이점을 알아갈수록 내가 싫어하는 일을 하고 싶어 하는 사람이 있다는 것을 마음속 깊이 납득할 것입니다.

이를 깨달은 순간 다른 사람에게 부탁을 한다는 것에 대한 저항은 단숨에 줄어들게 됩니다.

> **POINT**
> '내가 하고 싶지 않은 일을 다른 사람이 하게 해서는 안 된다.'는 착각이다

타인의지법 포인트 3

"부탁해서 미안해"에서 "해 줘서 고마워"로

'사람은 의지가 될 때 기뻐한다.'

이 또한 다른 사람에게 의지하지 못하는 사람이 놓치고 있는 진리입니다.

남에게 의지하지 못하는 사람은 자기의 관점에서 생각해 버리고 맙니다. 의지한다는 것은 스스로 할 수 없는 일을 다른 사람에게 미루는 거 아닐까……. 그렇기 때문에 "부탁해서 미안해."라는 말을 합니다.

반대로 다른 사람에게 잘 의지하는 사람은 타인의 관점에서 생각할 수 있습니다. 부탁한다면 나서서 해 줄 것 같다, 저 사람의 재능을 사용할 기회다……. 부탁할 때는 "이거 부탁하고 싶은데……. 괜찮을까? 이런 걸 할 수 있다니 대단해! 고마워!"라고 말합니다.

==남에게 의지하지 못하는 사람은 시선이 자신에게, 의지할 수 있는 사람은 시선이 상대방을 향해 있습니다.==

그렇기 때문에 앞으로 여러분은 다른 사람에게 무언가 부탁한 뒤 반드시 상대에게 있어서 당연한 재능을 전달하며 감사의 표시를 해 주었으면 합니다. "부탁해서 미안해."가 아니라, "이런 일을 할 수 있다니 대단해! 고마워!"라는 식으로요. 그렇게 한다면 ==부탁받은 쪽이 '이게 내 재능일지도 몰라.'==라고 깨달을 수도 있습니다.

아래에 있는 대화법을 참고로 해 주시길 바랍니다.

다른 사람에게 의지하지 못하는 사람	다른 사람에게 의지할 수 있는 사람
자기 시점	타인 시점
남에게 부탁하는 건 나 혼자 편해지자는 나쁜 일	남에게 부탁하는 건 상대가 기뻐하는 좋은 일
"부탁해서 미안해."라고 말한다	"해 줘서 고마워."라고 말한다

▶ **감사와 함께 재능을 깨닫게 해 주는 대화법 예**

"이런 일을 할 수 있다니, 대단해요! 감사합니다!"

"나로서는 절대 할 수 없는 일이었는데, 정말 대단하다고 생각했어요!"

"좀처럼 부탁할 만한 사람이 없어요. 감사합니다!"

"항상 ○○을 해 주셔서 큰 도움이 되고 있어요"

"○○을 하고 계실 때 무척이나 즐거워 보여서 저도 쉽게 부탁할 수 있었어요!"

사람은 자신이 도움이 되고 있다고 실감할 수 있는 장소에 있고 싶어합니다. 주위 사람들에게 부탁받으면 부탁받을수록, 당신 주위에는 도움이 되고 싶다고 생각하는 사람이 넘쳐나게 될 것입니다.

이처럼 재능을 발견하고 살리는 것으로 자존감이나 업무 성과뿐만이 아니라, 서로 신뢰할 수 있는 인간관계까지 손에 넣을 수 있습니다.

> **POINT**
> 사람은 의지가 될 때 기뻐한다는 걸 깨닫게 되면, 남에게 의지할 수 있게 된다

단점을 극복하지 못하는 것은 사회 공헌이다

단점을 다른 사람에게 의지할 수 있게 되기 위한 사고방식을 다시 한번 정리해 보겠습니다.

1. 장점을 살릴수록 자신의 존재 가치를 확신할 수 있고, 단점을 다른 사람에게 의지할 수 있게 된다
2. 내가 싫어하는 일을 하고 싶어 하는 사람이 있다
3. 사람은 의지가 되면 기뻐한다

이 3가지 사실에서 저는 자신의 단점을 남겨두고 다른 사람에게

==의지하는 것은 이 정도면 사회 공헌==이라고 느낍니다.

'자신의 구멍을 누군가에게 메워 달라고 하자.'는 정도의 기분으로 다른 사람에게 의지하면 됩니다.

당신의 단점이 누군가가 장점을 살릴 수 있는 장이 되는 것입니다.

> **타인의지법의 실현 예시**

- 업무의 태스크 관리가 서툴다
➡ 프로젝트 매니지먼트에 자신 있는 사람에게 부탁한다
- 남들 앞에서 말하는 것이 두렵다
➡ 사람들 앞에서 이야기하고 싶어 하는 사람에게 부탁한다

> **타인의지법을 실천하기 위한 질문**

- 당신 주위에 그 일을 좋아하는 사람은 누구인가?
- 그 일을 부탁한다면 대신 내가 할 수 있는 일은 무엇인가?
- 누군가와 함께 한다면 그 일을 더 즐겁게 할 수 있는가?

99%의 쓸데없는 것들을 버리고, 1%에 집중한다

저는 생텍쥐페리가 남긴 이 말을 좋아합니다.

'완벽이란 더 이상 더할 것이 없는 상태가 아니라, 더 덜어낼 것이 없는 상태이다.'

저는 이 말을 '스스로 하지 못하는 99%의 일을 다른 사람에게 부탁하고 손을 놓은 뒤, 나의 재능을 살릴 수 있는 1%의 일에 최선을 다하는 것이다.'라는 의미로 받아들였습니다.

당신은 자신의 재능을 살릴 수 있는 일에 인생을 집중하고 있습니까? 다른 누군가가 즐겁게 할 수 있는 일에 삶의 시간을 낭비하고 있지는 않은가요?

손을 놓고, 부탁하고, 이렇게 해서 마지막에 남은 것이야말로 당신이 소중하게 키워야 할 재능입니다.

정말로 중요한 재능에 집중하기 위해 그 외의 일은 그만두었으면 합니다.

바꿔 말하면, 할 수 없는 일을 그만두고 할 수 없는 일을 부탁하는 것은 도망치는 게 아닙니다. 오히려 자신을 정말로 소중하게 생각하고 있기 때문에 도망친다는 행위가 가능한 것입니다.

한시라도 빨리 단점을 커버하여 자신의 장점을 쑥쑥 살려 주셨으면 합니다.

재 능 을   살 리 는   5 가 지   기 술

장점을 살리는 기술
① 크래프트법 … 일을 천직으로 만드는 마법의 기술
② 환경이동법 … 장점이 빛나는 환경을 재현하여 손에 넣는 기술

단점을 커버하는 기술
① 손 놓기 법 … 나답지 않은 것을 전부 없애고 자유로워지는 기술
② 조직법 … 알람시계처럼 단점 커버를 자동화하는 기술
③ 타인의지법 … 편안해지면서 사회 공헌도 가능한 일석이조의 기술

╱ 권말부록에서는 [재능을 살리는 100가지 질문]도 소개하고 있습니다 ╲

참는 것은 불필요하지만, 인내는 필요하다

 지금까지 장점을 살리는 방법과 단점을 커버하는 방법을 설명했습니다.
 재능을 살리는 기술의 마지막으로, 모두가 재능을 살릴 수 있게 되기 위해 무엇보다도 중요한 마인드셋에 대해 이야기해 두려 합니다. 마인드셋이란, 바로 이런 이야기입니다.

참는 것은 불필요하지만, 인내는 필요

어째서 이 마인드셋이 중요할까요?

 우선 '참는다.'라는 것은 하고 싶지 않은 일을 억지로 하는 것입니다. 단점이 눈에 띄는 환경에서 노력하거나, 자신의 재능을 바꾸려 노력한다거나…….
 이는 재능을 살리는 삶의 방식과 정반대에 위치합니다.
 당신이 지금 참고 있다고 느낀다면, 나아갈 길을 착각하고 있는 것이니 방향을 바꿀 필요가 있습니다.

 동시에 인내란 필요한 것입니다.

지금까지 소개해 온 재능을 살리는 기술은 그 어느 것도 단번에 잘 해낼 확률이 희박합니다.

특히 재능을 장점으로 살리는 일을 아직 하지 못한 상태라면 당신은 강한 고독을 느낄 것입니다.

'세상 속에 내가 머물 곳은 어디일까?'라고 느끼고, 밤에 잠들지 못하는 날이 있을지도 모릅니다. 제게도 불안으로 잠들지 못하는 밤이 몇 번이나 있었습니다.

하지만, 그것은 누구나 통과하는 인내의 시기입니다.

제 경우에 자신의 재능이 체계적으로 전달한다는 것이라고 확신하고 나서부터 여러 가지 시행 착오를 거쳐 왔습니다.

- 블로그에 글을 써 전달한다
- 코칭을 한다
- 커뮤니티를 연다

- 세미나를 개최한다
- 동영상 학습 프로그램을 만든다
- 책을 쓴다
- 영상을 촬영해 투고한다

이 중에는 잘된 것도 있는 한편 잘되지 못한 것도 있습니다.

특히 재능을 살리는 기술을 아직 익히지 못했을 시기에는 실패의 연속이었습니다.

==나 자신이라는 요트의 조종법을 알기 전까지는 훈련이 필요합니다.==

바다에 바람과 파도가 있는 것처럼 사회에도 격렬한 변화가 존재합니다.

많은 사람들은 잠깐 행동한 것으로 결과가 나오지 않으면 인내하지 않고 그만두어 버립니다.

하지만 이 책에 따라 재능을 살리기 위한 행동이 가능해진다면, 결과는 반드시 서서히 나타날 것입니다. 당연히 모든 시도가 잘되는 것은 아니지만, 이것은 재능을 살리지 못하는 방법을 알게 되었다는 긍정적인 경험을 쌓게 합니다.

이런 경험을 쌓아 감으로써 당신도 재능을 자유자재로 이용할 수 있게 될 것입니다.

그러다 보면 어느 순간 당신은 요트의 조종법을 익히고, 바람을 타고 단숨에 속도를 높이기 시작할 수 있을 것입니다.

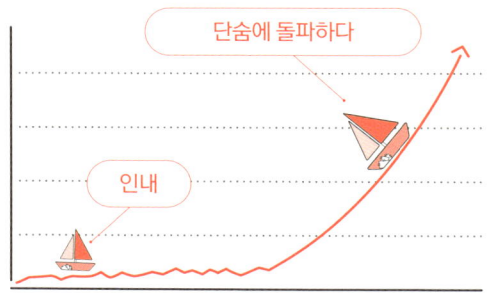

당신은 반드시 재능을 살릴 수 있을 것입니다.

이는 이 책에서 소개한 자신의 재능을 살릴 수 있게 된 수많은 사람들과, 전부 다 소개하지 못했던 수많은 사람들이 증명할 수 있습니다.

그 누구도 아닌 당신이기에, 이 세상에 빛날 수 있는 장소가 존재합니다.
당신의 재능을 원하는 사람이 있습니다.
그리고, 당신의 재능은 당신이 살려 주길 바라고 있습니다.
마음껏 재능을 살릴 수 있는 인생을 반드시 손에 넣어 주시기 바랍니다.

> **POINT**
> 인내의 앞에 돌파구가 있다

CHAPTER 4

How to find
your
talent.

CHAPTER

5

누구도 흉내 낼 수 없는 강점을 손에 넣는
'재능을 키우는 기술'

당신은 아직 자신이 가진 가능성의 10%만 쓰고 있다

'재능을 발견하고, 재능을 살리는 방법도 알았다. 만족스러워······.'라고 생각하는 거기 당신!

잠시만 기다려 주십시오!

아직 당신을 기다리고 있는 재능의 가능성은 고작 그 정도가 아닙니다. 재미있는 것은 지금부터입니다. 재능을 적절히 키워서 강점으로 만들었을 때, 당신의 재능은 10배 이상의 성과를 낳는 완성형이 될 것입니다.

일이란 '당연함'과 '감사함'의 교환

여러분은 최근 어떤 때 돈을 쓰셨습니까?

예를 들어 저는 최근 이사하는 데에 돈을 썼습니다. 혼자서 무거운 짐을 옮기는 건 힘드니, 무거운 짐을 옮겨 주는 것이 무척 감사하다고 생각했습니다.

저는 돈이란 감사의 마음을 형태로 바꾼 것이라고 생각합니다.

일본어로 '감사하다(ありがとう아리가토).'란 말의 어원은 '有難(ありがた)し아리가타시'입니다. '有難し'란 옛말로, '일어나기 어려워 거의 없다.'는 의미입니다. 즉, 사람에게 있어 '어렵고, 거의 일어나지 않는 일'을 해 주면, 감사하다는 기분의 크기만큼 돈을 받을 수 있다는 것입니다.

그렇다면 '有難し'의 반대말을 알고 있습니까?

'有難し'의 반대말은 '당연'입니다.

즉, 내가 '당연'히 할 수 있는 일이지만 다른 사람에겐 어려운 일을 하면, 그 차이가 수입이 됩니다.

> 일이란 '당연함'과 '감사함'의 교환

 '당연'히 할 수 있는 일 →
← 감사 + 돈

 예를 들어 제 경우 정보를 정리한다는 것이 당연히 가능하므로, 이를 정리해 주어서 고맙다고 여기는 당신이 이 책을 사고, 그것은 저의 수입으로 이어집니다.

 그러므로 여러분이 수입을 늘리고 싶다면 당연히 나도 모르게 하고 있는 재능을 발견해 사람들에게 베풀어 주기만 하면 되는 것입니다.

 이를 이해할 수 있다면 **"열심히 노력하고 있는데 수입은 늘어나지 않는다."라고 말하는 사람은 근본적인 사고방식부터 잘못되었다는 것**을 알 수 있지 않을까요?

 왜냐하면 당신이 노력해야만 할 수 있는 일로 다른 사람에게 감사하다는 느낌을 줄 수 있을 가능성은 무척이나 낮기 때문입니다.

 '노력하고 있는데 수입이 늘지 않는다.'가 아니라, '노력하고 있기 때문에 수입이 늘지 않는다.'가 맞습니다.

> **POINT**
> '노력하고 있는데 수입이 늘지 않는다.'가 아니라,
> '노력하고 있기 때문에 수입이 늘지 않는다.'

돈과 재능의 법칙

저는 대학생 시절 돈을 버는 게 무척이나 어렵다고 느끼고 있었습니다.
편의점 아르바이트는 이렇게나 힘든데도 시급 1,000엔인가…….
전화 상담 일은 이렇게나 고통스러운데도 시급 1,200엔인가…….
하지만 제가 블로그에 글을 쓰기 시작하며 월수입 100만 엔을 돌파했을 때, 돈을 번다는 건 무척 간단하다는 걸 느꼈습니다.
저는 이 경험에서 돈과 재능의 법칙을 이해했습니다.

• 돈과 재능의 법칙
　나도 모르게 해 버리는 재능을 살릴수록,
　'감사함'과 세트로 돈을 벌 수 있다

편의점 아르바이트는 저에게는 힘이 들었으므로, 거기서는 재능을 살리지도, 도움을 주지도 못한 채, 시급 1,000엔으로 살았습니다.
블로그에 글을 쓰는 건 제게 너무나도 즐거웠기 때문에 거기서는 '당연히' 할 수 있는 재능을 살려서 많은 사람에게 도움을 줄 수 있었고, 감사함과 함께 많은 보수를 받았던 것입니다.

이처럼 여러분이 재능을 살리면 살릴수록 수입은 늘어만 갑니다.

수입이 늘어나는 것은 개인뿐만이 아니라, 회사에서도 마찬가지입니다.

강점을 중시하여 교육하는 회사는 이익이 14~29% 올랐다는 연구 결과도 있습니다. 이는 사원 한 사람 한 사람이 재능을 살릴 수 있게 되면서 회사 전체가 고객으로부터 받는 감사의 양이 늘었기 때문입니다.

간디는 "자기 자신을 찾는 제일 좋은 방법은 다른 사람을 위한 봉사에 몰두하는 것이다."란 말을 남겼습니다.

저는 이 말을 이렇게 해석하고 있습니다.

'자신의 재능을 이용하면 다른 사람에게 도움을 주어 기쁘게 할 수 있다. 반대로 재능이 없는 일이라면 다른 사람에게 감사함을 느끼게 하기 어렵다. 그러므로 사람에게 감사받는 일에 집중하면 자신의 재능을 발견할 수 있다.'

즉, 당신이 다른 사람들에게 감사를 받고, 많은 보수를 받을 수 있는 일을 하면 할수록, 자기 자신의 재능에 대해서도 점점 깨달아 갈 수 있는 것입니다.

거기에 더해, 재능을 키우면 키울수록 당신은 유일무이한 존재가 됩니다. 그리고 수입 또한 점점 우상향으로 늘어날 것입니다.

재능을 강점으로 키우기 위한 4가지 기술

그렇다면 지금부터 당신의 재능에 기술·지식을 더해서 이를 누구도 흉내 내지 못할 강점으로 갈고 닦을 수 있는 단계에 들어가도록 하겠습니다.

CHAPTER 2의 [피카츄인데 잎날 가르기 연습을 하지 마라]에서 말했듯이, 자신의 재능과 어울리는 기술이나 지식을 익히는 것이 중요합니다.

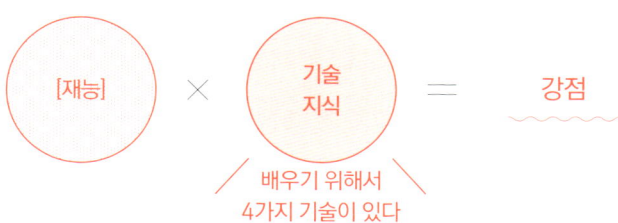

저는 저의 체계적으로 전달한다는 재능을 강점으로 키우기 위해 이런 기술을 배웠습니다.

- **자기이해**
- **책을 쓰는 법**
- **블로그에 글을 쓰는 기술**
- **지식을 정리하는 기술**

- 동영상에서 말하는 방법
- 지식을 온라인 강좌로 만드는 방법
- 생각을 정리하기 위한 마인드맵 기술

여기서 배운 것은 재능을 구체적인 아웃풋으로 이어 나가기 위한 기술입니다.

저는 이런 기술을 배운 덕분에 정리된 저만의 노하우를 동영상·글·강좌로 새로이 만들어 나갈 수 있게 되었습니다.

이것이 가능하다면 많은 사람들에게 "당신에게 이 일을 맡기고 싶다."는 말을 듣는, 누구와도 바꿀 수 없는 존재가 되며, "고마워요."라는 감사의 말을 듣고, 감사함에 걸맞은 큰 수입을 얻을 수 있게 될 것이고, 그리하여 최대한 사회에 도움이 되는 삶의 방식을 손에 넣을 수 있을 것입니다.

그때 당신은 '나는 이것을 위해 태어났구나.'라며 마음속 깊은 곳에서 넘치는 기쁨을 느끼고, 자기 삶의 방식을 확신할 수 있게 될 것입니다.

그렇다고는 해도 무작정 기술이나 지식을 배워야 하는 것은 아닙니다. 그렇게 하면 적당히 아는 것만 많은 사람이 되어 버리기 때문입니다.

그렇다면 당신의 재능을 키워서 강점으로 만들기 위해 배울 기술이나 지식을 어떻게 선택하면 될까요?

이는 크게 4가지 기술로 나눌 수 있습니다.

[재능을 강점으로 키우는 기술 ①]
롤모델을 발견한다

만나는 사람 모두에게 "뭘 공부해야 좋을까요?"라고 물어도 의미가 없습니다. 왜냐하면 그 사람이 배워야 한다고 생각하는 것은 그 사람의 재능을 키우는 일에 도움이 되는 것이기 때문입니다.

그러지 말고 자신과 비슷한 재능을 가지고 있으며, 이를 강점으로 만들어 성과를 내고 있는 사람이 있다면 철저히 따라해 봅시다. 반드시, 어떤 기술을 배웠는지 꼭 물어보십시오.

질투는 중요한 센서.
여기에 의지해 본보기를 발견하자.

'그럼 어떻게 해야 강점의 롤모델을 발견할까?'

다음으로 떠오르는 건 이 의문일 것입니다.
결론을 말하자면, 보고 있으면 질투를 느끼는 사람이 자신과 비슷한 재능을 가진 사람이니 그를 롤모델로 하면 됩니다.
왜냐하면 질투를 느낀다는 것은 '나도 할 수 있을 법한 일을 먼저

하고 있다.', '나도 할 수 있을 것 같은데, 지금은 내 손이 닿지 않는 곳에 있다.'는 기분을 느끼기 때문입니다.

사람은 '나는 도저히 할 수 없다.'고 느끼는 상대에게는 질투심조차 느끼지 않습니다.

예를 들어 저는 정보 정리가 무척 잘되어 있는 책을 읽었을 때 '이거 무척 좋은 책인데. 분하다……,'라며 질투를 합니다.

이는 조금만 더 노력하면 나도 할 수 있을 것 같은 기분이 들기 때문입니다.

다른 한편 다른 재능을 가진 사람이 하는 일은 마법처럼 보인다는 특징이 있습니다. 왜냐하면 다른 재능을 가진 사람이 하는 일은 말 그대로 그 이면에 있는 어떠한 것도 알 수 없는 상태이기 때문입니다. 눈앞에서 마술을 보고 있는 것 같은 기분이 듭니다. 그럴 때는 질투가 아니라 박수를 보내고 싶어집니다.

× 질투를 느끼지 않는 사람 = 나와는 다른 재능을 가진 사람 → 참고가 되지 않는다

○ 질투를 느끼는 사람 = 나와 비슷한 재능을 가진 사람 → 참고가 된다

예를 들어 저는 '팀에서 의견을 이끌어 내어 어느 순간 전체의 합의를 통해 상황을 진전시킬 수 있는 사람'이 하는 일은 마법처럼 보입니다. 그 사람이 무엇을 어떻게 하는지 전혀 알 수 없었고, 저라면 똑같이 할 수 없을 것 같았습니다. 한 번은 열심히 노력해서 따라 해 보았지만 실패했습니다.

많은 사람들은 그런 ==마법 같은 일을 보았을 때 동경을 느끼고 이를 목표로 삼고는 합니다.== 하지만 그것은 지금까지 해 왔던 말처럼 자신이 가지지 못한 것을 손에 넣으려 발버둥 치는 자기부정의 노력입니다.

그렇기 때문에 그 방향으로는 나아가지 않았으면 합니다.

스스로와 비슷한 재능을 강점으로 키우고 있는 사람을 발견한다면 꼭 그 사람이 배운 기술이나 지식을 밝혀내어 그것을 배우도록 합시다.

그렇게 한다면 당신의 재능은 놀랄 만한 스피드로 자라나고, 상상도 하지 못할 정도의 성과를 낼 수 있게 될 것입니다.

> 강점의 롤모델을 발견하기 위한 질문

- 질투심을 느끼는 사람은 어떤 기술을 가지고 있는가?
- 나와 비슷하다고 느낀 성공한 사람은 어떤 기술을 가지고 있는가?

> **POINT**
> - 다른 재능을 가진 사람이 하고 있는 일은 마법처럼 보인다
>   → 참고하지 않는다
> - 비슷한 재능을 가진 사람에게는 질투를 느낀다
>   → 롤모델로 삼는다

[재능을 강점으로 키우는 기술 ②]
타인에게 조언을 구한다

이전 팀원이었던 F씨에게 이런 질문을 받았습니다.

"앞으로 내가 어떤 기술을 연마하는 게 좋을까요?"

저는 오랜 시간 F씨와 일을 했기에 그가 어떤 재능을 가지고 있는지 알고 있습니다. 어떤 기술을 배운다면 F씨의 재능이 강점이 될 수 있는지도 알고 있습니다.

그렇기 때문에 "F씨는 다른 사람의 기분을 북돋우는 일을 잘하니까 팀 구성법을 배우면 좋겠다."고 조언했습니다.

이때 절대로 당신의 단점을 지적하는 사람의 말을 들어서는 안 됩니다. 단점을 지적하는 사람은 단점을 고치기 위한 기술에 대한 조언을 할 것이기 때문입니다.

부디 **당신의 장점을 인정하는 사람에게 조언을 구했으면 합니다.** 그렇게 한다면 장점을 더욱 키울 수 있기 위한 조언을 받을 것입니다.

자신에게 맞는 기술을 배우면 배울수록 당신의 재능은 강점으로의 빛을 더할 것입니다.

> 다른 사람에게 조언을 구하기 위한 질문

- 당신이 나라면 어떤 기술을 배울 것인가?
- 내가 할 수 있게 되었으면 좋을 것 같은 일이 있는가?(답변에 따라 필요한 기술을 익힌다)

> POINT
> ✗ 단점을 지적하는 사람에게 배워야만 할 것을 묻는다
> ○ 장점을 봐 주는 사람에게 배워야만 할 것을 묻는다

[재능을 강점으로 키우는 기술 ③]
4가지 종류의 스킬 분류에서 선택한다

　이렇게 말해도 "질투하는 사람을 바로 발견하기 어렵다.", "조언을 구할 만한 사람이 없다."고 말하는 사람이 있을 것입니다. 그런 사람을 위해 184페이지의 [재능 4타입 분류표]에 재능의 동사 종류에 따라 적합한 기술·지식을 4가지로 분류해 정리해 두었습니다.

　이 분류에 따라 배워야 할 기술을 선택한다면 우선은 틀림이 없을 것이니 이를 꼭 활용해 주셨으면 합니다.

[재능을 강점으로 키우는 기술 ④]
좋아하는 것을 탐구한다

제 경우에는 제가 가진 '체계화해서 전달한다.'는 재능 위에 '자기이해'라는 지식을 배웠습니다.

그에 따라 글이나 영상으로 체계화된 자기이해의 지식을 전달할 수 있다는 저만의 강점이 만들어졌습니다.

자화자찬이 되어 버리겠지만, 이 강점에 관해서는 지구상에서 제가 제일이라 자신할 수 있습니다.

재능을 부여해 준 부모님, 재능을 살릴 환경을 준 사람, 재능을 살릴 수 있도록 도와준 사람들에게 진심으로 감사하고 있습니다. 그렇기 때문에 이 강점을 살리는 것이 내가 이 세상에서 할 수 있는 역할이라 확신하고, 이 강점으로 세상에 도움을 주겠다 마음먹고 살아갈 수 있는 것입니다.

이 책을 읽는 여러분도 마지막에는 "이 강점만은 내가 이 세상에서 최고다."라고 말할 수 있게 되었으면 좋겠습니다.

그리고, 이는 누구에게나 가능한 일입니다.

야기 짐페이의 '강점의 곱셈'의 예

[재능] × 기술 지식 = 강점

체계화해서 전달한다 | 블로그 운영의 지식 글을 쓰는 기술 × 자기이해의 지식 | 자기이해에 대해 체계적인 문장으로 설명한다

좋아하는 것을 공부하면 그 누구도 당신을 따라잡을 수 없다

당신이 좋아하는 것을 배우십시오. 좋아하는 것이란 흥미가 샘솟는 것입니다.

예를 들어 이 모든 것은 전부 '흥미가 샘솟는 것 = 좋아하는 것'입니다.

- 자동차에 흥미가 있다
- 의료에 흥미가 있다
- 교육에 흥미가 있다
- 로봇에 흥미가 있다
- 디자인에 흥미가 있다
- 가족관계에 흥미가 있다

좋아하는 것
=
흥미가 샘솟는 것

왜 좋아하는 것을 배우는 게 좋을까요?

그것은 재능에 대해 좋아하는 것을 곱했을 때 이것이 강점으로써 폭발하기 때문입니다. 이것이 최강입니다.

재능이란 나도 모르게 하고 있는 것입니다. 몸이 멋대로 움직이는 일입니다.

좋아하는 것이란 흥미가 샘솟는 것입니다. 열심히 하려 하지 않아도 제멋대로 심장이 두근대는 일입니다.

'돈을 벌 수 있으니 한다.', '유명해질 것 같으니 한다.'는 등의 외적인 욕구와는 무관하게 내면에서부터 샘솟아오는 강한 에너지입니다.

어렸을 적 시간이 가는 것마저 잊고 게임에 빠져 있다가 부모님께 혼이 났던 경험이 있는 사람도 있을 것입니다.

재능과 좋아하는 것을 곱해서 나온 강점을 살릴 수 있는 일을 하는 것도 게임에 푹 빠져 있는 것과 같은 상태입니다.

다른 사람에게 있어서는 있는 힘껏 노력해야 하는 일이지만 당신에게는 놀이처럼 즐거운 일이며, 이를 지속한다면 결과적으로 점점 격차가 벌어질 것입니다.

재능이라는 '나도 모르게 하고 있는 일'을 살릴 수 있게 되면, 다른 사람은 노력해서 필사적으로 흐름을 역행하는 것과 달리, 당신은 그

흐름에 몸을 맡기고 속도를 올려 전진할 수 있게 됩니다.

게다가 흥미가 샘솟는 좋아하는 일을 곱한다면 흐름 정도가 아닌, 워터 슬라이드를 타는 것과 같은 상태가 될 것입니다.

그렇기 때문에 이 2가지를 곱한 강점이 생겨났을 때, 이것은 그 누구도 따라잡을 수 없는 압도적인 것이 될 것입니다.

잘하는 것에서 직종을 정하고, 좋아하는 것에서 업계를 정한다

잘하는 것(재능)과 좋아하는 것을 발견한다면, 많은 사람들이 관심을 가지는 직업 선택이 단숨에 쉬워집니다.

전에 말했던 것처럼 재능은 동사로 표현합니다. 재능을 발견한다면 '나도 모르게 하고 있는 행동'을 장점으로 살릴 수 있는 직종이 정해집니다.

좋아하는 것은 명사로 표현됩니다. 좋아하는 것을 발견한다면 흥미를 가질 수 있는 업계가 정해집니다.

이 2가지로 직업을 결정하는 데 커다란 축인 직종과 업계가 어느 정도 좁혀집니다.

재능에 눈뜨고 인생이 격변하게 된 영업직 여성의 이야기

예를 들면, '사람들 앞에서 겁먹지 않고 말한다.'는 재능을 가진 여성 E씨가 있었습니다. 하지만 E씨는 메이커 브랜드의 법인 영업을 하며 자신의 재능을 전혀 살리지 못하고 있었습니다.

잘하는 것(재능)	좋아하는 것
나도 모르게 해 버리는 일	흥미가 샘솟는 일
직종을 정할 수 있다	업계를 정할 수 있다
동사로 표현된다	명사로 표현된다
예 : 사람을 관찰한다, 리스크를 생각한다, 사람의 기분을 고려한다, 사람에게 말을 걸 수 있다……	예 : 의료, 로봇, 디자인, 환경, 교육, 차, 가족관계……

 E씨는 자기이해를 통해 재능을 깨닫고 옷을 좋아한다는 걸 발견해서, 의류 업계에서 라이브 방송으로 옷을 파는 일을 시작했습니다.

 놀랍게도 그 결과, 가지고 있던 재능과 좋아하는 것이 일과 잘 들어맞아 홈쇼핑 라이브 방송 중 옷이 날개 돋친 것처럼 팔리는 인기 셀러가 되었을 뿐만 아니라, 자신이 제작한 옷까지 판매하고 있습니다.

 이처럼 재능에 좋아하는 것과 관련된 기술·지식을 곱했을 때 폭발적인 결과가 나오게 됩니다. 그것도 조금씩 바뀌는 것이 아니라 단숨에 바뀌어 버립니다.

이는 다른 사람이 좀처럼 흉내 낼 수 없는 것입니다.

E씨와 마찬가지로 사람들 앞에서 겁내지 않고 말하는 것이 재능이라도, 옷을 좋아하지 않는다면 같은 성과를 낼 수 없습니다.

또한 마찬가지로 옷을 좋아하는 사람이라도, 눈앞의 사람의 개성에 맞춘 옷을 추천하는 재능이 있다면 1대 1로 옷을 판매하는 편이 좋을 것입니다.

나도 모르게 해 버리는 재능과 흥미가 샘솟는 좋아하는 것. 이 2가지를 계속해 나간다면 당신은 누구와도 바꿀 수 없는 존재가 되고,

어디에 가더라도 모두가 눈독을 들이는 사람이 될 것입니다.

당신은 다른 이에게 많은 도움을 줄 수 있게 되고, 수많은 감사 인사를 받으면서 수입 또한 늘어나게 될 것입니다.

그렇게 되었을 때 당신은 '당신만이 메꿀 수 있는, 이 사회에서의 머물 곳'을 손에 넣을 수 있을 것입니다.

좋아하는 것을 찾아내는 질문

- 가슴이 두근대는 주제는 무엇인가?
- 살아가던 중 감사를 표하고 싶은 일은 무엇인가?

POINT

몸이 움직이고 마는 '잘하는 것(재능)'과
마음이 움직이고 마는 '좋아하는 것(흥미)'을 따른다면,
압도적인 강점이 태어난다

재능을 키우는 4가지 기술

1. **롤모델을 발견한다**
   ➡ 질투를 센서로 본보기를 발견한다

2. **다른 사람의 조언을 구한다**
   ➡ 장점을 봐 주는 사람에게 배워야 할 것을 묻는다

3. **네 종류의 기술 분류에서 선택한다**
   ➡ 절대 쓸모없지 않을 배움의 선택법

4. **좋아하는 것을 찾는다**
   ➡ 재능에 좋아하는 것을 곱하면 누구도 따라오지 못한다

／ 권말부록으로 [재능을 키우는 100가지 질문]이 있습니다. ＼

자신의 재능을 발견하고 나면, 다른 사람의 재능도 찾아낼 수 있다

여기에서는 제가 후회하고 있는 일에 대해 이야기하고자 합니다. 초등학교 때 교실 안에서 있었던 일입니다. 초등학교 5학년 무렵 같은 반에 언제나 구석에 숨으려고만 하는, 남들 앞에 나서는 게 서툰 여자아이인 C가 있었습니다. C가 국어 수업에서 지목받아 교과서를 읽게 되었는데, 큰 목소리를 내는 게 어려운지 도무지 목소리를 내지 못했습니다.

그러자 선생님이 모두의 앞에서 "좀 더 커다랗게 읽자."고 큰 소리로 화를 내기 시작했습니다.

하지만 C는 큰 소리를 낼 수 없었습니다.

선생님은 하려면 할 수 있는데 노력이 부족하다는 듯한 말투로 그 아이를 다그쳤습니다.

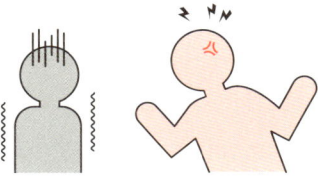

저는 교실의 의자에 앉아서 그 광경을 보며 마음속에서부터 일어나는 분노에 주먹을 쥐었던 것을 기억하고 있습니다.

사실 선생님에게 'C의 재능을 짓밟지 마!'라고 소리치고 싶었습니다. 커다란 소리를 내는 것이 그토록 힘들다면 억지로 해내도록 노력하다가 자신을 잃어버릴 필요는 없습니다. 그보다도 가지고 있는 재능을 살릴 수 있도록 도움을 주는 쪽이 자신감도 가질 수 있고, 사회에도 더욱 도움이 됩니다.

하지만 당시의 저는 선생님에게 아무 말도 할 수 없었습니다.

선생님이 다른 사람의 재능을 부정하는 걸 보고도 못 본 척했던 일을 지금도 계속 후회하고 있습니다.

C가 큰 목소리를 낼 수 없었던 것은 노력이 부족했기 때문이 아닙니다. 물론 지금 당신이 수월하게 앞으로 나아가지 못하고 있다고 하더라도, 이는 당신의 노력이 모자라기 때문이 아닙니다. 그저 재능을 살릴 수 없는 일을 하고 있기 때문입니다.

일이 잘 풀리지 않을 때 해야만 하는 것은 조금 더 노력하는 것이 아니라 방식을 바꾸는 것입니다.

여기까지 이 책을 읽고 자신의 재능을 발견한 당신이라면 다른 사람의 재능도 발견해 낼 수 있을 게 분명합니다.

당신이 알아차린 그 재능을 꼭 그 사람에게 직접 이야기해 주었으면 합니다.

저는 이 책을 읽는 당신에게서부터 '다른 사람의 재능을 깨닫고 전달하는 활동'이 널리 펼쳐졌으면 합니다.

당신을 통해 재능을 깨우친 사람은 또 다른 사람의 재능을 깨우쳐 줄 것입니다. 이런 식으로 이 세상 사람들이 다른 사람의 재능을 깨닫고 서로 깨우쳐 주어서 모든 사람이 자신의 재능을 발견한다면, 진심으로 이 책을 쓰길 잘했다고 생각할 것이다.

만일 모든 사람이 자신의 재능을 발견한다면 얼마나 멋진 세상이 될까요?

> **POINT**
> 당신은 이미 다른 사람의 재능도 발견했다

당신의 재능은 지구상에서 당신의 역할을 가르쳐 준다

모든 재능에는 그 무엇으로도 대신할 수 없는 역할이 있다

이는 제가 믿고 있는 것입니다.

이상론이라고 느끼십니까?

아뇨, 결코 비현실적인 이야기가 아닙니다.

논리적으로 이끌어 낸 사실입니다.

우리들은 지금까지 살아남아 온 인류의 후예입니다.

아주 오랜 옛날에는 10대에 죽는 일이 흔했습니다. 그런 와중에도 기적적인 확률로 이어져 온 유전자를 가진 것이 우리들입니다.

즉, 지금 지구상에 존재하고 있는 인간은 모두 치열한 생존 경쟁 속에서 살아남기 위해 필요한 유전자를 가지고 있다는 것입니다.

그리고 당신의 재능 중 약 50%는 유전으로 정해진다고 했습니다.

즉, 당신이 아무리 부정적이건, 섬세하건, 싫증을 잘 내는 성격이건, 이것은 전부 다 살아남기 위해 필요한 재능입니다.

당신이 해야만 하는 것은 자신의 재능을 이해하고 이를 어떻게 살려 나갈지를 배우는 일입니다.

결코 다른 누군가를 동경하며 자기부정을 하며 보내서는 안 됩니다.

==재능은 당신에게 주어진, 이 지구상에서 해야만 할 역할을 가르쳐 주는 것입니다.==

재능을 발견하고, 장점으로 살리고, 강점으로 키워 나가면, 어느 순간 '이 세상에서 내가 해야 할 일은 이거다!', '내가 있어야 할 장소는 여기다!'라고 깨닫는 순간이 올 것입니다.

이것은 감각으로 확실히 알 수 있습니다.

갑자기 머릿속에서 찰칵하는 소리가 들리며, 그와 동시에 '아아, 나는 이 일을 하기 위해 태어났구나.'라거나 '이로써 다른 사람에게 도움이 될 수 있겠다.'라는 감정으로 온몸이 휩싸이는 순간이 올 것입니다.

저는 이것을 '재능의 역할을 자각한 순간'이라 표현합니다.

신기하게도 한번 이 경험을 한 순간부터는 살아가는 방식에 대한 망설임이 사라져 버리고 자신감이 샘솟아오릅니다.

<u>스스로가 나아가야만 할 길을 확실히 알게 됩니다.</u>

이제 그전까지의 삶으로 돌아갈 수는 없습니다.

물론 그 타이밍은 사람에 따라 다릅니다. 이 책을 읽고 바로 알아차린 사람도 있는가 하면, 10년이 걸리는 사람도 있을 것입니다.

하지만, 해야만 하는 일은 모두 똑같습니다.

'나도 모르게 해 버린다.'는 몸에 새겨진 감각을 믿고 재능을 발견해서, 장점으로 살려 나가고, 강점으로 키운다. 이뿐입니다.
여기에 많은 시간을 할애했으면 합니다.
이는 다른 누구도 아닌, 당신에게만 가능한 일입니다.
이를 위한 기술은 이 책에서 남김없이 전달했습니다.
당신이 스스로에게 자신감을 가지고 살아가기 위해서는 재능의 발견이 틀림없이 도움이 될 것이라고 약속합니다.

이 책을 가이드 삼아 당신이 재능을 마음껏 발휘할 하루하루를 보내기를 마음 깊이 바랍니다.

> **POINT**
> '나도 모르게 해 버린다.'는 감각을 따른다면,
> 전부 순조롭게 흘러간다

끝맺으며

강점을 손에 넣은 다음에 반드시 다가오는 시련이란

"이제 한계야……."

1년 전의 저는 산처럼 쌓인 일에 쫓겨 지칠 대로 지쳐 있었습니다. 처음 쓴 책이 순식간에 30만 부라는 베스트셀러가 되고, 단숨에 고객 수가 늘어나고, 매일매일 할 일에 파묻히게 되었습니다.

'돈 관리를 해야 하는데.'
'다음 책을 써야 하는데.'
'동영상 촬영을 해야 하는데.'
'고객 응대를 해야 하는데.'
'팀원을 채용해야 하는데.'

항상 이런 '하는데'가 머릿속에 빙빙 돌고 있었습니다.
회사의 규모는 조금씩 늘어나고 있었지만, 내 재능을 살리고 있다는 실감은 없고 충족감도 얻을 수가 없다……. 발버둥 치고 또 발버둥 쳐서 방향 없이 조금씩 전진하고 있는 것 같은 감각…….

하고 싶은 일이라고 생각했던 일에 짓눌릴 것만 같아져서, 내가 가장 발휘해야만 할 재능을 살리지 못하는 상태가 되고 말았습니다.

이젠 나 혼자서는 해낼 수 없다고 느낀 저는 '세상에서 가장 유명한 일본인'이라고 일컬어지는 '곤마리 씨', 즉 곤도 마리에 씨를 프로듀싱한 가와하라 다쿠미 씨에게 상담을 받았습니다.

그러자, 다쿠미 씨가 이런 질문을 했습니다.

다쿠미 씨 "지금 하고 있는 일 중 제일 즐거운 것, 즉, 야기 씨가 재능을 살리고 있는 건 뭐지?"
야기 "역시, 자기이해에 대해 연구하는 일일까요. 책을 읽거나, 쓰거나……."
다쿠미 씨 "그럼, 그것 빼곤 전부 다 놓아 버리자."
야기 "어, 그래도 될까요? 회사가 돌아가지 않는 건 아닐까요?"
다쿠미 씨 "괜찮아. 나도 마리에 씨가 제일 잘하는 일에 집중할 수 있도록 그 외의 일에서는 전부 손을 놓도록 했으니까. 그래, 다른 걸 전부 손에서 놓아 버리면 또다시 단숨에 성과가 나게 될 거야."

이 대화의 끝에 저는 끌어안고 있던 수많은 일에서 손을 놓고, 주위의 사람에게 하나씩 맡겨 나가기 시작했습니다.

손을 놓은 결과 지금은 제가 제일 하고 싶었던 '자기이해의 연구'에 인생의 80% 이상 시간을 쓸 수 있게 되었습니다.

그 덕분에 여러분을 위한 책도 쓸 수 있게 되었고요.

또한 회사의 수익도 점점 늘어났습니다.

되돌아보면 저는 세상에서 바라는 '경영자다움'에 스스로 가까워지기 위해 내가 할 수 없는 일까지 전부 하려 하고 있었습니다.

그 결과 저의 가장 큰 강점인 '자기이해에 대한 연구'에 시간을 쓸 수 없었습니다.

이는 저 혼자만 겪는 일이 아닙니다.

이 책의 메소드를 실행한다면 당신도 자신의 강점으로 살아갈 수 있을 것입니다.

그리고 강점을 살리는 일로 성과를 내면, 당신에게 수많은 의뢰가 올 것입니다.

그때 생기는 업무들엔 당신의 재능을 살릴 수 있는 일만 있지는 않을 것입니다.

확실히 구별하지 않은 채 일을 받아들인다면 어느 사이엔가 강점을 키울 시간이 줄어들고, 강점을 잃어버리며, 당신만의 강점은 그 빛을 잃어버리고 말 것입니다.

그래도 상관없습니다. 당신은 이미 '자신의 재능'을, 평생 잃을 수 없는 단어로 만들었으니까요.

그러니 혹시라도 저처럼 더 이상 견딜 수 없는 상태가 된다면 다시 이 책을 읽어 주십시오. 그리고 이 질문을 떠올려 보세요.

"당신의 재능을 제일 잘 살릴 수 있는 것은 무엇인가?"

야기 짐페이

참고문헌

《자아, 재능(나 자신)에 눈뜨자 신판 스트렝스 파인더 2.0》 톰 래스 저, 일본경제신문출판사

《괴로웠던 시절의 이야기를 해 볼까 비즈니스맨인 아버지가 자식들을 위해 쓴 '일이란 것의 본질'》 모리오카 츠요시 저, 다이아몬드 사

《스트렝스·리더십〈신장판〉 자, 리더의 재능을 깨닫자》 갤럽 저, 닛케이 BP 일본경제신문출판

《최고의 성과를 내는 6가지 스텝》 마커스 버킹엄 저, 일본경제신문출판사

《뇌의 배선과 재능의 치우침 — 개인의 잠재 능력을 끄집어내자》 게일 살츠 저, 팬롤링

《웰스 다이나믹스 평생 돈 걱정 없이 시간과 재능을 사용하는 법》 우시키 타마미 저, 후소샤

《재능을 갈고 닦으며 ~ 자신의 소질을 발견하는 법, 죽이는 법~》 켄 로빈슨, 루 아로니카 저, 다이와쇼보

《재능을 끄집어내는 정신적 법칙》 켄 로빈슨·루 아로니카 저, 쇼덴샤

《자신의 가치를 최대로 하는 하버드의 심리학 상의》 브라이언. R. 리틀 저, 다이와쇼보

《강점을 키우는 법 '24가지 성격' 진단으로 당신의 인생을 되돌린다》 라이언 니믹, 로버트 마크글래스 저, WAVE출판

《평균적 사고는 버리자, 튀어나온 못을 더 잡아뽑는 개인의 과학》 토드 로즈 저, 하야카와쇼보

《하버드의 개성학 입문 평균 사고는 버리자》 토드 로즈 저, 하야카와쇼보

《포지티브 심리학 입문 「더 나은 삶」을 과학적으로 생각하는 방법》 크리스토퍼 피터슨 저, 슌주샤

《The Strengths Book : Be Confident, Be Successfull, and Enjoy Better Relationships by Realising the Best of You》 알렉스 린리, 로버트 비스워스 디너 닥터필로스 저, Capp press
《세상에서 손꼽을 만한 비즈니스 명저 50》 톰 버틀러 보던 저, 디스커버 투웬티원
《프로페셔널의 조건》 피터 드러커 저, 다이아몬드 사
《이와타 씨 : 이와타 사토루는 이렇게 말했다.》 호보일간사이트에 게시 중, 호보이치

참고논문

〈외향성·내향성의 연구〉 : https://link.springer.com.article/10.1007/s10902-018-0037-5
〈퍼스널리티 특성의 연구〉 : https://psycnet.apa.org/record/ 2010-25587-001
〈파워맨의 연구〉 : https://www. sciencedirect.com/science/article/abs/pii/S00221031140064?via%3Dihub
〈심리학 연구〉 : htttps://jourjnais.segepub.com/koi/abs/10.1177/09637221411402478
〈결정과 수정의 연구〉 : https:/pubmed, ncbi.nim.nih.gov/11999920

감사의 말

이 책은 정말 많은 분의 도움으로 펴낼 수 있었습니다. 모두의 이름을 나열할 수는 없지만, 특히 도움이 되어 주신 분들에 대해 감사를 전하고자 합니다.

편집 담당인 오코야마 씨, 마감 직전임에도 불구하고 표지 디자인을 뒤엎고 싶다고 했을 때, 원고 마감이 몇 번이나 늦어졌을 때도, 관련된 사람들을 불러들여 어떻게든 결과를 내려 진심으로 도와주셔서 정말 감사합니다. 이 책이 나올 수 있었던 것은 오코야마 씨 덕분입니다.

제일 가까이에서 지켜봐 준 아내 마사미. 반년 이상이란 긴 집필기간 동안 쭉 나를 지탱해 준 덕에 이 책을 쓸 수 있었습니다. 정말로 고마워.

무엇보다도 마지막으로 귀중한 인생의 시간을 써서 여기까지 이 책을 읽어 준 여러분에게 감사를 표합니다. 읽어 주는 사람이 있기 때문에 쓰고자 하는 마음이 들었습니다.

여러분은 반드시 자기 자신이 가진 재능을 살리며 살아가 주었으면 합니다.

하지만 많은 사람들의 소리가 넘쳐나는 사회 속에서 혼자 이 책의 내용을 실천하는 것은 쉽지 않습니다. 그래서 이 책을 여기까지 읽어 준 여러분에게 이 책의 내용을 실천할 수 있는 환경을 LINE을 통해 만들어 두었습니다. 아래의 QR코드를 등록하고 '反かす'로 메시지를 보내 준 분에 한정해서 다음의 9가지 부록을 선물로 드리고자 합니다.

1. 《세상에서 제일 쉬운 재능 찾는 법》 131페이지 삽화
2. 《세상에서 가장 쉬운 하고 싶은 일 찾는 법》 150페이지 삽화
3. '재능 지도' 기입 예
4. '재능 지도' 작성 포맷
5. [재능을 '발견하고 → 살리고 → 키우기' 위한 300가지 질문] 전부에 대한 답변 예
6. [재능 4타입 분류표]에 대한 스마트폰 데이터
7. 휴대 가능! [재능의 구체적인 예시 리스트 1000]의 스마트폰 데이터 판
8. 언제라도 볼 수 있는 [재능을 '발견하고 → 살리고 → 키우기' 위한 300가지 질문]의 스마트폰 데이터
9. 이 책에 다 담지 못했던 재능을 살린 사람들의 에피소드 모음집

QR코드 혹은 스마트폰 LINE을 열어
아이디 @yagijimpei를 검색하여 신청한다

(@를 포함하여 검색하세요).

예고 없이 종료될 수 있습니다

이 책에 저와 고객들의 예시를 많이 들어 두었으니, 이번에는 당신의 이야기를 SNS에 해시태그 #せか才와 함께 올려 주었으면 합니다.

당신의 이야기를 기다리겠습니다.

당신이 재능을 살릴 수 있는 자리를 발견하기를 마음속 깊이 바랍니다.

야기 짐페이

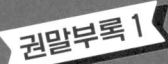

재능을 '발견하고 → 살리고 → 키우기'

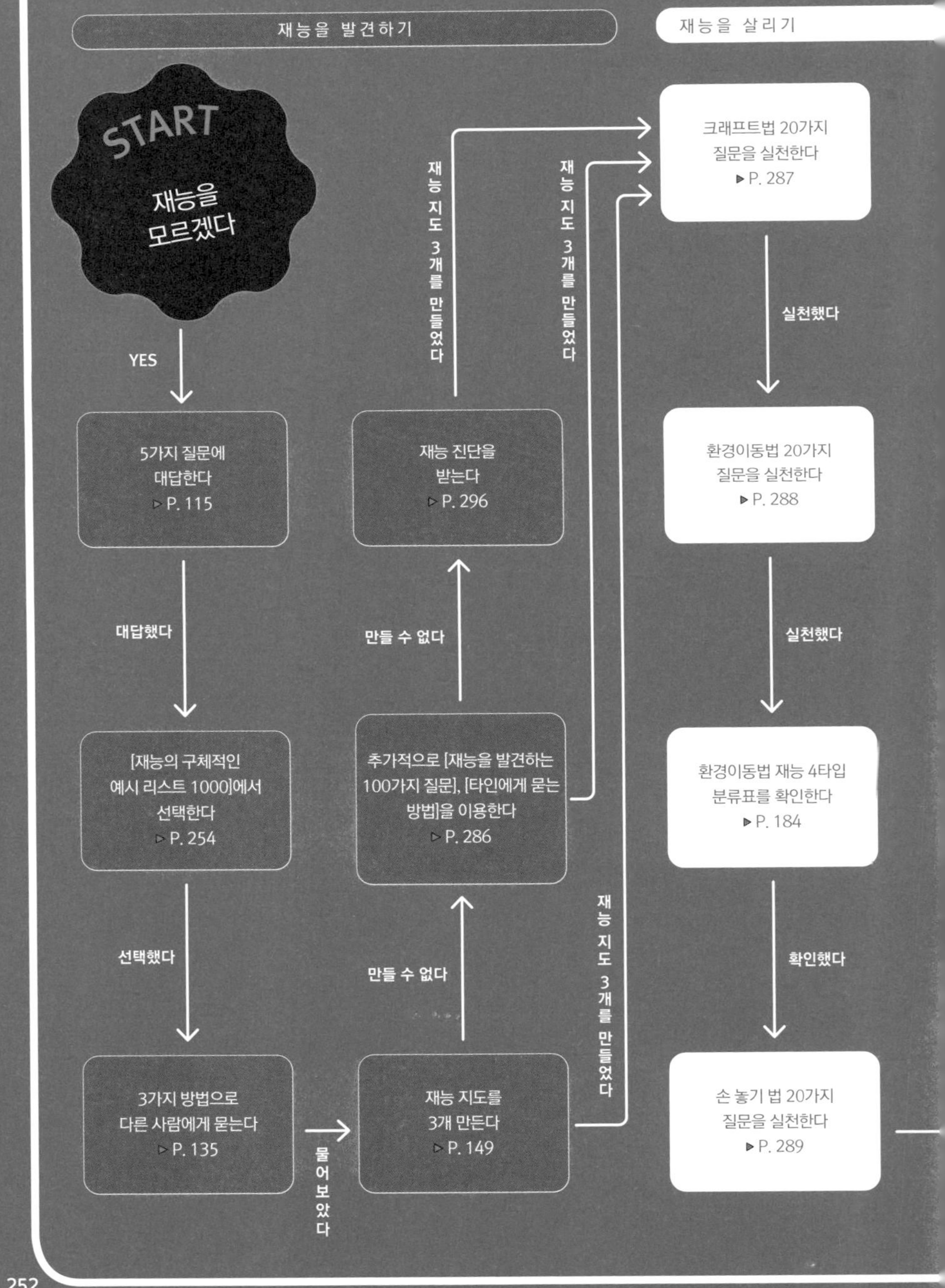

재능을 발견하기

START 재능을 모르겠다

↓ YES

5가지 질문에 대답한다
▷ P. 115

↓ 대답했다

[재능의 구체적인 예시 리스트 1000]에서 선택한다
▷ P. 254

↓ 선택했다

3가지 방법으로 다른 사람에게 묻는다
▷ P. 135

→ 물어보았다 →

재능 지도를 3개 만든다
▷ P. 149

← 만들 수 없다

추가적으로 [재능을 발견하는 100가지 질문], [타인에게 묻는 방법]을 이용한다
▷ P. 286

↑ 만들 수 없다

재능 진단을 받는다
▷ P. 296

재능 지도 3개를 만들었다 →

재능을 살리기

크래프트법 20가지 질문을 실천한다
▶ P. 287

↓ 실천했다

환경이동법 20가지 질문을 실천한다
▶ P. 288

↓ 실천했다

환경이동법 재능 4타입 분류표를 확인한다
▶ P. 184

↓ 확인했다

손 놓기 법 20가지 질문을 실천한다
▶ P. 289

재능 지도 3개를 만들었다 →

위한 실천 비주얼 순서도

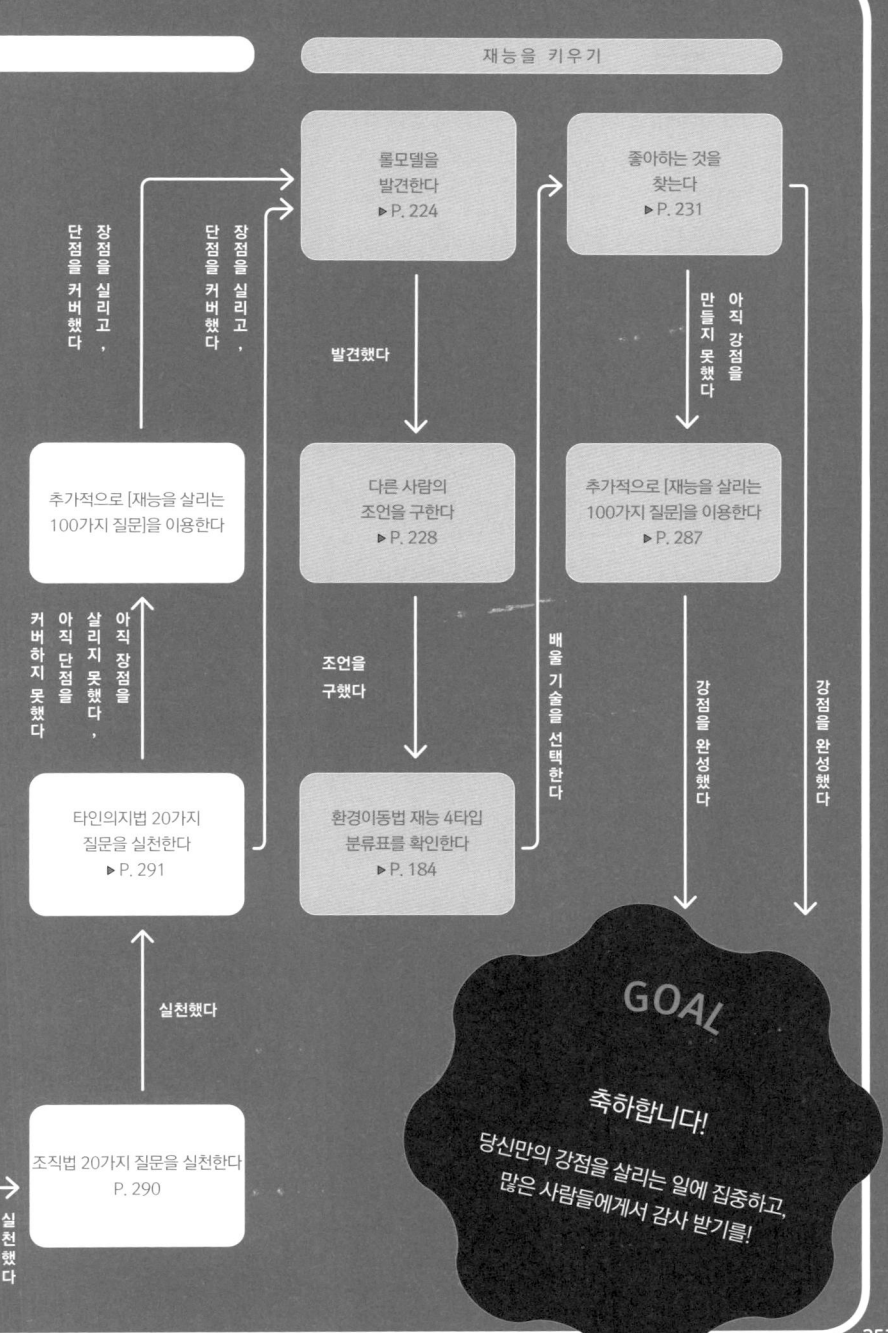

재능의 구체적인 예시 리스트 1000

	단점	재능	장점
1	성과보다 돌봄에 주력을 둔다	팀 안에서 문제를 안고 있는 사람을 돌본다	팀 전체를 정상적인 상태로 이끈다
2	자신이 인정받는 것을 우선시한다	자신의 성과물을 다른 사람에게 어필한다	상대의 동기를 자극한다
3	대화의 진행에 집중하지 않는다	하나를 듣고 10가지를 상상한다	상상력을 살려 이미지를 넓힌다
4	주위에 너무 신경을 쓴 나머지 자신에게 주의를 돌리지 못한다	상대를 존중한다	상대가 진중할 수 있도록 배려한다
5	자잘한 것을 신경쓰느라 앞으로 나아가지 못한다	자잘한 부분을 수정한다	세부적인 점까지 꼼꼼히 갈고 닦는다
6	비현실적인 해결책이라도 선택지에 넣는다	최악의 사태에서도 전진할 수 있는 이미지를 가진다	진취적인 해결책을 상정한다
7	남들의 부탁을 거절하지 못한다	다른 사람들에게 미움받지 않도록 행동한다	사람을 매료시킨다
8	말을 과장되게 한다	상대방의 흥미를 일으킬 화제를 제공한다	상대방이 질리는 일 없이 대화한다
9	형식에 얽매인 나머지 마음을 담지 못한다	받은 은혜는 반드시 갚는다	다른 사람에게 성실하게 보답한다
10	원점을 이해할 때까지는 행동하지 않는다	원점을 돌아본다	목적으로 되돌아온다
11	반드시 성과와 연결되는 것은 아니다	재빨리 행동한다	상황을 타개한다
12	단어에 매우 까다롭다	잘못된 단어를 지적한다	수준 높은 표현을 한다
13	자신의 페이스를 잃는다	상대의 페이스에 맞춘다	상대에 따라 페이스를 조절한다
14	사물을 양극화해서 생각한다	흑백을 확실히 하여 대답한다	애매한 답변을 하지 않는다
15	대담한 행동은 하지 않는다	일단 임시로 결정한 다음 행동에 옮긴다	상황에 따라 효율적인 방법을 모색한다
16	상대가 어떻게 생각할지만 고려한다	상대의 기분을 상상한다	상대의 입장에서 생각한다
17	다른 사람의 감정을 배려하지 않는다	냉정하게 원인을 분석하고 대책을 세운다	감정에 휘둘리지 않고 냉정하게 해결책을 이끌어 낸다
18	결정에 이르기까지의 과정을 포함하지 않고는 이해하지 못한다	목표를 달성하기까지의 최단 루트를 탐색한다	문제에서 즉시 최적의 방법을 발견하고 제시한다
19	단어에 매우 까다롭다	정교한 단어를 사용해서 문장을 표현한다	세련된 문장을 쓴다
20	정해진 대로 움직이지 않는다	독창적인 방식으로 행동한다	독창성을 추구한다
21	얕은 이해밖에 하지 못한다	호기심이 동하는 대로 지식을 모은다	폭넓은 분야의 지식을 가진다
22	적성에 맞지 않는 곳에서도 다른 사람의 용기를 북돋워 준다	상대의 무한한 가능성을 믿는다	다른 사람을 끈기 있게 응원해서 가능성의 싹을 키운다
23	추상적인 생각을 하지 못한다	사물을 분해해서 생각한다	사물의 구성 요소를 파악한다
24	실패가 많아 팀을 힘들게 한다	이론보다 행동을 우선시한다	실행 속도가 빨라진다
25	목표 달성에만 매진한다	무엇이든 끝까지 해낸다	무슨 일이 있어도 작업을 수행한다
26	이것저것 조금씩만 할 줄 안다	전략을 기본으로 하여 효율적인 일처리를 한다	어떤 일이라도 요령 좋게 처리한다
27	타산적이다	상대의 감정이나 태도에 따라 대응법을 바꾼다	비언어적인 정보에서 상대의 상황을 파악한다
28	끊임없이 말을 한다	상대의 의견에 대해 다른 의견을 낸다	자신이 그렇게 행동한 이유를 상대에게 전달한다
29	결점을 찾아낸다는 오해를 받는다	잘못된 부분을 눈치채고 지적한다	필요한 부분을 수정한다
30	중요하지 않은 정보를 경시한다	많은 정보 속에서 중요한 내용에 주목한다	중요한 정보를 추출한다
31	행동의 선택지를 넓히지 못한다	모든 일에 진지하게 임한다	도리에서 벗어나지 않게 움직인다
32	붙임성이 좋다고 여겨진다	자잘한 일이라도 감사 인사를 한다	겸손함을 유지한다
33	정리를 우선시해서 중요한 일을 진행하지 못한다	주위 환경을 정비한다	집중할 수 있는 환경을 만든다
34	실패하면 눈에 띈다	많은 청중들 앞에서 발언한다	스포트라이트를 받는 장소에서 제 역할을 다한다
35	변화가 심하다	일을 유연하게 진행한다	지금까지 해 왔던 방식에 얽매이지 않고 다른 방법을 시험한다

	단점	재능	장점
36	구체적이지 못하다	일의 전체를 파악한다	전체적인 관점으로 본질을 꿰뚫어본다
37	미래만을 그린다	원하는 미래를 명확히 한다	자신의 이상을 동기 부여로 삼는다
38	자신의 의견을 피력하지 않는다	희망하는 사람에게 적절한 조력자를 찾아 소개한다	새로운 협조 관계를 발견한다
39	상대와의 거리를 단숨에 좁히려 한다	상대에게 가볍게 대화를 건넨다	상대의 경계심을 푼다
40	시간과 돈을 들인 일에서 만족할 만한 실적을 얻지 못한다	배움에 돈과 시간을 들인다	스스로의 지식 습득에 전념한다
41	모든 것을 평균적으로만 진행한다	한번에 여러 가지 일을 해낸다	전체적인 효율이 오른다
42	신경질적이 된다	자잘한 실수에 신경 쓴다	질 높은 결과물을 내놓는다
43	가까운 사람 편을 든다	같이 일하는 동료를 가족처럼 중요시한다	가족적인 관계성을 쌓는다
44	현실도피를 한다	상상력을 발휘하여 더 나은 미래를 그린다	스스로의 기분을 북돋운다
45	스스로 생각하지 않는다	사양하지 않고 남에게 무엇이든 묻는다	필요한 정보를 간단히 손에 넣는다
46	반응이 적어서 무슨 생각을 하고 있는지 모른다고 여겨진다	상대의 말에 묵묵히 귀를 기울인다	상대의 생각을 진심으로 이해한다
47	주변 분위기를 고려하지 않고 제멋대로 무리에 포함시킨다	무리에서 소외된 사람을 곧바로 알아차리고 무리 속에 들여보낸다	상대의 소외감을 알아챈다
48	성장하지 않는다는 오해를 받는다	오랜만에 만난 사람을 변함없는 태도로 대한다	안정된 관계를 구축한다
49	동료에게 부담을 준다	문제 해결에서 리더십을 발휘한다	동료와 협력해서 문제를 해결한다
50	두려움을 모르는 사람이라며 미움받는다	도전 정신을 가지고 정열적으로 활동한다	경험을 재산으로 바꾸어 간다
51	단어에 고집한 나머지 시야가 좁아진다	잘못된 단어를 알아차리고 수정한다	더 나은 미래를 전한다
52	규칙을 지키지 않는 사람을 비난한다	강한 정의감으로 사물을 대한다	규칙을 따라 바르게 업무를 수행한다
53	한 가지에 집중하지 못한다	다른 종류의 여러 가지 일을 동시에 다룬다	동시 진행으로 효율 높은 일처리를 한다
54	실패를 피하려는 의식이 약하다	실패에서 배운다	모든 경험을 배움으로 바꾼다
55	과다한 정보에 피로를 느낀다	남들이 신경 쓰지 않는 일을 눈치챈다	미세한 변화를 감각적으로 감지한다
56	사기꾼 취급을 받는다	능수능란한 표현 방식으로 말한다	사람들의 기억에 남을 임팩트 있는 말을 한다
57	질문의 답변이 어긋나 있는 것을 깨닫지 못한다	상대의 질문에 신중하게 답한다	상대를 납득시킨다
58	자기 자신을 희생한다	헌신적으로 서포트한다	보답을 바라지 않고 행동한다
59	상대의 향상심을 북돋워 주려 하지 않는다	그 사람이 살아온 과거의 일들을 전부 받아들인다	사람에게 깊은 편안함을 제공한다
60	노력에 상당한 시간을 소비한다	상대에게 전달을 쉽게 하려 하는 노력에 공을 들인다	정보를 정리해서 체계적으로 설명한다
61	남과 다르기를 고집한다	완전히 새로운 방법을 제안한다	정체되어 있던 상황을 타파한다
62	느긋하게 생각하지 못한다	가능한 한 빠르게 문제를 발견한다	단시간에 개선에 착수하여 악화를 막는다
63	너무 걱정을 한 나머지 마음이 편치 못하다	여러 가지 해결법에서 벌어질 위험을 낱낱이 밝혀낸다	사전에 문제가 일어날 것 같은 방법을 제거한다
64	문제 해결에 과도한 시간을 들인다	문제를 남김없이 해결한다	문제 앞에서 망설이지 않고 정면으로 맞선다
65	스스로를 바꾸려는 노력을 하지 않는다	나에겐 바꿀 수 없는 운명이 있다고 생각한다	어떤 일이라도 어떻게든 받아들인다
66	부정적인 부분을 보고도 못 본 척한다	모든 것을 긍정적으로 생각한다	모든 일에서 플러스가 되는 부분을 깨닫는다
67	한가한 것처럼 보인다	스케줄에 여유를 가진다	돌발적인 일에도 대응할 수 있다
68	위험을 경시한다	전례없는 일에 도전한다	온리 원을 목표로 한다
69	우수한 사람하고만 함께 일하려 한다	우수한 동료를 모은다	우수한 팀을 결성한다
70	남을 가르칠 수 있을 만큼만 배운다	배운 것을 아낌없이 다른 사람에게 전달한다	자신의 지식을 아낌없이 주위에 돌려준다

재능의 구체적인 예시 리스트 1000

	단점	재능	장점
71	누구나 할 수 있는 일에는 관심을 가지지 않는다	스스로 새로운 일을 만들어 낸다	지금까지 없었던 직업을 만든다
72	방침에서 크게 벗어났을 때 수정하기 어렵다	장기적인 방향성을 명확하게 전달한다	흔들림 없이 방침을 내놓는다
73	본래의 목적을 잃어버린다	인정받기 위해 노력한다	인정받고자 하는 욕구를 이용해 진취적으로 업무에 착수한다
74	변화가 없으면 질린다	하나하나 바꾸어 나간다	변화를 즐긴다
75	분위기를 읽지 못하고 행동한다	자신의 생각을 기반으로 행동한다	혼자서 주체적으로 행동한다
76	자신의 의견을 표현하기까지 신중하게 시간을 들인다	자신의 말보다 상대방의 말을 우선하여 듣는다	상대의 말을 먼저 이끌어낸다
77	말하지 않아도 될 것까지 말한다	속마음을 전부 털어놓는다	상대와의 거리를 좁혀 친해진다
78	이전에 배운 지식은 중요히 여기지 않는다	새로운 정보를 손에 넣는다	식견을 넓힌다
79	눈앞의 기회를 놓친다	마음을 먹기까지 시간이 걸린다	납득한 후에 움직인다
80	주위 사람들의 감정을 과도하게 이해하려 하다 지친다	팀 구성원의 감정을 단번에 알아차리려 한다	팀의 분위기가 조화로워지도록 이끈다
81	말투가 강해서 상대를 위축시킨다	모르는 건 모른다고 확실히 말한다	명확한 답을 얻는다
82	어떤 일에도 특화되지 못한다	모든 일을 전부 평균적으로 수행한다	일정 수준의 결과를 낸다
83	평범한 시점으로 생각하지 못한다	긍정적인 정보를 찾는다	다른 사람에게 희망을 준다
84	스스로의 힘만으로 동기를 높이지 못한다	다른 사람의 성장을 양분으로 삼는다	다른 사람의 성장을 동기삼아 움직임에 속도를 낸다
85	지나간 일을 되새기는 데 시간을 쓰느라 지금을 즐기지 못한다	하루 동안 있었던 일을 되새기며 남은 일의 유무를 확인한다	다가올 날에 해야 할 행동의 퀄리티를 높인다
86	승패에 집착한다	즐기며 이기기 위해 노력한다	업무를 게임처럼 받아들인다
87	다른 사람과 같아지기를 거부한다	자신의 개성을 표현한다	남들과의 차별화를 꾀한다
88	주위의 칭찬이 있고 없고에 기분이 좌우된다	다른 사람의 감사를 받는 것을 의식하고 움직인다	상대를 위해 정열적으로 행동한다
89	무리한 스케줄을 잡는다	밤낮을 가리지 않고 성과를 올리기 위해 시간을 쓴다	헝그리 정신을 가지고 일한다
90	과학적인 근거가 모자랄 수 있다	자기 나름의 근거를 가지고 조언한다	상대를 납득시킨다
91	자신의 일인데도 남 일처럼 여긴다	사물을 넓은 시야에서 파악한다	모든 것을 냉정하게 관찰한다
92	혼란스러운 상황에서는 행동력이 낮아진다	예정을 정리한다	계획을 파악한다
93	때로 상대에게 압박감을 준다	말을 통해 사람에게 의욕과 용기를 부여한다	말로써 다른 이의 등을 밀어 준다
94	무표정해 보일 수 있다	토론을 할 때 복잡한 문제를 정리하려 여러 가지로 고민한다	복잡한 상황을 해결할 길을 그린다
95	쓸데없는 일까지 지적한다	사이좋은 사람에게는 말하기 어려운 일까지 털어놓는다	상대와 더 깊은 관계를 맺는다
96	심경의 변화가 있더라도 정합성에 얽매인다	언행이 일치한다	말과 행동에 일관성을 가진다
97	질보다 양을 중시한다	매뉴얼을 만듦으로써 한번에 많은 사람을 상대할 수 있다	많은 양을 소화한다
98	감정 기복이 심해서 주위 사람들이 당황한다	대중 매체를 보다가 울어 버린다	세심하게 감정을 담을 수 있다
99	공동 작업을 피한다	독립심을 가지고 움직인다	혼자서도 업무를 완수한다
100	쓰이지 않을지도 모르는 정보를 수집하는 데 많은 시간을 할애한다	상대가 곤란해할 때 필요한 정보를 모아서 전달한다	상대에게 필요한 정보를 수집하고 선별해서 전한다
101	다른 사람이 말하는 대로 맞춰 준다	개개인의 개성을 받아들이며 사이가 좋아진다	어떤 타입의 사람이라도 받아들인다
102	어떤 안건을 채택하면 좋을지 망설인다	여러 가지 대응책을 생각한다	닥치는 대로 일처리를 하지 않고 확실하게 진행한다
103	주변 사람들을 재촉한다	예정보다 빨리 일처리를 마친다	예정보다 신속하게 일을 마친다
104	보수적인 사람에게 거절당한다	전례없는 제안을 한다	혁신적인 계획을 낸다
105	대화 그 자체에 집중하지 못한다	다른 사람의 말 뒤에 숨은 뜻을 찾아낸다	다른 사람의 생각을 참고한다

	단점	재능	장점
106	상대를 귀찮게 한다	상대에게 생각할 계기를 준다	상대의 사고력을 높인다
107	또다른 가능성을 검토하지 않는다	모든 일을 즉시 결정한다	가장 빨리 답을 낸다
108	딱 들어맞는 것을 발견하기 전까지 너무 많은 시간을 들인다	모든 가능성을 생각한다	사물을 다각적인 시선으로 파악한다
109	타인의 의견을 헤아리지 않는다	모두 하나가 될 수 있도록 독려한다	모두가 협력할 수 있는 장을 만든다
110	균형을 너무 중시한다	전체적인 밸런스를 의식하며 일을 진행한다	일을 표준화한다
111	규칙이 없으면 혼란스러워한다	일의 규칙을 지킨다	규칙에 따라 정확히 작업을 수행한다
112	잘하지 못하는 일은 하지 않는다	잘하는 일에 관한 실력을 닦는다	전문성을 더욱더 높인다
113	나도 모르게 따지는 것 같은 말투를 쓴다	상대의 이야기에 흥미를 가지고 경청과 질문을 반복한다	상대와의 대화를 활성화하여 관계를 깊이 한다
114	나만의 방식에 집착한다	독자적인 방법으로 노력한다	독자적인 방법으로 높은 성과를 올린다
115	잘되지 않았을 때의 반응을 생각하지 않는다	대담하게 행동한다	주위에 신선한 자극을 준다
116	안정성이 결여되어 있다	새로운 일에 도전한다	시야를 넓힌다
117	애매한 대답을 허용하지 않는다	정확한 대답을 이끌어낸다	정확성이 있는 결론을 이끌어낸다
118	질문이 없으면 아이디어가 나오지 않는다	다른 사람의 질문을 통해 점점 아이디어가 떠오른다	질문 덕분에 새로운 아이디어를 낸다
119	관찰을 너무 심하게 해서 의심받는다	다른 사람을 관찰한다	새로운 통찰력을 얻는다
120	예외적인 대응을 하지 않는다	모두에게 균등하게 대한다	차별이나 구별 없이 접근한다
121	한계치를 넘길 때까지 무리하게 노력한다	최고를 목표로 노력한다	끊임없이 똑바로 전진한다
122	사람을 우열로 구분한다	1위를 노린다	이기기 위해 노력한다
123	상담을 할 때마다 과하게 감정이입해서 피곤해진다	감정적으로 다른 사람을 상담하는 역할을 맡는다	주위 사람에게 신뢰받는다
124	인연을 중요시하지 않는 사람과는 사귀기를 피한다	만남을 필연이라 생각한다	평생 단 한 번뿐일 만남을 소중히 여긴다
125	상대가 심리적 거리를 느낀다	사람을 공평히 대한다	누구나 특별취급 없이 평등하게 대한다
126	능력으로 사람을 판단한다	남들과 경쟁한다	우위성을 증명한다
127	너무 형식적이라 숨 막힌다	남들에게 예의를 다한다	예의 바르게 행동한다
128	농담이 통하지 않는다	어떤 이야기라도 분석한다	감정에 휩쓸리지 않고 냉정히 대처한다
129	주변을 혼란하게 한다	규칙에 얽매이지 않고 자유롭게 행동한다	유연하게 생각한다
130	주위에 관심을 주지 않고 혼자 행동한다	사물을 깊이 생각한다	깊이 있는 답을 이끌어낸다
131	자신보다 주변을 우선시한다	팀 내에서의 충돌을 피한다	팀이 원만하게 돌아가기를 꾀한다
132	상대를 필요 이상으로 감시한다	상대가 어디까지 나아갔는지를 정기적으로 확인한다	팀의 진보를 관리한다
133	최종 결과나 목표를 무시한다	순서를 일률적으로 행한다	정해진 일을 준수한다
134	상대에게 너무 큰 기대를 한다	어떠한 일에 재능이 있다는 것을 아낌없이 말해 준다	상대의 가능성을 넓혀 앞으로 나아갈 수 있도록 인도한다
135	어려운 상대를 대하더라도 잘 참는다	인연을 소중히 한다	인간관계를 중요시한다
136	예측 불가능한 조건에 대응하지 못한다	사전에 모르는 부분을 조사한다	마음의 준비를 확실히 한다
137	시너지를 노린 나머지 스스로 부담을 늘린다	미래에 낼 성과를 상정하고 움직인다	예상을 고스란히 결과로 만들어낸다
138	파악하기 전까지 행동에 옮기지 않는다	사물의 전모를 파악하려 한다	납득하고 나서 행동한다
139	지금 내가 무슨 말을 하고 있는지 모른다	다음에 무슨 말을 해야 하는지 생각하며 말한다	위화감 없이 화제를 이어 나간다
140	과거에서부터 이어진 흐름을 이해할 때까지 움직이지 않는다	여기까지 다다른 경위를 조사한다	사물의 배경을 통찰하고 살려낸다

재능의 구체적인 예시 리스트 1000

	단점	재능	장점
141	추출할 때까지 음미하는 데 시간을 너무 들인다	수집한 정보에서 신빙성이 높은 정보를 추출한다	정확성 높은 정보를 정리한다
142	앞을 보지 않는다	과거에 있었던 일을 뒤돌아보며 마주한다	반추에 의한 이해를 깊이 한다
143	상대가 바라지 않는데도 멋대로 경쟁을 시작한다	게임을 하는 것처럼 상황을 진행한다	승리를 위한 퍼포먼스를 강화한다
144	과도한 솔직함으로 충돌을 낳는다	의견을 솔직하게 전달한다	스스로의 기분을 정직하게 표현한다
145	구체적인 대책을 세우지 않는다	아이디어를 조합하여 목적을 설명한다	독창적인 아이디어를 낸다
146	사람을 골라 가며 사귄다	서로를 발전시킬 수 있는 사람과 함께 목표 달성을 향한다	최고의 동료들과 최선의 일을 한다
147	의도하지 않은 일이 생기면 바로잡기 곤란하다	장기적인 인생 설계를 한다	삶에 대해 예측하고 준비한다
148	빙빙 돌려 말한다	개념을 설명한 뒤 구체적인 이야기를 한다	추상적인 것을 구체적으로 명확히 한다
149	계속할 필요가 없어진 일도 계속한다	습관을 만든다	일을 계속하기 위한 구조를 만든다
150	눈앞의 우선사항을 소홀히 한다	주변에서 배우는 것을 보고 자신도 배우기 시작한다	주변의 자극으로 새로운 지식을 늘린다
151	스스로도 부정적인 기분이 된다	슬퍼하는 사람의 기분을 알아차린다	상대의 슬픔에 공감한다
152	지게 되면 지금까지의 과정이 전부 무의미하다고 느낀다	긴 안목으로 이기기 위한 전략을 다듬는다	장기적 시점도 시야에 넣어 승리한다
153	늘 똑같다	바른 위치에 물건을 놓는다	주위를 정리하여 쾌적함을 유지하다
154	과거의 교훈을 살리지 않는다	미래부터 거꾸로 계산하여 행동한다	미래를 상상하며 효율적으로 움직인다
155	평균 점수로는 만족하지 못한다	평균 이상을 목표로 한다	최고점을 목표로 움직인다
156	심적 부담을 가진다	일에 인내심 있게 착수한다	부정적인 감정을 제어한다
157	자신을 질책하기만 할 뿐 구체적인 대안에 도달하지 못한다	자기 전에 하루 일과를 되돌아보며 반성한다	오늘 이후의 개선으로 이어진다
158	결과만을 좇는다	성과를 내기 위해 끈기있게 일에 매달린다	목표를 달성하기까지 포기하지 않고 일한다
159	남들의 개성에 맞추어 반응하지 않는다	누구에게나 같은 태도를 취한다	남의 사정에 휘둘리지 않고 대응한다
160	생산성 있는 일만 한다	쓸데없는 것을 줄여 생겨난 시간을 다른 목표 달성을 위해 사용한다	시간을 효율적으로 쓴다
161	장점을 키우지 않는다	단점에 포커스를 둔다	단점을 수정한다
162	혼자 있고 싶은 사람한테까지 억지로 신경을 쓴다	고독에 빠져 있는 사람을 알아차린다	상대의 고독을 완화한다
163	다른 사람의 일에만 신경 쓰고 자신의 문제는 해결하지 않는다	상대의 고민을 친근하게 상담해 준다	상대의 고민 해결에 협력한다
164	우선순위가 없다	어찌 됐건 행동한다	지금에 중점을 두고 행동한다
165	효율성이 모자란다	스케줄을 정하지 않고 행동한다	그 순간의 기분을 중요시한다
166	반드시 효율적으로 성과가 나오지는 않는다	여러 가지 길을 찾아낸다	성과가 날 때까지 여러 가지 방법을 시험해 본다
167	다른 사람에게 자신의 가치관을 밀어붙인다	양보하지 못할 가치관을 가지고 움직인다	자긍심을 가지고 일한다
168	자기중심적으로 행동한다	자신의 꿈을 실현하는 것에 집중한다	희망을 이루기 위한 환경을 만든다
169	서류가 공간을 점거한다	모아 둔 지식을 서류화한다	정보를 쉽게 찾아내어 조직을 구축한다
170	자기긍정감이 낮다	나 자신의 단점을 지적한다	스스로를 더 나은 상태가 될 수 있도록 이끈다
171	무엇이든지 자기 탓을 한다	스스로에게 있어 문제가 있는 부분의 원인을 찾는다	내가 가진 문제점의 근본 원인을 명백히 한다
172	그 자리에서 잠깐 대화를 나누는 가벼운 관계로 끝난다	대화를 통해 공통 화제를 발견한다	쉽게 다른 사람에게 마음을 연다
173	가벼운 생각으로 일에 착수한다	처음 접하는 일에도 두려움 없이 임한다	경험으로부터 많은 것을 배운다
174	어떻게 되더라도 상관없는 일까지도 계속 생각한다	사물을 애매하게 취급하지 않고 결론이 날 때까지 생각한다	상황에 적합한 사상을 만들어 낸다
175	다른 사람 몰래 좋은 행동을 한다	주목받는 것을 피해 행동한다	느긋하고 자유롭게 행동한다

	단점	재능	장점
176	평등을 중시해서 달성이 늦어진다	팀원들을 평등하게 대응할 수 있도록 조정한다	팀 전체를 고려하여 대응한다
177	데이터에 집착한다	데이터로 성과를 낸 상태를 파악한다	성과가 눈에 보일 수 있도록 가시화한다
178	모두가 보조를 맞출 수 있을 때까지 시간이 필요하다	각자가 말하기 쉬운 상황을 만든다	모두의 생각을 존중한다
179	토론을 복잡하게 만든다	여러 가지 관점에서 의견을 낸다	주위 사람이 더 깊은 생각을 하게 한다
180	아무 것도 하지 않는 상황을 견딜 수 없다	작업을 효율적으로 진행한다	많은 경험을 쌓을 수 있도록 노력한다
181	충분히 연습할 시간을 갖지 않는다	퀄리티를 높이기 위해 바로 현장에 도전한다	연습이 아니라 실전으로 실력을 늘린다
182	문제의 전모를 밝히기 위한 정보 수집에 뒤쫓긴다	전례 없는 문제를 해결한다	희소한 해결 사례를 발굴한다
183	다른 사람의 고생을 '나만큼은 아니다.'라고 치부한다	어떤 일이라도 극복할 수 있다고 확신한다	역경에 맞선다
184	자신의 설계 범위 밖의 일에 대해서는 관심이 없다	자신의 역할을 수행한다	자신의 책임이 닿는 범위의 일에 집중한다
185	싸움이나 대립을 극도로 피한다	모두는 하나라고 이해하고 행동한다	어떠한 일이라도 받아들인다
186	상대에게 완벽함을 요구한다	빈틈없이 완료할 방법에 대해 조언한다	상대의 목표 달성을 돕는다
187	더 좋은 방법이 있을 가능성을 깨닫지 못한다	같은 행동을 매일 일정 횟수 한다	기술을 꾸준히 연마한다
188	자기도 모르게 지나치게 매진한다	한 가지 일에 집중해서 매달린다	일을 완료한다
189	문제가 되지 않는 것까지 추궁한다	한 가지도 놓치지 않고 성실하게 문제와 마주한다	상황을 타파한다
190	다른 사람을 신용하지 않는다	다른 사람의 거짓말을 눈치챈다	진실을 깨닫는다
191	정확성에 공을 많이 들인다	일을 신중하게 확인한다	실수를 최소한으로 줄인다
192	이해가 늦은 사람과 속도를 맞추지 못한다	자신의 템포에 맞춰 말한다	사람을 끌어들이는 대화를 한다
193	원인을 파악하기 위해 자기 자신을 밀어붙인다	인간관계에서의 부정적인 문제를 자신의 일이라고 생각한다	남 탓을 하지 않고 개선법을 도모한다
194	상대에게 압박을 가한다	상대가 솔직한 자신의 기분을 전할 수 있도록 한다	토론의 질을 높인다
195	스케줄을 의식한 나머지 심적 여유를 갖지 못한다	앞으로의 일을 고려해서 스케줄을 짠다	계획적으로 움직인다
196	실적으로 연결되지 못한다	세미나나 강의에 적극적으로 참여한다	체계적으로 지식을 배운다
197	근거 없는 판단을 한다	그때그때의 기분으로 결정한다	분위기를 잘 탄다
198	검색한 정보의 신빙성을 정확히 조사하지 않는다	알고 싶은 정보를 중점으로 검색한다	학습 효과를 높이면서 새로운 지식을 얻는다
199	쓸데없는 일을 하면서도 깨닫지 못한다	행동하는 것에 의의가 있다고 생각한다	일정한 성과를 낸다
200	삶에 진지함이 없다	고민이 있어도 '그것도 운명'이라고 단정한다	어떤 일이라도 딱 잘라 결정한다
201	할 필요 없는 실수를 한다	새로운 일을 시작한다	경험에서 새롭게 배운다
202	쓸데없는 일에서 배우려 하지 않는다	효율적인 행동을 한다	쓸모없는 행동을 하지 않는다
203	도가 넘치게 모아서 중요한 것도 쓸모없게 한다	흥미 있는 정보를 전부 모은다	풍부한 정보를 제공한다
204	타산적으로 움직인다	눈에 보이는 성과가 나올 수 있도록 노력한다	행동을 실적으로 이어간다
205	선택한 것을 손에 넣기까지 시간이 걸린다	상대의 취미와 기호에 맞춘 것을 고른다	상대를 충분히 파악하고 기쁘게 한다
206	불확실한 표현을 한다	상대에게 전체적으로 설명한다	구체적인 상황을 추상적으로 설명한다
207	지나치게 철저한 서포트를 해서 자신이 피폐해진다	가족처럼 전력으로 서포트한다	어디까지나 상대에게 맞추어 최선을 다한다
208	사람의 얼굴과 이름을 일치시키지 못한다	다수의 커뮤니티에 속한다	인맥을 넓힌다
209	능력 이상의 일에 도전하려 생각한다	미래의 가능성과 행운을 무한대로 넓힌다	지금 자신의 입장을 무시하고 가장 커다란 이상을 그린다
210	이론적으로만 생각한다	이 외에 더 좋은 방법이 없는지 검사한다	새로운 가능성을 깨닫는다

재능의 구체적인 예시 리스트 1000

	단점	재능	장점
211	질서가 없다	상식적인 조건을 넘어서서 행동한다	눈앞에 있는 방식을 고집하지 않고 유연하게 행동한다
212	조직의 인원이 늘어나 운영이 곤란해진다	모두가 즐길 수 있는 기획을 생각한다	여러 사람과 만날 수 있는 장을 제공한다
213	끝을 보는 것이 목적이 된다	시작한 것은 끝을 본다	시작한 일은 책임감을 가지고 완료한다
214	상대의 자유의사를 빼앗는다	상대에게 규칙을 제대로 지키도록 전한다	조직이 안전하도록 일을 진행시킨다
215	근본적인 해결에 손을 쓰지 않는다	장점에 착목하여 진행한다	약점을 보완한다
216	남의 부탁을 거절하지 못한다	책임감을 가지고 행동한다	다른 사람의 신뢰를 얻는다
217	이익만을 중시하는 조직이 만들어진다	조직을 위해 승리법을 전달한다	승리를 목적으로 나아가는 리더십을 가진다
218	다른 사람보다 느리다	하나하나의 공정까지 구체적으로 착수한다	신중하게 일한다
219	상대의 부담 된다	상대를 소중히 하려는 마음을 거리낌 없이 전달한다	깊은 인간관계의 기반을 구성한다
220	본의 아니게 어쩔 수 없이 계속한다	정해진 행동을 일정 기간 반복한다	일관성 있게 행동한다
221	생각을 정리하지 못하고 헤맨다	여러 가지 해결책을 제시한다	여러 가지 루트에서 해결책을 생각한다
222	말이 제멋대로다	그때그때 생각나는 대로 말한다	말을 하며 의견을 정리한다
223	다른 사람의 지도에 반발한다	주도권을 쥐고 명확히 지시한다	정확한 지시를 한다
224	뻔뻔스럽다	가볍게 개인적인 이야기를 한다	상대의 자연스러운 자기 표현을 서포트한다
225	실현하기까지의 방법론에 다다르지 못한다	자신의 미래가 밝을 것을 믿는다	미래의 실현에 자신감을 갖는다
226	목표달성에 연관이 없는 일은 쓸데없다 여긴다	목표달성을 향한 리더십을 보인다	팀의 목표 달성을 원활하게 진행한다
227	너무 이상해 보여서 경계받는다	에너지나 시공간처럼 눈에 보이지 않는 것을 중시한다	모든 것을 종합적으로 생각한다
228	말을 심하게 각색한다	인상적인 말을 한다	상대의 관심을 불러일으킨다
229	문제가 많은 사람에게 이끌린다	인간이 가지고 있는 많은 문제를 해결한다	문제가 없을 상황으로 사람을 인도한다
230	생각하는 데에 시간을 들인다	일을 장르별로 분류하여 정리한다	이 일이 어떤 일인지 정확히 한다
231	스스로를 소홀히 한다	팀에 속한 사람 모두를 격려한다	팀 전체를 뒷받침한다
232	상대가 침입할 수 있는 틈을 허용한다	상대를 수용한다	다른 사람을 사랑한다
233	돌발적인 행동을 해서 주위에서 곤란해한다	누구도 생각하지 못한 아이디어를 낸다	참신한 제안을 한다
234	나만의 기준에 집착해 완고하게 군다	나만의 확고한 기준을 가진다	흔들림 없는 프라이드를 가진다
235	나 자신을 정신적으로 압박한다	일부러 곤란할 상황에 뛰어든다	숭고한 목적을 다하려 자신을 갈고 닦는다
236	나 혼자만 편한 식으로 말한다	상대가 긍정적으로 행동할 수 있도록 있는 힘껏 돕는다	상대를 마음속으로부터 응원한다
237	일에 관계된 사람의 감정을 경시한다	데이터를 통해 가닥을 잡고 생각한다	논리적 사고를 한다
238	적절한 휴식을 취하는 것을 잊는다	탐욕스레 지식을 습득한다	지식을 쌓는다
239	패배 요인에는 눈돌리지 않는다	승리 요인을 분석한다	승리 패턴을 파악한다
240	글의 의도를 너무 깊이 생각하며 읽는다	상대의 발언 의도를 생각한다	상대의 진짜 의도를 이해한다
241	성과보다 정의를 우선시한다	일을 절차에 따라 행한다	논리관이나 도덕관을 가지고 행동한다
242	맞지 않는다 생각하면 누구와도 말하지 않는다	마음이 맞는다 생각하면 적극적으로 말을 건다	마음이 맞는 사람을 감각적으로 발견한다
243	불필요한 지식까지 전달한다	얻은 지식을 다른 사람에게 전한다	다른 사람이 식견을 넓힐 수 있도록 돕는다
244	본론에 들어가지 않는다	가벼운 대화로 자리를 화기애애하게 만든다	긴장을 푼다
245	모든 것을 억지로 연결시키려 한다	지금까지의 경험 속에 쓸데없는 것은 없다고 생각한다	일을 더 높은 관점에서 바라본다

	단점	재능	장점
246	싫어하는 일에는 손대지 않는다	즐거움을 우선시해 행동한다	쾌적함을 추구한다
247	예측하지 못한 사태에는 대비하지 않는다	제한을 두지 않고 밝은 미래를 생각한다	가능성의 범위를 넓혀 생각한다
248	자잘한 일에 상처받는다	상대의 말이나 태도에 민감하게 반응한다	상대의 진의를 알아차린다
249	모두가 납득할 때까지 지나치게 시간을 들인다	모두가 납득할 수 있도록 의견을 모은다	모두가 낸 의견의 좋은 부분을 집약한다
250	정량적 결과로 우열을 판단한다	정량으로 결과를 파악한다	정량적 결과를 기본으로 생산성을 높인다
251	곤란하지 않은 사람에게까지 말을 건다	곤란해 보이는 사람을 바로 발견한다	주위를 관찰하고 빠르게 서포트한다
252	과거만 되돌아본다	일이 벌어진 동기나 의도를 이해한다	계획의 원형을 파악한다
253	못하는 일을 극복하려 하지 않는다	자신이 잘하는 일을 발견한다	자신이 잘하는 일에 에너지를 집중한다
254	현재에 만족하는 나머지 성장하지 못한다	살아있는 것에 감사한다	겸허함을 가지고 의의를 찾아낸다
255	엉성한 계획을 세운다	기한을 아슬아슬하게 맞춘다	단기간에 집중해서 일한다
256	여백을 만들지 않는다	장기적인 계획을 기반으로 일과를 정해서 실천한다	미래의 이상을 향해 계획을 세워 행동한다
257	시간이 너무 많이 걸린다	더욱 완벽하길 지향한다	완성형에 더욱 가까워진다
258	주변 사람들로부터 벗어나 있어도 깨닫지 못한다	혼자서 깊이 생각하는 일에 몰두한다	생각에 의식을 집중한다
259	부탁을 거절하지 못하고 떠안는다	의뢰에 경쾌하게 응한다	부탁받은 일을 완수한다
260	상대를 앞지른다	상대보다 우위에 있는 부분을 깨닫는다	우수한 점을 받아들이고 실력을 갈고 닦는다
261	상대의 개인적인 일에까지 제멋대로 참견한다	일과 관계없는 부분의 성장을 지원한다	인생 전반에 놓인 인간적 성장을 지원한다
262	발언에 일관성이 없다	상황에 따라 전혀 다른 생각을 한다	케이스 바이 케이스로 유연하게 대응한다
263	참을성이 없다	곧바로 행동 욕구를 만족시킨다	일을 신속하게 진행한다
264	모르는 점이 있더라도 아는 척을 한다	지적인 대화를 한다	폭넓은 지식을 활용하여 더 깊은 배움을 얻는다
265	좀처럼 일에 손을 대지 못한다	사전에 리스크를 생각한다	일을 매끄럽게 진행한다
266	합리적 판단을 하지 않는다	감정을 고려해서 판단한다	사람의 감정을 중요시 다룬다
267	상담을 요청받았을 때 요점에서 벗어난 조언을 한다	사람이 힘든 상황에 처해 있을 때에도 좋은 부분을 발견한다	사람이 긍정적인 기분을 갖게 한다
268	예기하지 않은 일이 발생하더라도 방향을 바꾸지 않는다	한다고 정하면 성과가 나올 때까지 노력한다	자신이 정한 것을 충실히 지킨다
269	실력차에 따라 역할의 편차가 생기기 마련이다	팀 내의 역할을 평등하게 분배한다	팀의 부담을 분배한다
270	숨 막히는 사람이라며 남들이 피한다	곤란해하는 사람을 전력으로 후원한다	상대를 북돋아 준다
271	사람을 지배하려 한다	대립을 두려워하지 않고 의견을 강하게 주장한다	자신의 의도대로 다른 사람을 움직이게 한다
272	앞으로 있을 예정을 확인하지 못하면 불안해진다	다가올 스케줄을 넘겨보고 예정을 앞당겨 준비한다	장기적인 시점으로 상황을 파악하고 대응한다
273	다른 사람을 신용하지 않는다	자신의 방식이 맞다고 생각한다	신념을 가지고 행동한다
274	자신의 생각을 적나라하게 토론한다	상대와 솔직한 커뮤니케이션을 계획한다	상대와 깊은 이해를 나눈다
275	과거의 경험만을 기준으로 삼는다	끊임없이 과거를 되돌아보며 배운다	재현성을 높인다
276	후회나 반성이 많다	어떤 일이라도 도전한다	새로운 가능성을 계속 전개해 나간다
277	구성 파악에 너무 많은 시간을 들인다	어떠한 요소로 구성되어 있는지를 생각한다	상황을 알기 쉽게 정리하고 이해한다
278	자신의 의견은 뒷전으로 한다	주위의 의견을 파악하고 배려한다	지면에 발을 디디고 있는 것 같은 현실적인 방법으로 일을 진행시킨다
279	삶에 진지하게 몰두하지 않는다	하나하나의 사물에 집착하지 않고 앞으로 나아간다	장기적 시점으로 생각한다
280	상대의 생각을 자신의 틀에 맞추어 단정 짓는다	상대의 직접적인 말이나 행동이 아닌 몸짓에서도 진의를 짐작한다	상대가 무슨 생각을 하고 있는지 직감적으로 꿰뚫어본다

재능의 구체적인 예시 리스트 1000

	단점	재능	장점
281	목표에 가까워지는 일이 늦어진다	허들을 낮춰 착수한다	할 수 있는 일부터 확실히 일을 진행한다
282	개별 대응을 너무 과하게 해서 시간이 모자라게 된다	각자에게 필요한 서비스를 제공하기 위해 사람을 관찰한다	한 사람 한 사람에게 맞춘 세심한 대응을 한다
283	성격 그 자체를 개선하려 하다가 헛수고로 끝난다	자신의 결점을 고치려 노력한다	자기 성장을 도모한다
284	혼자 있고 싶은 사람의 기분을 짐작하지 못하고 말을 건다	무리 밖에 있는 사람에게 말을 걸어 동료로 만든다	효율적으로 동료의 숫자를 늘린다
285	위험한 상황에서도 큰일이라 생각하지 않는다	고생을 극복한 체험을 긍정적으로 설명한다	희망을 준다
286	자신의 기분도 알아 주었으면 하고 답답해한다	상대의 부정적인 감정을 알아차리고 받아들인다	상대의 기분에 다가간다
287	나약하다	부정적 피드백을 몇 번이나 떠올린다	지적을 기반으로 약점을 개선한다
288	달성하기 전에는 쉬러 하지 않는다	달성을 위해 집중한다	불필요한 것을 배제한다
289	나이브하다	흐트러진 분위기가 문제라고 느낀다	분위기를 정돈하여 상황을 안정된 상태로 이끌 수 있다
290	답을 바로 내지 않는다	사물을 반추한다	과거에 있었던 일로부터 새로운 배움을 얻는다
291	억지로 긍정적인 생각을 한다	사물의 안 좋은 부분도 받아들인다	옳고 그른 것을 전부 구별 없이 받아들일 각오를 한다
292	분위기를 어지럽히는 사람과 거리를 둔다	의견 대립을 피한다	그 자리의 분위기를 중요시한다
293	일 중독이 된다	생산성을 의식하며 일한다	시간을 쓸데없이 버리지 않고 효율적으로 활용한다
294	기준이 없으면 움직이지 않는다	명확한 기준을 요구한다	지표를 기준으로 일한다
295	리스크 관리가 충분하지 못하다	살아 있기만 하면 어떻게든 된다고 생각한다	낙관적으로 산다
296	상대의 이해력을 고려하지 않고 어려운 단어를 쓴다	여러 가지 단어를 가지고 표현한다	어휘를 최대한으로 활용한다
297	준비가 부족해 실패한다	전례 없는 일에 도전한다	자기효능감을 높인다
298	자신의 정의감만으로 일을 진행시킨다	옳다고 생각한 것을 믿고 행동한다	올바른 방향을 향한다
299	규율에 따라 엄하게 관리한다	일이 바르게 행해지고 있는지 확인한다	일이 정상적으로 진행되도록 돕는다
300	과하게 생략한다	요약해서 전달한다	포인트를 정확히 전한다
301	다가올 실패에 겁을 먹는다	다른 사람의 실패를 자기 일처럼 생각한다	다른 사람의 기분에 공감한다
302	무모하게 주위를 말려들게 한다	떠오른 아이디어를 즉시 실행한다	바로 행동에 옮긴다
303	실현까지의 과정을 생각하지 않는다	반드시 가능하다고 믿는다	자신의 힘을 믿는다
304	개선이 필요한 것도 방치한다	불완전한 상태야말로 완전하다고 생각한다	있는 그대로를 편견 없이 본다
305	기뻐할 일에도 순수하게 즐거워하지 않는다	벌어진 일에 의미를 부여한다	일어난 일에 일희일비하지 않고 넘긴다
306	모든 사람의 개인적 의견에 맞춰 주지 않는다	상황 진행을 부드럽게 한다	활기차고 원만한 장소를 만든다
307	데이터를 과신한다	데이터를 기반으로 해결책을 연마한다	정량적으로 분석한다
308	옳고 그름의 기준이 사라진다	다름을 이해하고 커뮤니케이션을 한다	자신이 당연히 생각하는 것을 강요하지 않는다
309	상대에게 압박감을 준다	중요한 과제를 상대에게 명확히 전달한다	일의 포인트를 파악하여 앞으로 나아간다
310	누구라도 할 수 있는 일에는 흥미를 가지지 않는다	프로페셔널을 의식한다	퀄리티 높은 성과를 낸다
311	쓸데없는 걱정으로 끝난다	앞으로 일어날 문제를 예측한다	문제의 싹을 제거하여 사전에 예방한다
312	동료 이외는 차별대우한다	의도적으로 신뢰할 수 있는 동료를 늘린다	동료들과 강한 관계성을 만든다
313	이론적으로 모순이 없을 때까지 움직이지 않는다	복수의 사실을 대조하여 결론을 낸다	상황에 다다른 결론을 이론을 통해 설명한다
314	적대시한다	사람들을 서로 비교하여 비슷한 레벨의 사람을 알아차린다	직감적으로 라이벌을 알아차려 스스로를 연마한다
315	너무 엄격해서 융통성이 없다	규칙을 지키며 진행한다	게으름 피우지 않고 진행한다

	단점	재능	장점
316	주위에 비전을 강요한다	이상적인 미래를 공유한다	주변의 의욕을 올린다
317	뭐든지 틀에 맞춰 넣으려 한다	공통점을 발견한다	사물의 규칙성을 발견한다
318	다른 이를 경솔하게 격려한다	근거가 없더라도 남을 격려한다	다른 이에게 용기를 심어 주고 자신감을 준다
319	성공 체험이 없는 사람에게 열등감을 심어 준다	자신의 경험을 아낌없이 전달하며 다른 사람과 협력한다	자신의 성공 체험을 전해 사람을 끌어들인다
320	남에게 의지하지 않는다	혼자서 해낸다	자립해서 행동한다
321	불평불만을 들어 주는 역할을 한다	불만이 있는 듯한 사람에게 사전에 말을 건다	분쟁을 사전에 막는다
322	정보 수집에 시간을 너무 들인다	여러 가지 정보를 수집한다	지식을 축적한다
323	단기간에 문제 해결을 하려고 안간힘을 쓴다	긴급대응을 한다	단기간에 더 좋은 해결책을 발견한다
324	개인적인 것보다 일을 우선시한다	납기를 지킨다	긴급한 업무를 발생시키지 않고 안전하게 진행한다
325	감정 조절을 하지 못하는 사람으로 보인다	쉽게 감동한다	인생을 풍복하게 맛본다
326	전례가 없어 리스크가 크다	여러 가지 아이디어를 접목시켜 새로운 기획을 만든다	독창적인 프로젝트를 만든다
327	평범한 관점이 결여되었다	단점을 장점으로 전환해서 전달한다	유연한 관점을 보여 주어 상대에게 활력을 불어넣는다
328	정도를 벗어난 발언이나 행동에 엄격하다	규칙을 지킨다	사물의 모든 면에서 균일화를 도모한다
329	스스로를 무리하게 납득시킨다	모든 일은 숙명이라고 생각한다	다른 이의 생각에서 항상 어느 정도 의의를 찾아낸다
330	우선순위가 낮은 작업에는 정성을 들이지 않는다	우선순위가 높은 작업에 집중해서 착수한다	효율성 높게 작업을 진행한다
331	약속 준수가 목적이 된다	약속을 지킨다	정직하게 행동한다
332	말하지 않아도 이해해 줄 거라고 오해받는다	상대가 하고 싶은 말을 대변한다	상대의 기분을 짐작하여 언어화한다
333	사소한 일에도 시간을 낭비한다	세부적인 점까지 집착한다	남들이 깨닫지 못하는 곳까지 깨닫는다
334	규칙을 지키는 것에 집착한다	매뉴얼을 작성한다	규칙을 가시화한다
335	주위 사람이 이해하지 못하는 아이디어를 낸다	여러 가지를 조합해서 아이디어를 제안한다	신선한 아이디어를 끄집어낸다
336	남들이 의지하기 쉽다	상대가 말로 하지 못하는 속내를 추측한다	상대에게 신뢰감을 준다
337	목표가 정해지지 않으면 동기가 샘솟지 않는다	목표를 달성한다	목표를 향해 일직선으로 나아간다
338	사람을 규율로 얽맨다	규율 작성을 제안한다	조직을 질서가 확립된 방향으로 이끈다
339	경쟁에서 이기는 일에 흥미가 없다	즐거운 시간을 보내는 것에 집중한다	퀄리티 높은 시간을 보내기 위해 노력한다
340	다른 사람이 다른 회복 방법을 권해도 받아들이지 않는다	자기 나름의 회복 방법을 알고 있다	수월하게 진행되지 않는 일이 있어도 곧 회복한다
341	억지로라도 긍정적으로 생각한다	실패조차 배움으로 친다	모든 것을 배움으로 바꾼다
342	배우는 것만으로 만족한다	새로운 것을 배울 수 있는 환경에 적극적으로 참가한다	새로운 지식을 늘린다
343	구별 없이 동료로 끌어들여서 팀워크를 어지럽힌다	모두를 동료라고 생각하고 테두리 안에 넣는다	차별 없이 사람과 사귄다
344	자신의 감정을 무시한다	극복하는 것에서 의의를 찾는다	괴로움을 극복한다
345	트러블에 휘말린다	트러블 조정을 한다	합의점을 발견해 앞으로 나아갈 수 있다
346	단점을 충분히 전하지 않는다	인간을 더 나은 미래로 인도하기 위한 방침을 전한다	불확실한 미래로도 안정감을 준다
347	조직원들의 부담을 늘린다	조직 재생의 적극적 방침을 만든다	정체된 조직 환경을 활성화한다
348	행동 속도가 떨어진다	나 자신과 차분히 마주한다	고민을 본질적으로 해결한다
349	비유만 인상에 남는다	인상에 남는 비유를 한다	상대의 기억에 남을 이야기를 한다
350	압박감과 싸워 나간다	정해진 목표를 달성한다	말한 일은 반드시 실천해서 주위의 신용을 얻는다

재능의 구체적인 예시 리스트 1000

	단점	재능	장점
351	상대의 문제를 개선하려 쓸모없는 간섭을 한다	상대의 발언을 통해 상대가 안고 있는 불안을 깨닫는다	상대의 기분을 통찰해서 적절한 조언을 한다
352	나도 모르게 판단을 내려 버린다	인간을 관찰한다	다른 사람에 대한 이해를 깊이 한다
353	문제점을 지적해도 넘겨 버린다	강점을 발휘하는 분야의 지식이나 기술을 철저히 갈고 닦는다	탁월한 기량을 폭넓게 이어간다
354	부정적인 감정과 마주하지 않는다	긍정적으로 생각하고 행동한다	활기차게 지낸다
355	모험을 하지 않는다	협조성을 의식하고 움직인다	전체를 조화롭게 이끈다
356	독자성이 결여된다	모든 일을 평균적으로 할 수 있도록 노력한다	모든 문제에서 눈을 떼지 않고 임한다
357	새로운 일에 눈을 돌린다	최첨단의 것을 안다	가장 신선한 정보를 손에 넣는다
358	상대가 이해하지 못하면 흥이 깨진다	상대방이 반드시 받아들일 이야기를 전한다	이해하기 쉽게 예를 든다
359	적당히 넘겼다고 생각한다	질문에 대해 바로 대답한다	상대의 의문을 신속히 해결한다
360	목표를 달성하지 못하면 동기 관리가 어렵다	달성한 목표의 크고 작음과 상관없이 다음 또 다음 목표를 달성하기 위해 노력한다	목표 달성을 다음 행동의 동기로 삼는다
361	비생산적이 된다	답이 없는 질문에 대해 끝없이 생각한다	철학적 시점을 얻는다
362	현실에 다다를 정도의 전략이 없다	아직 형태가 없는 것에 대한 아이디어를 낸다	신선한 아이디어를 낸다
363	과도하게 손해를 피하려 한다	앞뒤를 깊이 생각한다	후회하지 않을 선택을 한다
364	실력 이상의 일을 한다	상대에게 중요한 존재가 되는 것을 항상 의식한다	상대에게 헌신적인 행동을 한다
365	멋대로 판단한다	개략적인 설명만으로 확실하게 행동한다	구체적인 설명을 필요로 하지 않고 움직인다
366	스스로 하면 될 일까지 다른 사람에게 떠넘긴다	다른 사람에게 지시를 하고 일을 맡긴다	주위를 통제한다
367	기존에 있던 사고방식에 기반하지 않는다	새로운 시점을 가진다	시야를 넓힌다
368	나아가기 위해 새로운 자극이 필요하다	새로운 배움을 점차적으로 습득한다	견식을 넓힌다
369	일회성 만남에서는 관계를 쌓으려 하지 않는다	만들어진 관계를 중요시한다	오래 이어질 관계를 만든다
370	부정적인 감정에 이끌린다	상대의 고민을 잘 들어 준다	부정적인 감정을 이끌어 내서 기분을 누그러뜨린다
371	매일매일 벌어진 일에 떠밀려 간다	지금 이 순간을 중요시한다	상황에 유연하게 맞춘다
372	결론에 다다를 때까지 시간을 들인다	한번 낸 결론을 재검토한다	주의 깊게 생각한다
373	역할이 불명확하면 행동하지 않는다	역할을 중시하며 움직인다	자신의 역할을 다한다
374	스스로를 압박한다	최고를 목표로 한다	탁월한 수준으로 끌어올린다
375	주변을 우선시해서 자신의 의견을 내지 않는다	각지의 의견이 빠짐없이 나왔는지 확인한다	팀 내의 의견을 정확히 다룬다
376	너무 많은 사람을 받아들인다	모두를 평등하게 받아들인다	사람들을 차별하지 않고 받아들인다
377	지금에 집중하지 않는다	깊이 생각한다	생각의 내면을 파고든다
378	앞당겨 고생을 한다	생각할 수 있는 모든 리스크를 없앤다	예상 외의 리스크도 예상 안에 넣는다
379	자칫하면 감정적이 된다	논리뿐만이 아니라 감정도 중요시한다	논리와 감정 2가지의 밸런스를 잘 맞춘 결단을 한다
380	인생의 결단을 흐름에 맡기고 방임한다	결단을 생각만이 아니라 감각에 맡긴다	자연의 흐름을 따른다
381	도착점의 유무가 퍼포먼스를 좌우한다	한 가지 일에 집중해서 작업한다	집중하는 시간을 보낸다
382	남들이 의지하게 한다	뭐든지 받아들인다	상대와의 신뢰 관계를 깊게 한다
383	도망칠 길을 없애 스스로를 독촉한다	자신의 목표를 설정하고 주위에 단언한다	한 말은 반드시 실천한다
384	때때로 분위기를 악화시킨다	희로애락을 자유롭게 표현한다	감정을 풍부하게 표현한다
385	결과적으로 자신의 일만을 생각한다	남들의 시선에 신경 쓴다	주위에서 어떻게 생각하는지를 생각한다

	단점	재능	장점
386	원인을 발견하기 위해 과도히 안간힘을 쓴다	문제의 원인을 철저히 찾는다	날카로운 통찰력으로 문제의 원인을 발견한다
387	범용성이 떨어진다	원래 있던 것들을 조합해서 활용한다	독창성이 넘치는 것을 만들어 낸다
388	생산성을 뒷전에 둔다	모두에게 각자 역할을 준다	상대의 자기효능감을 높인다
389	하잘것없는 잡담을 경시한다	우스운 이야기로 말을 끝맺는다	남들에게 유머를 전한다
390	말을 길게 한다	스토리를 만들어 이야기한다	기승전결이 있는 이야기를 한다
391	위험을 예측하지 않는다	겉보기나 말투로 사람을 판단하지 않고 접한다	선입견 없이 사람과 접한다
392	주위에도 판단을 재촉한다	곧바로 판단한다	상황 변화의 계기를 만든다
393	내가 싫어하는 사람마저도 나를 좋아한다	항상 미소를 짓는다	주변이 활기를 띠도록 의식하며 행동한다
394	미래의 가능성에 걸지 않는다	지금까지 있어 온 사실을 기반으로 해결책을 찾는다	근거가 탄탄한 생각으로 질문을 해결한다
395	개별적으로 대응하지 않는다	많은 사람을 더 나은 방향으로 이끈다	불특정 다수에게 받아들여질 수 있는 일을 한다
396	혼자서 생각 정리를 하지 못한다	상대에게 자신의 의견을 이야기하면서 생각한다	자신의 생각을 대화로 정리한다
397	숨 막힐 것만 같은 갑갑한 사람이 된다	자신의 미래를 뜨겁게 논한다	비전을 이야기하며 주위의 기분을 고조시킨다
398	주위 사람들의 안색을 신경 쓴다	말해야만 하는 말을 꺼낼 타이밍을 잰다	주위의 공기를 읽어 최적의 타이밍에 제안을 한다
399	조직의 이익보다 개인을 우선한다	멤버의 부정적인 감정을 배려한다	팀 멤버의 부정적인 감정을 케어한다
400	자리를 어지럽힐 위험이 있는 사람까지 조직 안에 포함시킨다	누군가 동료에서 배제하지 않고 조직 안에 포함시킨다	어떤 사람이라도 받아들인다
401	다른 사람의 지시에 저항한다	자신의 의견을 기반으로 주위의 의견을 모은다	팀을 통솔한다
402	전원에게 평등하게 대응하지 않는다	각각의 사람에게 맞춘 대응을 한다	사람에 따라 최적의 대응을 한다
403	컨디션이 나빠질 때까지 일한다	목표 달성을 향해 정진한다	이루기 힘든 목표일지라도 달성을 향해 성실하고 정직하게 행동한다
404	근본적인 원인과 마주하기를 피한다	문제를 문제라고 생각하지 않고 넘어간다	고민 없는 하루하루를 보낸다
405	부정적인 의견에 귀를 기울이지 않는다	자신을 지지해 주는 환경에 머무른다	자신을 이해해 주는 사람들과의 관계성을 구축한다
406	자격을 따는 것이 목적이 된다	자격을 취득한다	일에 착수할 때의 선택지를 넓힌다
407	급박한 상황에서 상대를 초조하게 한다	단어 하나하나를 신중하게 표현한다	정취 있는 멋진 표현을 한다
408	정보가 너무 많아 활용하지 못한 채 끝난다	일을 잘하고 있는 사람에게 여러 가지 각도에서 질문한다	상대의 의견을 참고로 해서 성공 확률을 높인다
409	다른 사람의 의견이나 생각을 받아들이지 않는다	강한 논리관을 가지고 살아간다	정의에 기반하여 판단한다
410	다른 사람과 진척상황을 공유하지 않는다	자신의 생각을 근거로 묵묵히 작업한다	자립하면서 담담하게 일을 진행한다
411	지나치게 피폐해진다	과정을 올리기 위한 노력을 반복한다	계속해서 쌓아 올린다
412	구체적인 이미지가 생겨날 때까지 시간을 쪼갠다	롤모델을 참고로 움직인다	존경할 만한 사람을 발견하여 흉내낸다
413	상식을 과도하게 중시한다	정해진 것에 기반하여 일을 수행한다	정해진 것은 반드시 수행한다
414	사적인 일과의 구별을 하지 못한다	일에 몰두하여 처리한다	일의 진척을 빠르게 한다
415	목표 이외의 것을 소홀히 여긴다	말한 것은 반드시 행동에 옮긴다	설정한 목표를 끝까지 해낸다
416	근거나 계획 없이 행동한다	처음 만나는 일에도 주저 없이 도전한다	일부러 모험을 무릅쓰고 귀중한 교훈을 얻는다
417	무리하게 스스로를 바꾸려 한다	스스로에게 모자란 지식이나 기술을 보완한다	자신의 언동을 보다 좋은 방향으로 변화시킨다
418	상황을 안정시키지 못한다	복잡하게 여러 가지 갈림길로 이어지는 작업을 한다	심플하면서도 명료한 상황으로 이끌어간다
419	모두의 의견을 의식해서 이야기가 진전되지 않는다	전원이 의견을 내기 쉬운 분위기를 만든다	안심할 수 있는 장소를 제공한다
420	그 자리에 어울리지 않는 발언을 한 사람을 배제한다	일반적인 상식을 기준으로 사물을 판단한다	안정적인 행동을 취한다

재능의 구체적인 예시 리스트 1000

	단점	재능	장점
421	상대의 이해도를 확인하지 않는다	여러 가지 방면에서 사람의 정보를 모아 이야기한다	여러 정보를 풍부하게 전달한다
422	정체해 있으면 혼란스럽다	일을 순조롭게 진행해 나간다	일을 원만하게 진행한다
423	버릇없이 군다	환경이 바뀌어도 곧바로 사람들과 사이가 좋아진다	낯가림 없이 사람들과 어울린다
424	상황의 진척도를 알 수 없으면 계획을 파악하기 곤란해진다	진척을 수치화한다	전체의 스케줄에 따른 진척을 파악한다
425	자신의 고정관념을 부수지 않는다	자신을 객관시한다	자신의 상황을 정확히 파악한다
426	이상을 그리지 않는다	현실적으로 대응한다	일을 조용히 진전시킨다
427	성급하다	일을 조급하게 진행한다	진척 속도가 빠르다
428	수상하게 느껴진다	사람의 마음을 움직이는 화술로 유창하게 이야기한다	교섭을 부드럽게 진행한다
429	엉뚱한 아이디어를 떠올린다	언제나 희망찬 미래를 그린다	마음이 두근거리는 아이디어를 떠올린다
430	결과가 나오지 않으면 모두 쓸모없다는 극단적 결론에 다다른다	결과에 매달려 일을 진행한다	결과를 내기 위해 매일매일 노력한다
431	단어 하나하나에 너무 매달린다	사상을 구체적으로 언어화한다	애매한 사상을 명확하게 표현한다
432	기세로 결정하고 후회한다	즉시 결정한다	일에 급하게 착수한다
433	책임감 없는 사람으로 보인다	'~해야만 한다.' 등의 제한에 매이지 않고 생각한다	유연하게 대응한다
434	여유가 없다	하루의 스케줄에 자기 계발 시간을 포함한다	의도적으로 자기 성장의 시간을 만든다
435	생산성이 없는 일에 손대지 않는다	행동을 가능한 줄인다	지금의 목표에 필요 없는 것을 전부 배제한다
436	너무 무난하게 대응한다	상대의 취향을 존중한다	상대의 선택을 받아들인다
437	각자의 최우선사항을 우선으로 하지 않는다	멤버의 스케줄을 조율한다	여러 가지 요소를 합쳐서 원활히 계획을 진행한다
438	상황이 흐르는 대로 움직이지 않는다	어떤 일이라도 기한을 설정한다	기한 안에 완료하기 위해 착수한다
439	상황을 통제할 수 없다	사람들이 자유롭게 움직일 수 있도록 배려한다	사람을 틀 안에 넣지 않도록 배려한다
440	변화에 유연히 대처하지 못한다	규칙적으로 담담하게 일을 진행해 나간다	필요한 일을 습관화한다
441	대립을 적시한다	인간관계의 다리가 되도록 노력한다	전체적인 모습에서 의의를 끌어낼 수 있도록 노력한다
442	침착한 분위기를 표한다	단기간에 많은 화제에 대해 이야기한다	중요한 화제를 제공한다
443	발견하는 것만으로는 도움이 되지 않는다	관계없는 일의 공통점을 발견한다	창의적인 발상을 한다
444	성과가 날 때까지 커다란 시간을 할애한다	어떤 개성을 가지고 있더라도 끝까지 육성한다	훌륭한 인재를 육성한다
445	내가 소속한 집단과의 관계성이 옅다	사회 이외의 사람과의 삶을 넓게 구축한다	인간 관계를 갱신하여 신선함을 가진다
446	마음을 허락하지 못하는 사람에게 차갑다	적극적으로 마음을 연다	주체적으로 관계를 굳건히 할 수 있을 수단을 취한다
447	물건이 넘쳐흐른다	만에 하나에 대비해 가능한 많은 준비를 한다	긴급상황을 상정하여 관리한다
448	사람의 성장을 최우선으로 하여 단기적인 성과를 소홀히 한다	눈앞의 성과보다 사람의 성장을 중요시한다	장기적 시점으로 생각한다
449	허풍스럽다	상대의 이야기에 크게 리액션한다	상대에게 말을 들어 주고 있다는 안도감을 준다
450	개인에게 관심을 기울이느라 조직의 의향을 무시한다	개인의 의향에 따라 업무를 진행한다	조직 안에 있는 개인을 존중하고 의지한다
451	차분히 기다리지 못한다	언제 시작할지를 바로 결정한다	일에 조기 착수한다
452	언제까지고 말을 끝내지 않는다	깊은 취미를 가진 화제에 대해 논한다	취미가 있는 분야에 대해 깊이 이해한다
453	유창하지 못하다	깊이 생각하고 발언한다	간단하게 결론을 내지 않고 진중하게 발언한다
454	자신의 문제라고 착각한다	상대의 감정을 자신의 일처럼 이해한다	남의 감정을 자신의 일이라고 생각하며 중요시한다
455	생각이 얕게 행동한다	눈앞에 일어난 일은 필연적인 것이라 생각하고 도전한다	흐름에 몸을 맡긴다

	단점	재능	장점
456	소개를 부탁받으면 거절하지 못한다	잘 맞을 것 같은 사람들을 연결한다	다른 사람들에게 새로운 관계성을 가져온다
457	어려운 일이라도 무리라고 하지 않는다	자신이 할 수 있는 일을 다른 사람에게 말한다	다른 사람의 의지가 된다
458	지금 도움이 되지 않는 불필요한 정보도 모은다	인생에 도움이 되는 정보를 수집한다	만일의 경우 도움이 될 정보를 가진다
459	감정의 기복이 심해서 안정감이 없다	정열적으로 행동한다	생기 있고 활발한 느낌이 자연스럽게 주위에 전파된다
460	목적을 위해서라면 수단을 가리지 않는다	최고를 노린다	남들보다 우수한 행동을 취한다
461	상대가 상황의 중대함을 깨닫지 못한다	부정적 의견을 빙빙 돌려 말한다	상대가 기분이 상하지 않도록 대응한다
462	급하지 않은 일에까지 시간을 할애한다	리스크를 하나하나 없앤다	일을 하나하나 확인하며 진행한다
463	급격한 변경에 당황한다	질서 있게 행동한다	계획적으로 생산성을 높인다
464	생각하는 양에 비해 행동이 모자란다	수많은 대응책을 세운다	다음에서 다음으로 대책을 강구한다
465	과정을 소홀히 한다	목적을 명확히 한다	필요한 일에만 시간을 쏟는다
466	상황을 어지럽히는 발언에 동요한다	상황의 안정을 도모한다	온화한 상황을 유지한다
467	포기가 빠르다	모든 일은 필연적인 것이라 받아들인다	집착을 버린다
468	비현실적인 안을 낸다	순간적으로 새로운 안을 떠올린다	획기적인 아이디어를 떠올린다
469	자신을 위한 시간을 뒤로 미룬다	남의 도움이 된다고 느끼면 정열적으로 행동한다	이타적인 행동을 취한다
470	동시에 여러 가지 일을 수행하게 되면 행동이 정지된다	한 점에 집중하여 일에 착수한다	활동에 몰두할 수 있는 상황을 만들어 낸다
471	침묵이 필요한 순간에도 떠든다	대화를 시작한다	상황의 정체를 타파한다
472	언제까지고 대답을 요구해 온다	계속 더 나은 방법을 찾는다	좋아질 수 있는 점을 찾아낸다
473	다른 해결책을 보지 못한다	눈앞의 문제에 하나하나 임한다	한 가지 문제에 집중한다
474	수용량을 초과한다	어떤 일이라도 적극적으로 받아들인다	많은 일에 도전한다
475	대화 전체를 의식하지 않는다	요점에 주목하게 하는 대화 방식을 사용한다	포인트를 명확하게 전달한다
476	기준에서 어긋난 방법을 거부한다	목표를 향한 정확한 기준을 정한다	일의 진척을 효율적으로 관리한다
477	퀄리티에 연연하지 않는다	체크 항목을 하나씩 지워 가며 업무를 마친다	체크리스트를 활용해서 착실히 앞으로 나아간다
478	남들이 독선적이라 생각한다	자신의 가능성을 믿는다	도전 정신을 가지고 도전한다
479	힘든 사람의 기분에 진심으로 공감하지 못한다	상대의 감정을 냉정하게 관찰한다	자신과 상대의 감정에 선을 긋는다
480	마이너스인 점만을 찾는다	망가진 것을 찾아내어 수리한다	물건에 다시 한번 생명을 불어넣는다
481	개성에 대한 배려를 하지 않는다	모두에게 동등한 이익을 준다	불평등에서 태어나는 손실을 막는다
482	배움이 된 시점에서 만족해 버리고 행동을 하지 않는다	무엇에 대해서라도 배움이 되었다고 말한다	어떤 일이라도 배움으로 바꾼다
483	결정되기 전에는 인정하지 않는다	조직을 규칙으로 엄격히 관리한다	조직의 질서를 유지한다
484	원치 않는 지적까지 한다	상대의 결점을 지적한다	상대의 개선점을 명확히 전달한다
485	그저 쓸데없는 참견이 된다	지금 상태보다 더 나은 제안을 한다	상대가 새로운 발견을 할 수 있도록 돕는다
486	결점도 과도하게 끌어안는다	아무리 억지스러운 사실과도 직면한다	결점도 수용하며 앞으로 나아간다
487	주위에서 어떤 일이 일어나고 있는지 파악하지 않는다	생각하는 일에 시간을 소비한다	주위의 잡음에 영향을 받지 않고 생각에 집중한다
488	위압감을 준다	어떤 상황에서도 당당히 행동한다	상대에게 자신의 중요성을 비언어적으로 전달한다
489	우수한지 아닌지 알 수 있을 때까지 친해지지 않는다	우수한 사람과 가깝게 사귄다	우수한 사람과 깊은 관계를 쌓는다
490	상대가 더 나아질 기회를 빼앗는다	상대의 말과 행동을 부정하지 않고 받아들인다	상대를 긍정한다

재능의 구체적인 예시 리스트 1000

	단점	재능	장점
491	외부의 소리가 일절 귀에 들어오지 않는다	단기간에 목표를 달성한다	뛰어난 집중력으로 몰두한다
492	오만해진다	자신의 생각에 다른 사람을 동조시킨다	의견의 일치에 의한 협력 체제를 만든다
493	쓸데없는 참견처럼 보인다	다른 사람의 재능을 깨닫고 알려 준다	행동에 동기부여를 한다
494	다른 사람이 추천해 준 공부법을 받아들이지 않는다	자신에게 있어 최적의 공부 방법을 찾아낸다	자기만의 공부법을 구축한다
495	무작정 행동한다	앞으로 나아가며 배운다	노하우가 정리되지 않은 상태에서도 앞으로 나아간다
496	제대로 나아가고 있는지 과도하게 확인한다	방향성이 틀어졌을 때 궤도 수정을 한다	시기적절하게 명확한 방향을 제시한다
497	망상 스위치가 켜져 잠들지 못한다	미래의 이상적인 상태를 줄곧 생각한다	현실이 어떻든 희망을 안고 기운을 낸다
498	본질에 다다를 때까지 헛되이 시간을 할애한다	사물을 끝까지 파고들어 생각한다	본질을 파악한다
499	깊게 확신한다	현실성 있는 미래를 상상한다	미래에 확신을 가진다
500	배움을 성과와 연결짓지 않는다	성과에 얽매이지 않고 배운다	배움의 과정을 즐긴다
501	아무 생각 없이 편히 쉬지 못한다	끊임없이 생각한다	사고력을 단련한다
502	과학적 근거가 없다	지론을 기반으로 확신을 가지고 발언한다	다른 사람들의 신뢰를 모은다
503	다른 사람과 협력하지 않는다	마이페이스로 혼자서 성과를 낸다	자립된 행동을 취한다
504	약속을 이행하지 못하는 것에 죄책감을 품는다	약속을 이행하지 못하는 경우 사전에 이야기한다	앞을 보고 행동한다
505	팀에 자신의 방법을 강요한다	작성한 체크리스트를 팀에 공유한다	팀과 보조를 맞추어 일을 처리한다
506	다른 사람에게 착취당한다	자신이 얻은 지식이나 경험을 다른 사람과 공유한다	아낌없이 사랑을 가지고 다른 사람과 나눈다
507	줏대 없고 경박한 사람 취급을 받는다	분위기를 잘 타고 즐겁게 사람을 대한다	상대에게 경쾌한 편안함을 제공한다
508	준비나 확인에 시간을 빼앗겨 마음의 여유를 잃는다	정성을 들여 준비와 확인을 한다	빠진 것 없이 완벽히 정비한다
509	눈앞의 현실에 의식을 돌리지 않는다	미래를 예측하여 필요한 것을 준비한다	용의주도하게 준비한다
510	규칙을 깨는 사람에게 엄격하다	조직의 규칙에 따라 행동한다	조직의 안전성을 유지한다
511	리스크에 대한 대책을 소홀히 한다	위기 상황에서도 미래를 밝게 생각한다	적극적인 생각을 가진다
512	몰아붙이지 않으면 실력을 발휘하지 못한다	부정적인 사건을 자신의 힘으로 삼는다	역경에서 동기를 부여받는다
513	연관성에 대한 이론적 근거를 대지 못한다	사물의 공통점을 직감적으로 찾아낸다	사물의 연관성에 대해 설명한다
514	리스크 관리에 약하다	회복이 빠르다	일에 얽매이지 않고 다음으로 나아간다
515	독단과 편견으로 사람을 판단한다	자신이 내린 판단을 옳다고 생각한다	스스로의 판단에 자신을 가진다
516	단점에 눈을 돌리지 않는다	상대의 좋은 점을 재빨리 알아채고 능력을 신장시킨다	자신이나 다른 사람의 강점을 깨닫고 활용한다
517	주위의 페이스에 맞추지 않는다	자신의 페이스대로 일을 실행한다	주위에 휩쓸리지 않고 행동한다
518	말이 많다	대화의 주도권을 쥐고 사람을 즐겁게 한다	솔선하여 대화를 하고 남을 즐겁게 한다
519	생각에 결론이 없다	시행착오를 한다	여러 가지 우려할 점을 찾아낸다
520	새로운 도전 기회를 줄인다	자신에게 서툰 일을 잘하는 다른 사람에게 맡긴다	적합한 사람에게 일을 분배한다
521	글이 너무 길어 사람이 읽을 엄두를 내지 못하게 한다	생각한 모든 것을 문장화한다	사건이나 감정을 풍부하게 언어화한다
522	반감을 산다	상대가 누구이더라도 자신의 의견을 말한다	조직의 의사소통을 원활히 한다
523	좋은 사람으로 보일 만한 선택만 한다	상대에 따라 유연하게 대응한다	상대를 받아들이는 능력이 뛰어나다
524	진중함이 모자라다	리스크를 돌보지 않고 과감하게 도전한다	리스크를 적극적으로 다룬다
525	다른 사람의 의견을 경시한다	스스로 방향성을 결단한다	자발적으로 행동한다

	단점	재능	장점
526	의욕이 없다는 착각을 불러일으킨다	융통성 있게 일처리를 한다	무슨 일이 있더라도 대응할 수 있다고 자신을 신뢰한다
527	분위기를 신경 쓰지 않는다	언제나 있는 그대로를 의식한다	자신을 꾸미지 않고 남을 대한다
528	때로 그 자리의 분위기를 나쁘게 한다	솔직하게 커뮤니케이션을 한다	상대에게 마음을 열고 자신의 생각을 전달한다
529	기존 방법을 경시한다	주위의 저항이 가장 적은 새로운 길을 모색한다	주위에서 납득할 수 있는 형태로 진행되는 새로운 선택지를 생각한다
530	남들에게 아이디어를 이해시키기 힘들다	다른 장르의 것을 접목시켜 아이디어를 낸다	색다른 요소를 효과적으로 조합하여 아이디어를 낸다
531	업무목표가 없으면 행동하지 않는다	업무목표를 만든다	계획적으로 일을 끝마친다
532	자신이 어떻게 하고 싶은지를 모르게 된다	팀 개개인의 의견을 긍정한다	모두가 의견을 내기 쉬운 자리를 만든다
533	기존의 틀을 무시한다	그 일에 가장 적합한 사람을 배치한다	일을 조합하여 효율화를 도모한다
534	자극에 내성이 없다	시끄러운 장소를 피한다	마음의 안정을 유지한다
535	실패 요소에는 눈을 돌리지 않는다	성공 요인을 상세히 관찰하여 전달한다	상대의 성장을 자극한다
536	속내를 말하지 않는다	상대의 시선에서 생각한다	상대를 배려하는 말과 행동을 한다
537	일을 너무 복잡하게 생각한다	일에 대한 불안 요소를 끄집어낸다	여러 가지 곤란을 상정한다
538	자신의 이익을 우선시한다	깊게 사귈 사람을 확실하게 확인한다	쾌적한 인간 관계를 구축한다
539	심각한 상황에 빠질 때까지 깨닫지 못한다	일의 밝은 부분에 주목한다	일을 심각하게 받아들이지 않고 움직인다
540	과장되게 표현한다	몸짓과 손짓을 써서 말한다	상대에게 잘 전달될 수 있도록 깊이 생각한다
541	의도를 헤아릴 때까지 쉽게 말하지 않는다	상대의 말이 가지는 의도를 이해한다	상대의 의향에 따른 대답을 한다
542	친근감 없이 서먹하게 대한다	손윗사람에게 경어를 쓴다	상하관계를 중시하는 태도를 취한다
543	서포트에 너무 많은 시간을 쓴다	어떤 사람에게라도 시간을 들여 서포트를 한다	상대가 성장할 수 있는 환경을 만든다
544	자신의 질서를 어지럽히는 사람을 차별한다	나만의 룰에 따라 행동한다	일정한 규칙을 가지고 주변을 안정시킨다
545	뭐든지 평등하게 하려 해서 주위 사람들을 숨막히게 한다	불평등을 깨닫고 지적한다	불리한 상황에 놓인 사람을 돕는다
546	증명할 수 있는 정확한 데이터가 없다	세계는 지금부터 점점 좋아져 간다고 전한다	사람들의 불안한 마음을 진정시키고 희망을 준다
547	주위 사람들이 이상하게 여긴다	아직 만나지 않은 사람과의 인연에까지 감사한다	미래의 일까지 고려한다
548	개성을 너무 존중한 나머지 통일된 견해를 가지지 못한다	다른 생각을 수용한다	개성을 존중한다
549	내 편을 발견하기 전까지는 마음을 열지 않는다	항상 믿을 만한 사람을 찾는다	내 편이라는 걸 알게 된 순간 마음을 연다
550	위험한 사람과도 사이좋게 지낸다	낯을 가리지 않고 사귄다	많은 사람을 내 편으로 만든다
551	이야기를 정리하지 못한다	대화의 계기를 파악하여 이야기를 펼쳐나간다	신선한 화제로 전개된다
552	연을 끊는 것을 주저한다	사람과의 관계를 깨닫는다	관계를 소중히 한다
553	현상 유지에 만족한다	'만족함'을 알고 있다	일상에 만족하며 생활한다
554	사람의 우열을 가린다	우수한 사람과 관계를 쌓는다	우수한 사람과 함께 협력하여 성과를 낸다
555	조직의 의향을 무시한다	조직보다 각 멤버의 생각을 더 가까이 한다	조직원들의 의향을 중요시하면서 업무를 진행한다
556	명확한 진실 대신 뭉뚱그린 거짓말을 숨 쉬듯 한다	명확한 의견의 제시를 피한다	주위에 동조한다
557	상하관계를 무시한다	돈이나 사회적 지위 등에 따라 말 또는 행동을 바꾸지 않고 대한다	사람을 평등하게 대한다
558	자극이 심해지면 피로해진다	많은 사람과 알고 지낸다	넓은 네트워크를 구축한다
559	부정적인 사람과 있으면 피곤해진다	적극적이고 밝은 태도로 접한다	주변을 명랑하게 한다
560	상상하는 것에 시간을 들인다	그날의 흐름을 시뮬레이션한다	이미지력을 활용해서 예측한다

재능의 구체적인 예시 리스트 1000

	단점	재능	장점
561	생각에 시간을 들여서 진척 속도가 떨어진다	다각적 시선으로 일을 깊게 생각한다	일의 표면적인 것뿐만이 아니라 근간을 발견한다
562	불안이 어느 정도 해결될 때까지 본격적으로 착수하지 않는다	불안 요소는 사전에 없앤다	앞질러 대응한다
563	멤버들의 행동을 과도하게 규제한다	순서대로 진행되고 있는지 세부적인 것까지 신경 쓰며 지적한다	조직의 생산성을 유지하며 앞으로 나아간다
564	실패를 통한 배움이 적다	실패를 신경 쓰지 않고 행동한다	일이 잘 진행되지 않더라도 기죽지 않고 나아간다
565	힐문한다	상대에게 일의 근거나 배경의 공유를 바란다	전체상을 파악하기 위해 정보 수집을 한다
566	사람을 마구잡이로 재촉한다	일에 빨리 착수하도록 등을 떠민다	주변 사람을 끌어들여서 진척 속도를 올린다
567	중립적 시선이 결여된다	긍정적 정보를 발견한다	긍정적 측면에 시점을 맞추고 행동한다
568	이상이 너무 높은 나머지 오래 가지 못한다	과거 위인들의 역사를 조사한다	성공과 연결되는 사고방식을 습득한다
569	현실감이 없어 어처구니없다	사람들이 놀랄 만한 아이디어를 낸다	무한의 가능성을 펼친다
570	규칙에서 어긋나는 일도 허가한다	규칙보다 상대의 상황을 배려한다	상대가 그러한 행동을 한 이유를 이해한다
571	우직한 사람으로 보인다	옳은 행동을 한다	정의감을 가지고 행동한다
572	상대에게 문제점을 알리지 않는다	상대에게 좋아진 점을 전한다	상대의 성장을 인정하고 자존심을 높인다
573	표준화나 평균화에 과도하게 집착한다	매뉴얼 등의 자료를 작성한다	조직의 규칙을 가시화한다
574	매일매일 행동이 과하지 않았는지 너무 신경 쓴다	자신의 행동은 좋은 것이건 나쁜 것이건 스스로에게 돌아올 것이라 생각한다	어떤 일에 대해서라도 옳은 행동을 하려 자제한다
575	빠르게 벽에 부딪힌다	아무도 해 보지 못했으며 리스크가 있는 새로운 분야에 도전한다	일에 커다란 변화를 가져온다
576	진전하는 동안 근본적인 것을 놓친다	일을 이해하기 쉽도록 정리한다	일을 구조적으로 이해한다
577	개별적 배려를 하지 않는다	모두에게 평등한 시스템을 구축한다	모두가 원활히 일할 수 있도록 배려한다
578	긍정적 시점에 치우친다	일의 좋은 측면을 전한다	생각이 굳어 버린 사람의 시점을 전환시킨다
579	부정적인 감정도 숨기지 않는다	감정을 솔직히 표현한다	자신의 기분을 편안하게 한다
580	자기 이야기를 하지 않는다	모두가 대화에 참가할 수 있도록 균등하게 말을 건다	모두가 즐거워할 수 있는 대화의 장을 제공한다
581	단정 짓는 것에 구애받는다	상대의 말과 행동으로부터 자질을 추측한다	통찰력을 높인다
582	우수한지 아닌지로 사람을 판단한다	상대의 우수한 부분을 깨닫는다	다른 사람의 강점을 깨닫는다
583	본질적이 아닌 것을 배제한다	본질을 탐구한다	본질을 확실하게 깨닫는다
584	언어화하더라도 상대에게 전하지 못한다	다른 이와의 인연을 느낀다	보이지 않는 상호 관계를 깨닫는다
585	합의에 시간이 필요하다	모두의 의견을 듣는다	전원의 합치점을 모색한다
586	상대의 본심에 과도하게 신경을 쓴다	상대가 하는 말이나 행동 등의 미세한 변화를 깨닫는다	상대의 변화를 알아차리고 배려한다
587	채산을 도외시한다	주어진 일을 완수한다	상대와 신뢰 관계를 맺는다
588	우선순위가 낮은 것을 뒤로 돌린다	일에 우선순위를 매겨서 움직인다	일을 효율적으로 수행한다
589	일을 적당히 하는 사람에게 엄격하다	완벽을 목표로 일에 착수한다	질을 높이는 것을 생각하며 일을 완성시킨다
590	사실을 사실 그대로 받아들이지 않는다	일을 긍정적으로 파악한다	무엇이든지 배움으로 만든다
591	기발한 해결책을 제안한다	기존의 것에 얽매이지 않고 새로운 발상을 한다	가능성을 모색하여 신선한 해결책을 찾아낸다
592	무슨 말을 해도 화내지 않는 사람이라며 업신여겨진다	누구든 온화한 태도로 대한다	모두를 힐링시킨다
593	다른 사람의 실패한 경험에 과도히 공감한 나머지 자신도 기분이 침울해진다	다른 사람의 실패에서 배운다	미래의 경험으로 살린다
594	여유를 가지지 않아 갑갑하게 느껴진다	하루의 계획을 가시화한다	무엇 하나 빠짐이 없도록 전체상을 파악한다
595	순서를 모르면 손을 대지 않는다	규칙에 따라 묵묵히 작업에 몰두한다	작업에 집중한다

	단점	재능	장점
596	부정적인 인상을 가지게 한다	마이너스적인 면을 발견한다	문제 해결의 실마리를 발견한다
597	현실도피를 한다	고민을 하더라도 며칠 내에 잊어버린다	부정적인 감정을 길게 끌지 않고 넘긴다
598	지금 필요한 일에 시간을 할애하지 않는다	과거를 깊이 되돌아본다	충분히 반성하고 미래의 경험으로 살린다
599	설명에 너무 힘을 들인 나머지 말이 길어진다	과거의 사례나 상황을 기반으로 경위를 설명한다	상대가 이해하기 쉽도록 개요를 전달한다
600	너무 바쁘게 일한다	성과를 내기 위해 정력적으로 일한다	힘이 넘치는 상태로 활약한다
601	관계성이 깊은 사람과 그렇지 않은 사람을 차별한다	깊은 관계성의 존재를 보다 중요시한다	관계성을 더욱 견고히 한다
602	과정을 즐기지 못한다	정기적으로 궤도 수정을 계획한다	목표를 벗어나지 않도록 인도한다
603	불쾌한 과거를 잊지 못해 트라우마가 된다	과거에 있었던 일을 잊지 못하고 기억한다	과거의 경험을 살린다
604	자신감 과잉이다	자신을 가지고 일에 착수한다	일에 역동적으로 착수한다
605	다른 사람에게 말할 기회를 주지 않는다	대화의 주도권을 쥔다	활발하게 대화를 진행한다
606	주변에 과도하게 신경을 쓴다	주위를 배려하며 관계를 맺는다	상식적으로 행동한다
607	타이밍을 재다가 기회를 놓친다	의견을 말할 타이밍을 가늠한다	감각적으로 타이밍을 잡는다
608	주위 사람들이 의견을 말하지 못하게 한다	선두에 서서 일을 추진한다	목표까지 사람들을 강력하게 인도한다
609	사람들에게 의심을 받는다	공시성(싱크로니시티)을 느낀다	집합적 무의식과 연결된다
610	주위를 곤혹스럽게 한다	주위 사람을 웃기려고 한다	그 자리의 분위기를 부드럽게 한다
611	정합성만을 신경 쓴다	근거를 기반으로 말한다	모순이 없는 설명을 한다
612	질보다 양을 중시해서 조잡함이 눈에 띈다	효율을 고려하며 단기간에 행동한다	단기간에 많은 작업을 소화한다
613	앞뒤를 가리지 않고 사람들에게 민폐를 끼친다	일단은 하기 시작한다	점점 새로운 깨달음을 얻는다
614	심층심리를 알리고 싶어 하지 않는 사람에게는 위협이 된다	심층심리를 감각적으로 이해한다	일의 본질을 꿰뚫어 본다
615	혼자 있을 때에는 스스로에게 관대하다	같은 목표를 가진 동료와 함께 공부 시간을 확보한다	동료를 발견해서 일에 착수하여 앞으로 나아간다
616	대응 방법이 항상 변하므로 주위를 혼란스럽게 한다	한 가지 방법에 얽매이지 않고 유연하게 대처한다	부드럽게 대응한다
617	질문 공격을 한다	자신이나 다른 사람에게 이것저것 물어본다	자신이나 다른 사람의 생각을 깊어지게 한다
618	이론을 세워서 생각하지 않는다	어디에 무엇이 필요한지를 순간적으로 판단한다	직감적으로 일을 정리한다
619	남에게 칭찬을 강요한다	칭찬을 받기 위해서라면 아낌없이 노력한다	중요한 프로젝트나 팀을 이끈다
620	나중에서야 오류를 깨닫는다	어떤 환경에서든 '나는 할 수 있다.'고 생각한다	높은 자기효능감을 가진다
621	많은 사람이 있는 자리에서 대화하면 지친다	신뢰할 수 있는 상대에게만 자신을 드러낸다	일대일로 강한 관계를 구축한다
622	주위의 의견을 무시한다	스스로의 의사에 따라 움직인다	스트레스 없이 매일매일 행동한다
623	남의 기분을 뒷전으로 한다	사실에 주목한다	일을 분석한다
624	사례가 없으면 혼란스러워한다	역사를 기반으로 조사한다	과거의 데이터를 해석하여 미래에 활용한다
625	사실을 경시한다	진실에 눈을 돌려 생각한다	진리를 중요시한다
626	할 일이 없으면 초조함에 뒤쫓긴다	언제나 무언가를 한다	많은 일을 실천한다
627	대체안을 낼 때까지 시간이 걸린다	대체안을 모색한다	일을 더 이상 진행할 수 없게 되어도 다른 방법을 찾아서 도전한다
628	남을 좀처럼 다가오지 못하게 한다	진중하게 자신을 드러낸다	사람과 거리감을 가진다
629	서툰 일을 하지 않기 위한 변명을 한다	자신이 잘하는 특기를 살리려 한다	현명하면서 합리적인 판단을 한다
630	태평하게 생각한다	최악의 상황에서도 일의 좋은 부분을 발견한다	시야를 넓혀 일을 긍정적으로 파악한다

* 의미가 있는 우연의 일치

재능의 구체적인 예시 리스트 1000

	단점	재능	장점
631	모든 것을 이해하지 않으면 자신을 갖지 못한다	일상의 문제를 처리하는 방법을 파악한다	안심하고 일에 착수한다
632	능력 차를 고려하지 않는다	많은 사람을 끌어들여 그룹의 범위를 넓힌다	전체적인 팀워크를 높인다
633	배우는 것으로 끝낸다	매일 즐겁게 배운다	생활에 색채를 더한다
634	목표 달성에 관한 일 이외는 경시한다	달성에 다다를 때까지의 루트에 우선순위를 매긴다	전략적으로 나아간다
635	임시방편으로 대응한다	긴급 대응을 한다	안심하고 안전하게 이끌어 간다
636	개개인의 희망 사항을 동등하게 이루어 주지 않는다	기일을 정하고 모두에게 알린다	팀의 생산성을 높인다
637	합리성을 중시한 만남만을 가진다	자신의 실력을 인정해 주는 사람들과 이어진다	자신의 재능을 더욱 갈고닦는다
638	확고한 축을 가지지 못한다	여러 가지 상황에 유연하게 대응한다	일에 적응한다
639	완벽을 과도히 추구한 나머지 힘들어진다	완벽을 추구한다	끝없이 만족하지 못하고 질을 올리려 한다
640	의견이 충돌하더라도 물러서지 않는다	자신의 의견을 관철한다	자신의 의견에 신념을 가진다
641	다른 사람의 기분보다 최적의 환경 만들기를 우선시한다	일에 최적인 사람을 배분한다	사람을 적재적소에 배치한다
642	휴식을 잊고 무리한다	해야 할 일 리스트로 업무를 가시화한 다음 일에 착수한다	효율적으로 행동한다
643	전체상의 파악을 소홀히 한다	구체적으로 행동한다	교착 상태를 끝낸다
644	자신이 범한 잘못을 정당화한다	죄책감을 갖지 않고 매일을 보낸다	과거를 질질 끌지 않는다
645	지금 스스로가 무엇을 하려 했는지를 잊어버린다	과거나 미래에 대해 이것저것 생각한다	시간축에 관계 없이 생각을 자유자재로 움직인다
646	영적인 사람이라고 의심받는다	눈앞에서 벌어지는 일은 필연이라고 생각한다	곤란에 직면하더라도 적극적으로 착수한다
647	가식적인 미소나 아부하는 미소를 띤다	웃는 얼굴을 중요하게 생각하며 미소짓는다	사람의 기분을 밝게 한다
648	오래된 제도를 중요시하지 않는다	새로운 컨텐츠를 기획하여 사회에 공헌한다	새로운 사업을 일으킨다
649	기대한 만큼의 성과를 내는 것이 늦다	달성치의 크고 작음에 관계없이 행동한다	작은 달성치에도 만족한다
650	형식이나 룰 등을 무시한다	독자성이 있는 작품을 만든다	직감으로 창조한다
651	금방 실증을 낸다	감각적으로 결정한다	고집하지 않는다
652	자기 자신에게는 주의를 기울이지 않는다	개인과 전체의 상태에 세심하게 주의를 기울인다	개개와 전체의 상태를 이해하고 밸런스를 맞춘다
653	계속 긴장한 상태로 움직인다	서류에 빠진 부분이 없는지 확인한다	지체 없이 중요한 서류를 작성한다
654	누구에게나 피드백을 구한다	피드백을 적극적으로 받아들인다	일을 객관적으로 파악하고 개선한다
655	주위에 맞추어 행동하지 않는다	자신의 생각으로 행동한다	주체적으로 행동한다
656	남의 힘으로 일을 해결하려 한다고 보인다	남의 힘에 의지한다	누군가의 의지가 되고 싶은 사람의 동기를 높인다
657	휴식을 취하는 걸 잊는다	시간을 변통해 가며 일을 끝낸다	필요한 일에 충실히 임한다
658	상대에게도 같은 스피드감을 요구한다	신속하게 의사 결정을 한다	생산성을 높인다
659	잘못된 해석을 한 채 신념으로 정착한다	자기 나름의 확고한 지론을 가진다	여러 가지 정보에서 일의 본질을 종합한다
660	자기만족적인 문장을 쓴다	넘치는 생각을 문장으로 표현한다	정서가 풍부한 문장을 쓴다
661	이상이 너무 숭고해서 실제가 따르지 못한다	꿈이나 희망을 가지고 실현하기 위해 노력한다	세상에 크게 공헌한다
662	솔직한 평가나 의견을 해 달라고 상대에게 강요한다	어떤 평가도 진지하게 받아들인다	상대의 평가를 솔직히 받아들여 다음에 활용한다
663	상대의 이야기를 너무 많이 듣는 나머지 자신의 시간을 헛되이 한다	상대의 이야기를 온 힘을 다해 듣는다	상대의 본심을 이끌어 낸다
664	남을 이해하는 데 시간을 너무 많이 들인다	상대의 말에 관심을 가지고 듣는다	상대의 이야기를 충분히 이해할 수 있도록 노력한다
665	대립하길 겁내는 사람을 동요시킨다	대립도 해결책의 한 방법이라고 이해하고 발언한다	대립에 의해 생기는 이점을 활용한다

	단점	재능	장점
666	쉽게 단념하지 못한다	언젠가 이루어질 거라 믿고 행동한다	자신의 가능성을 믿는다
667	독재적이다	주도권을 가진다	상황을 컨트롤한다
668	자신에게 책임이 있다고 생각하여 본심을 억누른다	무작정 속내를 드러내지 않고 말을 골라서 한다	남에게 상처를 주지 않도록 배려한다
669	의견의 불일치를 받아들이지 못한다	팀 내 의견 일치를 도모한다	팀을 같은 방향으로 이끈다
670	주위와 동떨어진다	혼자 있는 시간을 소중히 한다	불필요한 자극을 피해 안정을 유지한다
671	기록을 하는 것이 목적이 되어 활용하지 않는다	목표달성을 위해 필요한 기록을 한다	필요할 때에 되돌아봄으로써 파악할 수 있다
672	주위 사람에게도 같은 것이 보인다 생각하고 대충 설명한다	머릿속에서 최단 루트를 시뮬레이션한다	전략적으로 목표에 도달한다
673	전문 분야의 지식이 쌓이지 않는다	넓고 얕게 여러 가지 분야를 공부한다	한 분야의 배움을 다른 분야에도 활용한다
674	속마음을 털어놓는 일이 서툰 사람에게도 이를 강요한다	사람에게 정직함을 요구한다	겉과 속이 일치하는 커뮤니케이션을 한다
675	자신의 방식만 고집한다	자신의 방식대로 일한다	가장 최적의 방식을 확립한다
676	형식화된 소통을 한다	상대의 자질을 파악하고 소통한다	상대의 자질을 통찰하고 소통한다
677	자신의 의견은 내지 않는다	풍파를 일으키지 않도록 팀의 토론을 이끈다	팀 전체를 원만히 이끈다
678	절차가 이해될 때까지 진행하지 않는다	상대에게 절차를 가르쳐 주었으면 좋겠다고 말한다	업무를 확실히 수행한다
679	쉽게 단념하지 못한다	꾸준히 질기게 몰두한다	계속 일에 몰두한다
680	정리되어 있지 않은 상황에서는 혼란스러워한다	순서를 만들어 생각한다	일을 구조화한다
681	영적 능력이 있는 사람이라고 경계받는다	보이지 않는 세상의 개념을 기준으로 행동한다	어떠한 가치 체계를 이루어 낸다
682	생색을 내는 것 같다	자신이 상대에게 한 일을 하나하나 상세하게 보고한다	상대와 친절하게 진척상황을 공유한다
683	유사성을 발견하지 못한다	독자적인 시점으로 남들과 다른 의견을 낸다	독자적이고 날카로운 시점으로 귀중한 조언을 한다
684	긴급 상황에서도 시간을 들인다	실수가 없도록 이중으로 체크한다	원만하면서도 확실하게 일을 진행한다
685	투덜거리기만 한다	신뢰할 수 있는 사람에게만 속내를 밝힌다	있는 그대로의 자신을 다른 사람과 공유한다
686	계획이 틀어지면 다시 계획을 세우는 데 두 번 손이 간다	계획을 세운다	계획에 따라 확실하게 일을 진행한다
687	난잡한 환경에 적응하지 못한다	일을 정리하여 구조화한다	혼란스러운 일을 정리해서 구조를 만든다
688	업무의 결과는 경시한다	상대의 근무 태도를 인정한다	일에 임하는 자세를 중요하게 생각한다
689	어찌 되어도 상관없는 일에 얽매인다	미세한 오류를 깨닫고 수정한다	일을 완성형에 가깝게 한다
690	자국 문화를 중시하지 않는다	여러 나라의 사람과 교류한다	다른 문화 간의 교류를 통해 식견을 넓힌다
691	상대도 나와 같은 이미지를 가지고 있다고 확신한다	과거로부터 미래를 향한 이미지를 부풀려 상대에게 전달한다	일을 장기적인 관점으로 본다
692	끊임없이 지적을 한다	규칙을 준수하기를 원한다	부당한 행동을 하지 못하게 한다
693	나르시스트가 된다	사람을 끌어당기는 대화를 한다	다른 사람에게 활기를 준다
694	개성이 없어진다	주위의 행동에 맞춘다	무난하게 대응한다
695	숫자에 얽매인 나머지 목적을 잃어버린다	명확한 기준을 기반으로 승부에 임한다	성과가 수치화되는 일에 관해 커다란 성과를 낸다
696	주위의 일에 둔감하다	무슨 일이 있어도 동요하지 않고 대응한다	환경에 휘둘리지 않고 움직인다
697	지금에 만족하지 못한다	앞으로를 상상하며 가슴 설렌다	삶에 대한 강한 희망을 가진다
698	그 사람에게 할 능력이 없는데도 그렇게 할 것을 강요한다	갈팡질팡하고 있는 사람을 후원한다	상대의 결단을 있는 힘껏 응원한다
699	즐기지 못할 일에는 흥미를 가지지 않는다	모든 것을 게임처럼 즐겁게 생각한다	즐기기 위한 구조를 만든다
700	목표 달성을 위해 도움이 되지 않는 다른 즐거움을 버린다	목표 달성에 도움이 되는 일만 한다	우선순위를 명확히 한 뒤 일에 임한다

재능의 구체적인 예시 리스트 1000

	단점	재능	장점
701	행동으로 이어지지 않은 채 그림의 떡으로 끝난다	비전을 그린다	무한한 가능성을 믿는다
702	남에게 성공 기회를 주지 않는다	남의 힘을 빌리지 않고 무엇이든 혼자서 해결한다	자력으로 해결한다
703	남들의 질투를 받는다	청중을 흥분과 감동으로 이끈다	엔터테인먼트를 제공한다
704	에너지를 헛되이 소비한다	실패가 있음을 알고도 행동한다	실패도 긍정적으로 파악하여 차후 활용한다
705	그룹 전체의 생각이 하나로 정리되지 않는다	그룹 안에 서로 다른 의견이 나오는 것을 수용한다	한 사람 한 사람의 의견을 존중한다
706	상대의 문제 해결의 우선순위를 착각한다	상대의 고민의 크고 작음을 생각하지 않고 듣는다	상대의 고민을 있는 그대로 파악한다
707	남을 자신의 잣대로 판단한다	윤리관에 따라 올바른 행동을 한다	이 세상과 사람을 위해 행동한다
708	사교성이 부족하다	혼자만의 시간을 최우선으로 하여 느긋하게 일을 생각한다	고독을 두려워하지 않고 일에 임한다
709	의성어나 의태어를 너무 많이 써서 어수선해진다	현장감 넘치는 이야기를 한다	말할 때 표현이 풍부하다
710	부탁 받으면 무리를 해서라도 맡는다	책임감을 가지고 행동한다	주위의 신뢰를 얻는다
711	충동적으로 생각한다	생각이 떠오르면 즉시 실행한다	결과에 빨리 도달한다
712	성과를 올리기 위해 단계를 과하게 늘린다	행동 하나하나가 완벽한지 아닌지 확인한다	신중하고 확실하게 진행시킨다
713	무언가를 배우지 않으면 안심하지 못한다	새로운 지식을 점점 자신의 것으로 만든다	배운 지식을 흡수하여 많은 일에 도움이 된다
714	몇 번이나 보느라 손이 두 번 간다	복수의 사람과의 일의 진척을 정기적으로 눈으로 확인한다	모두가 계획대로 진행할 수 있도록 배려한다
715	목표 달성에만 마음을 빼앗긴다	목표를 달성하기 위해 수단을 유연하게 바꾼다	목표를 효율적으로 달성한다
716	문제점을 애매하게 한다	성장을 전하며 긍정적인 단어로 끝맺는다	상대의 마음을 달랜다
717	지금까지 시험해 본 방법의 검증이 적다	바로 새로운 방법을 시험해 본다	신선함을 가지고 더 나은 행동을 한다
718	도가 넘으면 질서가 없어진다	모든 것을 유연하게 생각한다	유연하게 방법을 바꾸며 일을 진행한다
719	긴장감이 너무 없다	많은 사람들 앞에서도 긴장하지 않고 말한다	많은 사람들 앞에서 자신의 기분을 정확히 전달한다
720	설명이 모자라 주위 사람들의 이해를 얻지 못한다	말보다 행동으로 표현한다	주위에 본보기를 보인다
721	목표를 달성하는 것 이외에는 주의를 기울이지 않는다	목표를 달성하기 위해 여러 가지 선택지를 검토한다	다각적인 시점에서 생각한다
722	너무 몰두한 나머지 주위를 보지 못한다	한 가지 일에 집중해서 임한다	높은 성과를 낸다
723	남의 시점에서 보지 못한다	자신의 생각을 위에서 내려다본다	자신의 생각을 냉정히 파악한다
724	자신이 어떻게 비치는지 깨닫지 못한다	의욕적으로 활동한다	정력적으로 일을 진행한다
725	사람을 차별대우한다	상대에게 맞추어 세세하게 전달법을 바꾼다	맞춤 대응을 한다
726	금방 질린다	항상 최신 지식을 계속해서 배운다	호기심을 활용해서 새로운 감각을 유지한다
727	태평해 보인다	항상 진취적으로 생각한다	긍정적인 동기를 유지한다
728	자신의 이야기에 취한다	치솟는 감정 그대로 이야기한다	정서가 넘치는 대화를 한다
729	예측가능한 일이나 비슷한 일이 반복되면 질린다	유연성을 가진다	돌발적인 트러블에 대응한다
730	체력을 무시해서 몸 상태를 망가뜨린다	달성을 목표로 하여 제한 없이 일에 임한다	달성 속도가 빠르다
731	상대가 이해하기 곤란하다	매니악한 정보를 모은다	전문적인 지식을 탐구한다
732	예상 밖의 사건에는 동요한다	루틴 워크에 착수한다	프로세스를 구조화한다
733	돌발적인 사태가 일어나면 되돌리기 힘들어진다	일이 잘 진전되지 않는 경우에 대비해서 계획을 세운다	리스크를 기반으로 무엇을 하면 좋을지 파악한다
734	독선적이 된다	자신의 기준을 가지고 행동한다	자신의 신념에 따라 행동한다
735	상대에게 업신여겨진다	상대를 대등하게 대한다	상대와 같은 시선에서 대화한다

	단점	재능	장점
736	과거를 고집한다	과거의 실패를 명심하며 지낸다	과거의 경험을 통해 실패를 미연에 방지한다
737	사람의 감정에 둔감해진다	트러블에 동요하지 않고 침착하게 대응한다	문제를 확실하게 해결한다
738	생산성이 저하된다	여러 가지 일을 동시에 진행한다	치우침 없이 일을 진행한다
739	한 사람 한 사람에게 맞춘 대응에 과하게 주력한다	주위에 있는 한 명 한 명에게 신경을 쓴다	모두의 성공을 바라며 도움을 준다
740	쓸데없이 업무를 늘린다	목표 달성까지의 업무를 상세히 분해한다	목표를 달성할 때까지 해야 할 일을 정확히 친다
741	실현되지 못할 것을 꿈꾼다	현시점에서 실행 불가능한 제안을 한다	사고의 제약을 없앤다
742	설명이 필요 없는 것까지 설명하려 한다	상대에게 설명할 수 있도록 곰곰히 생각한다	알기 쉽도록 정리해서 설명한다
743	우유부단하다	남과의 대립을 피한다	합의를 한 뒤에 의사 결정을 한다
744	정의로 사람을 판가름한다	사회의 룰에 따라 행동한다	상식적인 행동을 한다
745	오래된 것을 경시한다	새로운 것을 받아들인다	새로운 것을 저항 없이 수용한다
746	남의 조언을 듣지 않는다	어떤 일이라도 최종적으로는 스스로 정한다	책임을 가지고 스스로 결정한다
747	질문에서 눈을 돌려 근본적인 것을 해결하지 않는다	기분전환을 한다	임기응변으로 상황 전환을 한다
748	꿈이나 희망을 잃어버린다	상대의 기대치를 조정한다	안정적인 생각 방식을 요구한다
749	최적의 선택지나 최선의 방법 이외에는 흥미를 가지지 않는다	최적의 선택지를 좁혀 최선의 방법을 정한다	최적의 선택지와 최선의 방법을 결정한다
750	무계획적으로 움직인다	임기응변으로 행동한다	변칙적인 일이 생겨도 동요하지 않고 대응한다
751	예상외의 사태가 일어나면 큰 폭의 재조정이 필요하다	복수의 안건이 원활하게 진행되도록 구성한다	미리 일을 정리하면서 형태를 만든다
752	과거에 있었던 일을 너무 빨리 잊어버린다	과거에 대해 후회하지 않으며 살아간다	이미 일어난 일에 얽매이지 않고 깔끔하게 결론짓는다
753	남의 비위를 맞출 만한 말만 한다	사람이 즐거워할 만한 화제를 제공한다	대화를 하며 상대가 웃게 된다
754	공모 관계가 된다	서로의 좋은 점을 이야기한다	서로의 퍼포먼스를 올린다
755	자신의 생각을 애매하게 표현한다	어떠한 의견도 긍정이나 부정을 하지 않고 듣는다	중립적인 입장을 취한다
756	융통성이 없다	룰에 따라 움직인다	자율적인 행동을 한다
757	SNS만 너무 많이 보고 해야 할 일은 하지 않는다	SNS의 반응을 신경 쓴다	상대가 어떻게 생각하고 있는지 세세하게 관찰한다
758	스스로의 힘을 과신한다	겁내지 않고 당당하게 행동한다	주위에 안정감을 준다
759	밸런스를 생각하지 않는다	하루 일정을 빡빡하게 세운다	많은 일을 끝마친다
760	상대의 응석을 조장한다	상대가 도움을 구하기 전에 손을 내민다	상대의 기분을 읽고 선수를 친다
761	상상했을 때의 만족감에 젖은 채 끝난다	이상이 이루어졌을 때의 일을 또렷하게 그린다	미래에 현실감을 주어 동기 부여를 한다
762	수다스럽다	속도의 완급이나 리듬의 강약을 이용해 이야기한다	일을 인상적으로 표현한다
763	빈 시간이 없다	풀 스피드로 생각한다	많은 생각을 떠올린다
764	더 높은 곳을 목표로 하지 않는다	다른 사람과 같은 레벨까지 나 자신의 실력을 끌어올린다	다른 모두와 큰 차이 없이 평균적인 실적을 낸다
765	대담한 도전을 피한다	이길 수 있는 사람과만 승부한다	이길 수 있는 장소를 판단한다
766	너무나도 승리에 집착한 나머지 주변인들이 따르지 않는다	승리를 목표로 하여 팀 전원에게 지시한다	승리로 이끌 수 있도록 지휘한다
767	아무래도 좋은 것만 이야기한다	주변의 조화를 의식해 행동한다	온화한 분위기를 만든다
768	맥락 없이 말한다	떠오르는 대로 이야기한다	유창하게 말한다
769	너무 감정이입을 한 나머지 피곤해진다	남의 입장을 자신의 일이라고 바꾸어 생각해 본다	상대의 심정을 더 깊이 이해한다
770	스스로를 문제 삼지 않는다	다른 사람의 문제점을 깨닫는다	다른 사람이 해야 할 일을 발견한다

재능의 구체적인 예시 리스트 1000

	단점	재능	장점
771	남들이 번거로운 사람이라 생각한다	작은 변화를 깨닫고 전달한다	세세한 관점에서 의견을 전한다
772	일시적인 만족감으로 끝난다	자신의 두근거림을 중요시하며 미래를 그린다	자신의 동기부여를 올린다
773	속도가 떨어지기 시작했을 때 자책한다	달성을 목표로 열중해서 착수한다	한번 손을 댄 것은 끝까지 완수한다
774	너무 빈틈이 없다고 보인다	예측하지 못할 상황이 일어나지 않도록 준비한다	눈을 떼지 않고 곧바로 대응한다
775	자기 혼자서는 움직이지 않는다	협력해서 커다란 성과를 낸다	협조성을 전체의 이익으로 이어지게 한다
776	근본부터 급격히 바꾸어 주위를 혼란스럽게 한다	순서를 재검토해서 일의 흐름을 원활하게 한다	기본적인 재검토를 한다
777	팀원 중에서 따라오지 못하는 사람이 생긴다	팀 리더로서 적극적으로 발언한다	팀을 활발하게 이끈다
778	흥미 없는 일에 관심을 가지지 않는다	쓸데없는 부분에 힘을 쓰지 않는다	푹 빠진 일에 철저히 시간을 쓴다
779	반드시 올바른 판단이라고는 할 수 없는 결과로 끝난다	조급하게 판단한다	다음 단계로 신속하게 넘어간다
780	힘을 빼지 못한다	전력을 다해 임한다	삶과 진지하게 마주한다
781	생각에 얽매여서 목표 달성이 늦어진다	학습 방법에 대해 생각한다	자신에게 적합한 학습 방법을 파악한다
782	나댄다	눈에 띄고 싶어한다	눈에 띄는 자리에서 최고의 퍼포먼스를 한다
783	스스로에게 확신을 가지지 못한다	곤란할 때 남에게 상담한다	다른 사람의 시점을 고려한다
784	이상이 너무 높아서 다다르지 못한다	높은 이상을 가지고 움직인다	향상심을 자양분으로 삼아 행동한다
785	실수를 범하면 심하게 침울해진다	일이 제대로 행해지고 있는지 확인한다	오류를 일으키지 않도록 주의해서 임한다
786	흥미가 없는 일이나 서툰 일은 절대 하지 않는다	강점의 발휘를 의식한 행동을 한다	강점을 이용해 커다란 성과를 낸다
787	회의적이다	위험성을 예측하고 대응책을 준비한다	항상 위험에 대한 대비를 한다
788	강한 결핍감을 계속 안고 있다	더 나은 방법을 모색한다	한없이 높은 성과를 뒤쫓는다
789	해결 방법이 있다는 것을 깨닫지 못한다	불편한 상황에서도 상대와 맞선다	어떠한 상황이라도 타파한다
790	말이 너무 많아서 경박하게 보인다	유창하게 말한다	알아듣기 쉽도록 전달한다
791	생각에 집중해서 주위가 보이지 않는다	나 자신과 대화한다	스스로의 속마음을 정리한다
792	생산성만을 중시해서 여유를 가지지 못한다	생겨난 시간을 다른 목표 달성을 위해 사용한다	시간의 효율화를 도모한다
793	중립적인 판단에 얽매여서 자신의 진심과 대립한다	사람을 주관적으로 판단하지 않는다	중립적인 입장에서 상대의 있는 그대로의 모습을 본다
794	마음이 맞는 사람 외에는 연락하지 않는다	자신과 마음이 맞는 사람과 만날 약속을 한다	마음이 맞는 사람들과의 관계를 구축한다
795	지금까지의 관습을 깨부순다	기존 절차를 바꾼다	다이나믹한 변화를 일으킨다
796	과거의 힘든 경험에 공감한다	상대의 과거에 있었던 일을 깊게 알려 한다	상대가 지금까지 살아 온 인생에 경의를 표한다
797	타인의 요구에 휘둘린다	사람이나 조직에 적응한다	환경에 적응한다
798	변화가 없으면 질린다	더 효율적인 방법을 실행한다	방법을 유연히 바꾸며 효율적으로 나아간다
799	허들이 낮다고 느끼면 손대지 않는다	높은 장벽을 돌파한다	지속적으로 더 높은 성과를 낸다
800	어느 정도 배우고 나면 질린다	모르는 것을 배운다	마음 깊은 곳에서 솟아오르는 순수한 생각을 중요시한다
801	판단의 기준이 없으면 고민한다	기준을 명확히 해서 판단한다	곰곰이 검토해서 판단한다
802	깊은 지식을 익히지 못한다	새로운 정보만 찾는다	가장 새로운 지식을 익힌다
803	사고를 중시하는 사람을 혼란스럽게 한다	상대에게 행동의 중요성을 전한다	상대가 신속하게 행동할 수 있도록 한다
804	상식에서 벗어나 있다	인생을 게임이라고 생각하며 생활한다	업무의 본질을 알고 이해한다
805	사람이 많으면 말을 하지 않는다	사람이 적은 장소에서 본심을 말한다	믿을 수 있는 사람에게만 자기 자신을 드러낸다

	단점	재능	장점
806	매뉴얼 없이 움직이지 않는다	매뉴얼대로 일을 진행한다	룰에 따라 확실히 일을 진행한다
807	룰을 지키지 않는다	어떤 상황에라도 맞춰서 대응한다	유연하게 행동한다
808	검증의 규모가 커지면서 많은 시간을 잡아먹는다	과거의 문화를 검증한다	문화 수준을 높인다
809	이기는 것만을 목적으로 한다	이기기 위해 노력한다	남보다 우수하다
810	무리하게 참가를 독촉한다	호기심을 가지고 배움을 계획한다	상대가 성장할 수 있는 기회를 만든다
811	눈에 보이는 성과에 집착한다	자신이 행한 결과를 가시화해서 평가한다	질적인 결과와 양적인 결과를 모두 잡는다
812	다른 사람의 페이스를 어지럽힌다	스피드를 의식하고 행동한다	일의 진행을 빠르게 한다
813	주위 사람들에게 융통성을 발휘하지 못한다	자신이 중시하는 가치관을 기반으로 행동한다	자신을 중요하게 여긴다
814	제멋대로 행동한다	그때그때 기분대로 움직인다	자신의 기분을 중요시한다
815	무례하게 느껴진다	새로운 환경에서도 누구와도 친하게 지낸다	신선함을 유지하면서 주위와 친해진다
816	무난한 룰만 만든다	주위 의견을 받아들여 룰을 책정한다	주위 사람이 납득할 수 있는 룰을 만든다
817	목표 달성을 방해하는 인간관계는 끊어 낸다	목표 달성에 집중한다	쓸데없는 시간을 쓰지 않고 목표를 달성한다
818	생각한 것을 즉시 말로 전하기 힘들다	자신과 타인에게 모두 잘 어울리는 단어를 찾는다	단어를 신중히 검색한다
819	승리에 집착한 나머지 목적을 잃는다	넘버 원을 목표로 한다	승리하여 넘버 원이 되기 위해 끝까지 노력한다
820	잔소리가 많다고 여겨진다	남의 단점에 포커스를 둔다	상대의 발전 가능성을 발견한다
821	정체된 상황을 받아들이지 못하고 결단을 내린다	무엇을 시작할지 즉시 결정한다	언제나 앞으로 나아간다
822	정보의 양이 너무 많아 혼란을 불러일으킨다	한번에 많은 일을 생각한다	수많은 정보를 뇌 내에서 처리한다
823	납득할 때까지 결론을 내지 않는다	질 높은 결과를 낸다	상대가 원하는 레벨 이상의 성과를 제공한다
824	억지 소리를 늘어놓는다	상대의 의견에 대해 다른 각도에서 의견을 낸다	상대와의 인식의 차이를 막기 위해 지지 않고 대화를 나눈다
825	뒤로 밀려 피해의식을 가진다	자신의 손익을 무시한 행동을 한다	남을 위해 무조건적으로 봉사한다
826	사태의 중요성을 인식하지 못한다	느긋하고 침착한 태도를 취한다	상황에 안정감을 가져온다
827	평온한 상황을 깨부순다	새로운 환경에 뛰어든다	새로운 환경에도 재빨리 적응한다
828	멤버들의 업무를 계속 늘린다	동시에 여러 가지 제안을 하며 팀을 지휘한다	프로젝트를 성공시킨다
829	의사 결정이 늦는다	진지하게 검토한다	확실한 행동을 한다
830	충분히 반성하지 않는다	과거에 얽매이지 않고 미래를 향해 생각을 돌린다	미래를 상상하며 행동에 옮긴다
831	주변에서 차가운 사람이라고 생각한다	문제가 일어났을 때 규칙에 따라 행동한다	규칙을 기반으로 중립적인 태도를 지킨다
832	과장된 문장 표현을 한다	정서적인 문장을 쓴다	문장으로 사람의 마음을 움직인다
833	완벽을 과도히 추구한 나머지 공유가 늦는다	완전히 끝을 낸 뒤에 공유한다	질 높은 결과를 제공한다
834	일을 도중에 끝낸다	호기심에 따라 움직인다	일을 빠르게 판단하고 행동한다
835	시간을 확보한 것에 안심하고 쓸데없는 일을 생각한다	생각에 시간을 쓰기 위해 정해진 시간을 확보한다	의식적으로 반성의 시간을 가지고 생각을 정리한다
836	동기에만 주목한다	어떻게 하면 상대의 동기를 올릴 수 있을지 이해한다	상대의 의욕을 끌어내면서 앞으로 나아가게 한다
837	사생활을 희생한다	상대가 원한 것 이상의 성과를 낸다	질 높은 것을 양산한다
838	상대의 생각이나 행동 패턴을 일방적으로 단정짓는다	상대의 과거 경험에서부터 일정 패턴을 읽어 낸다	상대의 성공이나 실패 패턴을 깨닫고 알려 준다
839	색다른 영적 계열의 사람이라 여겨진다	보이지 않는 세계와의 연결을 느낀다	거대한 시점에서 세계를 파악한다
840	흐트러진 환경 아래에서는 기분을 정리하지 못한다	어지러진 상태를 정리한다	질서를 유지한 상태를 만든다

재능의 구체적인 예시 리스트 1000

	단점	재능	장점
841	상대를 독촉하고 있다는 오해를 받는다	빠르게 답을 준다	남을 기다리게 하지 않고 신속하게 대응한다
842	상대에게 너무 큰 기대를 한다	조직에 있어서 개인의 중요성을 상대에게 전한다	역할 의식을 가질 수 있도록 도움을 준다
843	상대가 재촉당하고 있다고 느끼게 한다	상대에게 예정을 상기시킨다	지체없이 일을 추진한다
844	억지로 의견의 공통점을 발견해서 정답을 갖다 붙인다	여러 사람에게서 정보를 수집해서 정확성을 높인다	여러 가지 의견에서부터 정확한 정보를 이끌어 낸다
845	자료를 끊임없이 늘린다	배운 것을 글로 남긴다	생각을 가시화하여 정리한다
846	방향성이 흔들리는 사람을 부정한다	사람을 올바른 방향으로 인도하려 설득한다	올바른 판단력이 있는 발언을 한다
847	의심이 많다	많은 증거를 통해 결론을 낸다	확증이 있는 대답을 이끌어 낸다
848	대화에 집중하지 않는다	논지를 벗어난 대화를 원래대로 돌린다	근본에서 벗어난 사람의 궤도를 수정한다
849	물건이 많아 혼란스러운 상태가 된다	언젠가 쓸지도 모른다며 물건을 소중히 보관한다	형태가 있는 것을 소중히 한다
850	흥미 없는 일에는 전혀 관심을 보이지 않는다	흥미가 있는 것을 만족할 때까지 조사한다	무언가에 골몰하여 생각한다
851	다른 사람을 기준으로 삼아 스스로를 알 수 없게 된다	남의 기쁨을 자신의 일인 것처럼 함께 기뻐한다	다른 사람과 기쁨을 나눈다
852	독창성이 결여된다	절충안을 제안한다	토론의 종착지를 정한다
853	상대에게 마음을 뺏겨 자신의 성장은 깨닫지 못한다	타인의 변화를 깨닫는다	다른 사람의 변화를 민감하게 알아차린다
854	쉽게 단념한다	상대에게 많은 것을 바라지 않고 만난다	상대에게 많은 기대를 하지 않고 만난다
855	성공만을 중요시한다	가장 빠른 성공 경로를 밟기 위해 시간을 들인다	납득할 수 있는 전략을 세우는 것에 시간을 쓴다
856	가설로만 끝난다	지금부터 유행할 만한 것을 생각한다	유행을 선구하며 아이디어를 제안한다
857	이미 다 정해진 것처럼 행동한다	목적을 정리한다	본질적인 행동을 한다
858	마음대로 예측하고 속단한다	상대가 어떻게 생각하고 있는지 예측한다	상대의 감정이나 생각을 알아차린다
859	가장 빠른 방법을 의식한 나머지 결단을 내리기까지 시간이 너무 많이 걸린다	확실하게 성과를 낼 방법을 떠올린다	효율적으로 결과에 도달한다
860	상대에 따라 불필요한 정보까지 공유한다	수많은 정보 중에 도움이 될 정보를 선별한다	정보에서 유용한 지식을 추출한다
861	권유받는 대로 참가해서 피곤해진다	참석을 권유받으면 행동력 있게 움직인다	여러 곳을 찾아가며 인맥을 넓힌다
862	마감이 아슬아슬할 때까지 일에 손을 대지 않는다	늦어진 것을 따라잡는다	상황이 진척된 정도를 조정한다
863	본래의 나 자신을 잃어버린다	상대에게 맞춰 캐릭터를 바꾼다	상대에게 맞는 커뮤니케이션을 한다
864	주변에 맞추지 않고 마이페이스로 움직인다	자신의 페이스를 따라 효율적으로 움직인다	질서를 유지하며 생산성을 높인다
865	동시에 여러 가지 일을 진행한다	어떤 것에라도 우선 도전해 본다	경험치를 높인다
866	0→1이 되는 아이디어를 넣지 못한다	상황의 경위를 안다	경위를 자신에게 구체적으로 적용해서 행동으로 옮긴다
867	혼자 많은 일을 끌어안는다	정력적으로 일한다	많은 일을 완료한다
868	다른 사람에게 감사를 강요한다	감사받기 위해 노력한다	남을 위해 아낌없이 공헌한다
869	실행하는 것 자체를 목적으로 한다	생각을 재빨리 행동으로 옮긴다	현실화에 속도를 붙인다
870	깊은 관심이 있는 일이 아니면 힘을 쏟지 않는다	무언가에 집착하여 착수한다	기준 이상의 성과를 낸다
871	타인과 얽히는 일의 위험성을 고려하지 않는다	모르는 사람에게도 도움의 손길을 내민다	한 명 한 명을 존중하는 태도를 취한다
872	자신의 전략이 옳다고 고집한다	여러 수단 중에서 가장 적합한 해법을 선택한다	최적의 방법을 확실히 실행한다
873	상대가 좀처럼 알아차리지 못한다	남의 기분에 따라 행동을 취한다	상대와의 심리적 거리를 좁힌다
874	성공인지 실패인지로만 판단한다	성과를 명확히 파악하고 확실히 행동한다	성공인지 실패인지가 명확한 목표를 세운다
875	남과 다르기를 고집한다	최첨단 서비스를 개발한다	새로운 가치를 창조한다

#	단점	재능	장점
876	대담한 행동을 취하지 않는다	좋은 결과를 내더라도 크게 기뻐하지 않고 겸허한 태도를 취한다	감정의 파도에 휩쓸리지 않고 냉정하게 대응한다
877	발전할 수 있는 행동을 하지 않는다	편한 방법을 생각한다	효율이 좋은 방법을 발견한다
878	존경할 수 없는 사람과는 거리를 둔다	가까이 있는 사람을 존경하며 더 좋은 관계성을 구축한다	존경할 수 있는 친구와 신뢰 관계를 쌓는다
879	단순한 망상으로 끝난다	상대의 생각을 짐작한다	상대를 깊이 이해한다
880	자기 자신을 소홀히 한다	상대의 기분을 우선시한다	상대의 기분에 가까이 다가간다
881	끝날 것 같지 않은 일은 처음부터 손대지 않는다	무엇을 할지 전략을 세운다	시작한 일은 반드시 끝마친다
882	너무 많은 일을 의뢰받는다	다른 사람에게 부탁받은 일은 마지막까지 완수한다	책임을 가지고 대응한다
883	너무 많이 참가한 나머지 돈을 낭비한다	많은 사람이 모이는 자리에 적극적으로 참가한다	보고 들으며 많은 정보를 얻는다
884	한 사람 한 사람의 상태에 신경 쓰지 못한다	많은 사람이 있는 곳에서 좋은 분위기를 만든다	전체를 더 좋은 분위기로 바꾼다
885	한번 정한 방법은 좀처럼 바꾸지 않는다	같은 일을 반복해서 행한다	일관성을 유지한다
886	모든 것을 너무 많이 책임지다가 무너진다	결과에 대한 책임을 진다	책임전가를 하지 않고 받아들인다
887	이길 것 같지 않은 상대와의 대결은 처음부터 피한다	상대의 실력을 가늠하고 승부에 임한다	라이벌이 있으면 더 나은 성과를 낸다
888	편한 작업만 선택한다	세세한 것은 생각하지 않고 낙관적으로 행동한다	그 자리 그 자리의 분위기를 중요시하며 진행한다
889	불확실한 상태로 일을 진행한다	조급하게 업무를 소화한다	목표에 가장 빠른 속도로 도달한다
890	목표가 정해지지 않으면 생각이 떠오르지 않는다	목표 달성을 위한 길을 검색한다	목표에 향하기 위해 시야를 좁혀 생각을 이끌어 낸다
891	싫어하는 일이나 문제에서 눈을 돌린다	하루 중 좋았던 사건에 대해 주목한다	며칠 안에 기력을 회복한다
892	주위에서 발상을 받아들이지 못한다	유머 있는 발상을 한다	독창적인 제안을 한다
893	개인의 생산성이 떨어진다	많은 사람들과 함께 팀을 이룬다	협력 체제를 만든다
894	자기만족의 아웃풋으로 끝난다	매일 반드시 무언가의 아웃풋을 한다	하나하나 확실히 변화를 일으킨다
895	무리한 목표를 공언해서 자신을 괴롭힌다	한번 말하면 반드시 실행한다	꿈이나 목표를 공언하고 착실히 행동으로 옮긴다
896	해 온 것을 되돌아볼 여유가 없이 항상 초조해한다	가능한 한 많은 일을 소화한다	차례대로 업무를 끝마친다
897	이상과의 괴리에 자신감을 잃는다	이념을 가지고 행동한다	높은 이상을 추구한다
898	성과와 직결되지 않는 부분에 시간을 소비한다	자신이 실패한 경험을 기반으로 지도한다	상대의 불안을 누그러뜨려 앞으로 나아갈 수 있게 한다
899	말하지 않아도 될 일까지 말한다	솔직한 의견을 전해 토론한다	겉과 속이 다르지 않은 소통을 한다
900	상식을 모른다고 차별한다	일반 상식과 다른 길을 가는 사람에게 관용적 태도를 취한다	마이너리티를 받아들인다
901	장래를 비관한다	부정적인 미래를 예측하고 생각한다	위기 상황을 예견하고 장래를 검토한다
902	남의 결점을 들추어낸다	상대의 성격 문제를 특정한다	더 나은 인격을 가질 수 있도록 인도한다
903	구체적인 방법론을 생각하지 않는다	본질에 기반하여 생각한다	목적을 잃어버리지 않고 생각한다
904	동질성을 소홀히 한다	한 사람 한 사람의 개성을 다르게 느낀다	다양성을 중요하게 여긴다
905	남의 기분을 무시한다	사양하지 않고 자신의 의견을 말한다	기탄없이 생각을 전달한다
906	공감을 바라지 않는다	반론당하더라도 독자적인 의견을 관철한다	명확한 신념을 가진다
907	임기응변으로 대응하지 않는다	모든 것을 균일화한다	일정한 태세를 유지한다
908	낯부끄러운 표현을 한다	아름다운 단어를 선택한다	말로 사람에게 감동을 전한다
909	여유를 가지지 못한다	세부 사항에도 타협하지 않는다	완벽을 고수한다
910	단기간에 더 나은 해결책을 찾아낸다	문제점을 깨닫는다	문제 해결에 착수한다

재능의 구체적인 예시 리스트 1000

	단점	재능	장점
911	확실성이 없다	밝은 이상의 미래를 전한다	불확실한 상황에서도 안심시켜 준다
912	동기에만 의지해 행동한다	퍼포먼스를 높일 방법을 발견한다	생산적으로 일에 착수하려 노력한다
913	성장한 부분만 눈여겨 본다	상대가 성장한 부분을 전한다	상대의 변화를 아낌없이 전달한다
914	감정 기복이 심해서 주위 사람들이 신경을 쓰게 한다	희노애락을 자연스럽게 표현한다	감정의 움직임을 주위에 알기 쉽게 전한다
915	자신과 생각이 다르더라도 표현하지 않는다	상대의 본심을 떠본다	상대를 편안하게 해서 본심을 이끌어 낸다
916	객관성이 결여되어서 잘못된 판단을 할 가능성이 있다	자신이 생각하는 대로 결단한다	후회 없는 선택을 한다
917	다른 사람의 발언 기회를 빼앗는다	상황을 전담해서 말한다	상황이 고조된다
918	관계없는 것도 억지로 연결 짓는다	상황의 관계성을 발견한다	일의 규칙성을 깨닫는다
919	사실을 부정한다	사실을 이야기처럼 연출한다	상대의 흥미를 불러일으킨다
920	정해진 날을 지키는 것을 중요시해서 목적을 잃어버린다	마감을 반드시 지킨다	불가능한 변명을 하지 않고 정직하게 일한다
921	일이 의도하지 않은 방향으로 진행되고 있어도 대응하지 않는다	일의 불확실성을 받아들인다	불확실한 일에도 침착하게 반응한다
922	생각이 분산되어 방향성을 정하지 못한다	문제 해결의 방법을 생각한다	여러 가지 해결책을 생각한다
923	이길 수 없는 승부를 피한다	매번 이기려 한다	전략적으로 승리한다
924	사람을 중요하게 여기지 않는다는 말을 듣는다	넓고 얕게 사귄다	깊이 파고들지 않고 적당한 거리감을 유지한다
925	수단을 생각하지만 실행하지 않는다	그려 보았던 미래를 실현할 수단을 찾는다	그려 둔 미래를 실현하기 위한 행동을 거꾸로 계산한다
926	약점에만 주목한다	완성되지 못한 부분을 명확히 한다	상황의 정체를 막고 스무스하게 진행한다
927	남에게 일을 맡기지 못한다	주어진 일을 마지막까지 완수한다	포기하지 않고 매달린다
928	단조로운 매일이 된다	일상생활을 간소화해서 해야만 하는 일에 주력한다	자기가 하고 싶은 일에 집중할 수 있는 환경을 만들어 낸다
929	이론적으로만 정리한다	사실을 냉정히 서술한다	감정에 얽매이지 않고 자신의 의견을 차분하게 말한다
930	나와 친한 사람 쪽으로 의견이 치우친다	나에게 가장 맞는 사람을 선별한다	자신의 눈으로 사람을 판단한다
931	공감력이 결여된다	상대의 감정에 휘둘리지 않고 반응한다	상대의 감정에 일희일비하지 않고 행동한다
932	주목받지 못하면 동기가 저하된다	본격적인 상황에서 자신의 강점을 살려 남들을 매료시킨다	남에게 주목받는 무대가 있으면 힘을 발휘한다
933	무서운 인상을 준다	진심으로 토론한다	생각을 감추지 않고 전해 진실을 이끌어낸다
934	상대의 의견을 막는다	자신의 의견을 주장한다	자신 있게 말한다
935	예정이 변경되면 계획을 세운 시간이 쓸모없어진다	효율적으로 움직일 수 있도록 스케줄을 짠다	시간을 효율적으로 활용한다
936	남에게 이용당한다	사람을 배신하지 않도록 진지한 태도로 접한다	신용을 얻을 수 있도록 진지하게 행동한다
937	리스크 제거만을 생각한다	잠재적 리스크를 밝혀내고 정보를 조사한다	일을 안전하게 진행시킨다
938	일을 대충 한다	회사를 다니며 학업을 병행한다	몇 살이든 배움의 자세를 가진다
939	상대를 속박한다	상대의 말이나 행동에서 잘못된 점을 지적한다	상대를 더 나은 방향으로 이끈다
940	상대의 기분을 살핀다	상대의 의견에 찬성한다	상대가 의견을 내기 쉬운 환경을 만든다
941	예정이나 계획이 정해지지 않으면 움직이지 않는다	기한을 지킨다	계획대로 진행한다
942	운이 좋은 날에 너무 집착해서 시작이 늦어진다	운이 좋은 날을 깨닫는다	운이 좋은 날을 정할 것을 제안한다
943	일관성을 유지하지 못한다	여러 가지 가치관을 이해한다	어떤 가치관이라도 받아들인다
944	주변에 의식을 돌리지 못해 무관심하게 보인다	상대와의 대화 중에 다른 일을 생각한다	생각의 전환이 빠르다
945	승패에 얽매인다	승부에 과감히 도전한다	자신의 퍼포먼스를 끌어올린다

	단점	재능	장점
946	자신을 과도하게 통제한다	자신의 결점을 발견하고 고친다	자신의 결점을 솔직히 인정하고 개선한다
947	결과가 나올지 아닐지는 신경쓰지 않는다	하나하나 신중하게 배운다	학습 과정을 음미한다
948	기분이 바뀌더라도 무리해서 끝까지 완수한다	한번 시작한 일은 마지막까지 끝낸다	일을 어중간한 상태로 끝내지 않고 완료한다
949	마음을 연 사람과만 친하게 지낸다	나에게 있어 필요한 사람만 사귄다	나에게 필요한 사람을 골라낸다
950	때로는 비정해진다	목표를 달성하기 위해서라면 수단과 방법을 가리지 않는다	모든 가능성을 모색해 실행에 옮긴다
951	설득력이 모자란다	상대가 깨닫지 못한 작은 변화를 이야기한다	상대보다 빨리 성장을 깨닫는다
952	자료가 너무 많다	나중에 도움이 될 것 같은 자료를 모아 둔다	풍족한 정보를 가진다
953	쓸데없는 설교를 한다는 말을 듣는다	침울해 있는 사람에게 말을 건다	상대의 마음을 위로한다
954	앞뒤를 생각하지 않는다	많은 계획을 세운다	일상의 충실화를 꾀한다
955	다른 사람과 함께하는 시간을 가지지 않는다	혼자 있는 시간을 생각하는 데 쓴다	혼자만의 시간을 즐긴다
956	동료에게 약하다	직장에서의 동료 의식이 강하다	사무적인 태도를 취하지 않고 관계성을 깊이 한다
957	적당히 맞춰서 대응한다	말을 할 일이 없어도 지목당한 순간에는 말을 한다	순발력 있게 대응한다
958	상세한 내용을 고려하지 않고 말한다	요약한다	간결히 한다
959	상대에게 압력을 가한다	남의 등을 떠민다	주위 사람을 끌어들여 행동한다
960	결과의 질이 떨어진다	조직이 하나가 되어 고민한다	조직에 일체감을 준다
961	한번 정한 우선순위를 고집한다	우선순위를 정한다	과제를 명확히 하고 효율적으로 수행한다
962	현재의 상황을 소홀히 한다	이후 일어날 여러 가지 패턴을 예상한다	선수를 쳐서 대응한다
963	체력의 한계를 넘도록 상대에게 최선을 다한다	감사를 받기 위해 최대한의 도움을 준다	절대적 신뢰를 얻는다
964	상대의 생각할 힘을 빼앗는다	실패를 나무라지 않고 다음으로 이어질 방법을 알려준다	실패를 기반으로 하여 성장으로 이끈다
965	다른 사람의 시선을 모으는 일을 고집한다	상대의 요구 이상으로 반응한다	상대의 기대치를 넘은 활동을 한다
966	역사를 해석할 때까지 상당한 시간을 들인다	구전으로 이어져 내려오는 이야기의 본질을 찾는다	전통을 계승한다
967	개개인과의 관계성을 깊이 하지 못한다	누구한테나 공평하게 대한다	모든 것을 공평하게 생각한다
968	변명만 한다	의사 결정의 배후에 있는 근거를 설명한다	일이 벌어진 배경이나 이유를 설명하여 안심시킨다
969	오래 사귄 사람이 질투한다	적극적으로 새로운 사람과 만난다	만남을 통해 신선한 기분을 유지한다
970	자신의 생각이 기준이 되어 객관성을 잃는다	과거의 일이 적절했는지를 자기 나름대로 되돌아본다	일의 타당성을 검증한다
971	전체상을 확인하지 않고 안일하게 받아들인다	의뢰 사항을 기분 좋게 받아들인다	많은 일을 완료한다
972	새로운 깨달음이 없다고 스스로를 책망한다	하루에 1개 이상 무언가를 배운다	더 나아지려는 의욕을 가지고 행동한다
973	자기 지론을 강요한다	다른 사람의 질문에 자신의 생각을 포함한 답을 한다	상대의 시야를 넓히는 역할을 한다
974	상대의 선의를 솔직히 받아들이지 못한다	상대의 칭찬에 겸손하게 대응한다	상대가 하는 말을 그대로 받아들이지 않고 더 깊이 생각한다
975	자신의 생각을 고집한다	자신만의 축을 가진다	양보할 수 없는 가치관을 가진다
976	부조리하더라도 참는다	상대의 요구에 응한다	상대의 기대에 응한다
977	너무 당돌해서 상대를 놀라게 한다	상대의 일상에서의 활약을 칭찬한다	상대의 마음을 치유한다
978	다른 사람이 가까이 오려 하지 않는다	사이 좋은 사람과 깊은 시간을 보낸다	상대를 아끼며 소중히 한다
979	감정이 터지는 날 갑자기 폭발한다	상황을 참고 견딘다	참을성 있게 참고 넘어간다
980	정보 수집이 목적이 된다	여러 가지 구체적인 예를 수집하여 미래를 준비한다	여러 가지 구체적인 예를 활용하여 위기관리를 한다

재능의 구체적인 예시 리스트 1000

	단점	재능	장점
981	자신과 상대의 심리적 경계가 사라진다	상대의 생각을 파악한다	상대의 세계관을 이해한다
982	말하지 않아도 좋을 내용까지 말한다	자신의 부정적인 생각을 토로한다	자신의 스트레스를 발산한다
983	자신의 강점을 살릴 수 없다고 생각하면 도전하지 않는다	즐기면서도 강점을 살린다	자신의 강점을 살리는 노력을 한다
984	상대가 자립하지 못하게 한다	상대의 작업을 대신한다	상대의 책임을 줄여 주는 행동을 한다
985	상대를 과대평가한다	남에게 기대than 일을 의뢰한다	다른 사람의 가능성을 믿고 맡긴다
986	검토에 너무 많은 시간을 들인다	결단에 납득하고 행동한다	흔들림 없이 행동한다
987	생각만 하고 행동하지 않는다	생각을 구조화한다	다른 사람에게 체계적으로 말한다
988	변명하는 것 같다	오해받지 않도록 자신의 행동에 대한 이유를 설명한다	행동 원리를 정확히 공유한다
989	충분히 반성하지 않는다	혼이 나더라도 금방 잊어버린다	대범하게 행동한다
990	너무 몰두한 나머지 약속을 잊어버린다	배움에 매진한다	집중해서 풍부한 지식을 흡수한다
991	결과를 생각하지 않고 함부로 행동한다	앞장서서 행동한다	주위의 모범이 될 행동을 한다
992	데이터에 매달려서 중요한 것을 잊어버린다	매일의 진보를 측정하는 구조를 만든다	성과를 눈으로 측정하며 진보를 그린다
993	꾹꾹 참다가 갑자기 감정을 폭발시킬 수도 있다	대립된 인간관계를 조정한다	인간관계를 조화롭게 이끈다
994	구체성을 잃는다	복잡한 일을 정리한다	간단하게 정리한다
995	자신의 기준만으로 사람을 고른다	집단 안에서 성격이 맞을 만한 사람을 순간적으로 발견한다	전체를 조망한다
996	상대가 잘하지 못하는 일이라도 무리해서 어떻게든 해내게 하려 한다	다른 이의 약점 극복에 도움을 준다	팀원이 끈기 있게 성장한다
997	고집이 너무 세서 양보하지 않는다	압도적인 퀄리티의 성과물을 제공한다	최고를 목표로 세련되게 한다
998	본래의 예정을 뒤로 돌린다	급한 부탁이나 의뢰를 받아들인다	상황에 유연하게 대응한다
999	서로 마음을 열 때까지 시간이 걸린다	모르는 사람과 팀을 짜고 동료가 된다	새로운 만남의 장을 준비한다
1000	대화의 템포가 늦는다	깊이 생각하고 말한다	말과 말 사이의 의도를 중요시한다

▶ 「재능의 구체적인 예시 리스트 1000」의 스마트폰용 데이터 무료 다운로드는 여기서

【주의사항】 ■스마트폰 대상(일부 기종에서는 이용할 수 없는 경우가 있습니다) ■패킷 통신료를 포함한 통신 요금은 고객님의 부담입니다 ■제3자나 SNS 등 인터넷 상의 무단 게재나 재배포는 엄중히 금지되어 있습니다 ■어떨 수 없는 사정에 의해 예고 없이 공개를 종료할 수 있습니다 ■본 데이터는 주식회사 지코리카이에서 제공하고 있습니다. 주식회사 KADOKAWA에서는 데이터의 다운로드·사용 방법 등에 대한 답변이 불가합니다 ■이용하시는 단말기나 OS에 관련된 구체적인 조작 방법에 대해서는 개별적인 안내가 불가합니다

【문의처】 주식회사 지코리카이 info@jikorikai.com

재능을 '발견하고 → 살리고 → 키우기'

<재능을 발견하는 100가지 질문> 위한 질문 **300**

권말부록 3

▽ **재능을 직접 발견하는 25가지 질문**

1	무엇을 하면 가슴이 두근대는가?
2	무엇을 하고 있으면 안심하는가?
3	어떤 일이라면 천천히 기다릴 수 있는가?
4	자신답다고 느끼는 행동은?
5	성격은 외향적인지 내향적인지? 행동 패턴은?
6	자신의 어떤 점이 좋은지?
7	다른 사람이 해 주었을 때 기뻤던 말은?
8	어릴 때부터 잘하던 것은?
9	남들이 '조금 더 ○○하면 좋을 텐데.'라고 생각하는 점은?
10	어떤 일이라면 할 마음이 나는지?
11	'이런 사람만은 절대로 되고 싶지 않다.'고 생각하는 사람은?
12	어릴 때 어떤 일에 가슴이 두근거렸는지?
13	쓸데없이 참견하고 마는 일은?
14	충족감을 느끼는 작업은?
15	주의 깊게 착수하는 작업은?
16	(조금쯤은) 자랑할 수 있는 것은?
17	예전부터 변함이 없다고 느끼는 것은?
18	어떤 말버릇이 있는지?
19	자기만족으로 하고 있는 행동은?
20	친하지 않은 사람을 대할 때 무의식적으로 하고 마는 행동은?
21	친한 사람을 대할 때 무의식적으로 하고 마는 행동은?
22	동료 여러 명이 있을 때 무의식적으로 하고 마는 행동은?
23	회의 등의 토론에서 무의식적으로 하고 마는 행동은?
24	학생이었을 때 힘들어하지 않고 계속했던 행동은?
25	잘했던 과목은? 잘했던 이유는?

<재능을 **발견**하는 100가지 질문>

▼ 재능을 단점을 통해 발견하는 25가지 질문

1	자타가 인정하는 단점은?
2	어떤 환경에서 의욕을 잃어버리나?
3	피로가 남는 작업은?
4	자신에 대해 후회하는 행동은?
5	어떤 환경에서 초조해하는가?
6	어떤 상황에서 머리가 백지장이 되는지?
7	구애받지 않아도 되는데도 구애받는 것은?
8	어떤 행동을 했을 때 실패하기 쉬운지?
9	일에서 스트레스를 느끼는 활동은?
10	일에서 시간이 느리게 흘러간다고 느끼는 작업은?
11	일의 진척이 나지 않을 때 행동 패턴은?
12	일에서 성과가 나지 않을 때 행동 패턴은?
13	일에서 가장 반감을 샀던 점은?
14	같이 일하는 동료에 대해 어떤 단점이 나오기 쉬운지?
15	팀이나 조직 안에서 어떤 단점이 나오기 쉬운지?
16	일에 있어서 인생 최대의 실패는?
17	개인적으로 스트레스를 느끼는 활동은?
18	개인적으로 시간이 느리게 간다고 느끼는 작업은?
19	개인적으로 진척이 늦어질 때의 행동 패턴은?
20	개인적으로 성과가 나지 않을 때의 행동 패턴은?
21	개인적으로 주위에서 가장 반감을 샀던 점은?
22	개인적으로 인생 최대의 실패는?
23	가족이나 파트너에 대해 어떤 단점이 나오기 쉬운지?
24	친구나 동료에 대해 어떤 단점이 나오기 쉬운지?
25	금전 관리에 있어서의 단점은?

▼ 재능을 장점을 통해 발견하는 25가지 질문

1	과거에 다른 사람에게 가장 큰 공헌을 했던 사건은?
2	노력하지 않았는데도 칭찬받았던 일은?
3	다른 사람을 놀라게 하는 점은?
4	일상 속에서 다른 사람에게 감사를 받는 일은?
5	어떤 부탁을 잘 받는지?
6	어떤 때 침착하게 행동할 수 있나?
7	목표를 달성할 때 의식하는 행동은?
8	도전할 때 의식하는 행동은?
9	일에서 스트레스를 받지 않는 작업은?
10	일에서 시간이 빠르게 흘러간다고 느끼는 작업은?
11	일에서 진척이 빠를 때의 행동 패턴은?
12	일에서 성과가 날 때의 행동 패턴은?
13	일에서 가장 칭찬을 받았던 일은?
14	같이 일하는 동료에 대해 어떤 장점이 나오기 쉬운지?
15	팀이나 조직 안에서 어떤 장점이 나오기 쉬운지?
16	일에 관해 인생 최대의 성공은?
17	개인적으로 스트레스가 없는 작업은?
18	개인적으로 시간이 빠르게 흘러간다고 느끼는 작업은?
19	개인적으로 진척이 빠를 때의 행동 패턴은?
20	개인적으로 성과가 날 때의 행동 패턴은?
21	개인적으로 주위에서 가장 칭찬을 받았던 일은?
22	개인적으로 인생 최대의 성공은?
23	가족이나 파트너에 대해 어떤 장점이 나오기 쉬운지?
24	친구나 동료에 대해 어떤 장점이 나오기 쉬운지?
25	금전 관리에 있어서의 장점은?

<재능을 **발견**하는 100가지 질문>

▽ 재능을 다른 사람에게 묻는 25가지 질문(관점)

1	나의 강점을 한마디로 말하면?
2	내가 생기 넘칠 때는 어떤 때?
3	내가 편안할 때는 어떤 때?
4	내가 스트레스가 없을 때 하는 일은?
5	나답다고 느껴지는 점은?
6	나의 좋은 점은?
7	내 행동에서 놀라운 점은?
8	나와 성격이 비슷한 사람은?
9	나와 행동 패턴이 닮은 사람은?
10	내가 입버릇처럼 쓰는 단어는?
11	나는 어떤 행동이 많은지?
12	나를 처음 만났던 때와 지금은 어떤 점이 다른지?
13	성격이 닮은 캐릭터(드라마나 만화 등)는?
14	내 성격을 동물에 비유하면?
15	내 성격을 색깔로 표현하면?
16	내 특징을 가구나 문방구로 표현하면?
17	내 특징을 가상의 생물에 비유하면?
18	내 특징을 연속된 단어(시원시원, 따끈따끈 등)로 표현하면?
19	나답지 않다고 느껴질 때는 어떤 때?
20	나는 어떤 때 의욕을 잃어버리나?
21	나는 어떤 때 자칫하면 초조해지나?
22	나는 어떤 것에 구애받고 있는 것 같은지?
23	내가 일에서 고치는 편이 나은 점은?
24	내가 인간관계에서 고치는 편이 나은 점은?
25	내가 인생 전반에서 개선할 필요가 있는 부분은?

[재능을 살리는 100가지 질문]

《장점을 살린다》

▽ 크래프트법을 실천하는 20가지 질문

1	패배의 패턴은? 거기서 알게 된 단점은?
2	승리의 패턴은? 거기서 알게 된 장점은?
3	배울 때 넓고 얕게? 좁고 깊게? 학습 스타일의 단점은?
4	수월하게 배웠을 때는 어떤 장점을 쓰고 있었는지?
5	배울 의욕을 잃었을 때 어떤 노력을 하면 좋은지?
6	의욕이 나지 않을 때는 어떤 식으로 지내고 있을 때인지?
7	의욕이 날 때는 어떤 장점을 쓰고 있었는지?
8	의욕이 나지 않을 때에는 어떤 노력을 하면 좋은지?
9	일의 질과 양, 어느 쪽을 중시하는지? 업무 스타일의 단점은?
10	일에서 높은 성과를 냈을 때 어떤 장점을 쓰고 있었는지?
11	일의 성과가 나지 않았을 때 어떤 노력을 하면 좋은지?
12	업무 속도를 중시하는지 중시하지 않는지? 업무 스타일의 단점은?
13	일의 진척이 빠를 때 어떤 장점을 쓰고 있었는지?
14	일의 진척이 늦어질 때 어떤 노력을 하면 좋은지?
15	기분이 가라앉아 있을 때의 행동 패턴은?
16	적극적으로 일에 착수하고 있을 때 어떤 장점을 쓰고 있었는지?
17	기분이 가라앉아 있을 때 어떤 방법을 쓰면 잘 풀리는지?
18	일이 잘 진전되지 않을 때 어떤 것을 잘 생각하는지?
19	어떤 시간축(과거·현재·미래)에 대해 생각할 때 스트레스가 적은지?
20	일이 잘 진전되지 않을 때 어떤 노력을 하면 좋은지?

[재능을 살리는 100가지 질문]

《장점을 살린다》

▽ 환경이동법을 실천하는 20가지 질문

1	어떤 환경에서 일이 순조롭게 진행되는지?
2	어떤 환경에서 취미로 충족감을 느끼는지?
3	가장 충만한 체험을 한 것은 어떤 환경이었는지?
4	가장 성공적인 체험을 한 것은 어떤 환경이었는지?
5	어떤 사람과 같이 있으면 편안해지는지?
6	어떤 장소에서 편안해지는지?
7	어떤 환경에서 집중해서 일에 착수할 수 있는지?
8	어떤 환경에서 의욕이 나는지?
9	어떤 환경에서 아이디어가 번득이기 쉬운지?
10	어떤 환경에서 남을 기쁘게 할 수 있는지?
11	최근 충족감을 느꼈던 때는 어떤 환경이었는지?
12	협력하여 상황이 잘 풀렸을 때는 어떤 환경이었는지?
13	클럽 활동이나 서클에서 노력이 결실을 맺었던 때는 어떤 환경이었는지?
14	공부로 노력이 결실을 맺었던 때는 어떤 환경이었는지?
15	어떤 환경에서 기분이나 컨디션이 좋은지?
16	어떤 환경에서 기분이나 컨디션이 나쁜지?
17	이후 다른 사람에게 어떤 평가를 받고 싶은지? 그러기 위해서는 장점을 어떤 환경에서 살려야 할까?
18	어떤 환경에서 적극적으로 재능을 사용할 수 있다고 생각하는지?
19	가장 장점을 살릴 수 있는 환경은 어떤 환경인지?
20	다른 사람에게 공헌할 수 있는 최대의 장점은?

《단점을 커버한다》

▽ 손 놓기 법을 실천하는 20가지 질문

1	했을 때 불만스러운 작업이나 활동은?
2	작업이나 활동이 불만스러운 이유는?
3	불만스러운 작업이나 활동에서 알 수 있는 자신의 단점은?
4	불만스러운 작업이나 활동을 이어 가야만 하는 이유는?
5	불만스러운 행동을 그만두는 방법은?
6	어떤 노력을 하면 불만이 줄어드는지?
7	작업이나 활동에 만족을 가져오는 아이디어를 주는 사람은 누구?
8	작업이나 활동에 만족을 가져오는 아이디어를 주는 것은 무엇?
9	불만스럽게 느끼는 행동을 그만두면 자신이나 타인에게 어떤 이익이 있는지?
10	불만스럽게 느끼는 행동을 이어 가면 자신이나 타인에게 어떤 불이익이 있는지?
11	일의 성과에 연관 없는 작업이나 활동은?
12	작업이나 활동이 일의 성과와 연결되지 않는 이유는?
13	일의 성과와 연관 없는 작업이나 활동에서 알 수 있는 자신의 단점은?
14	일의 성과와 연관 없는 작업이나 활동을 이어 나가야만 하는 이유는?
15	일의 성과와 연관 없는 행동을 그만두는 방법은?
16	어떤 노력을 하면 작업이나 활동에 대해 쓸모없는 시간이 줄어드는지?
17	일의 성과와 연관되는 아이디어를 주는 사람은 누구?
18	일의 성과와 연관되기 위한 아이디어를 주는 것은 무엇?
19	일의 성과와 연관 없는 행동을 그만두면 자신이나 타인에게 어떤 이익이 있는지?
20	일의 성과와 연관 없는 행동을 이어 나가면 자신이나 타인에게 어떤 불이익이 있는지?

[재능을 **살리는 100**가지 질문]

〈**단점**을 커버한다〉

▽ 조직법을 실천하는 20가지 질문

1	비슷한 단점을 가진 사람은 어떤 방법으로 대처하는지?
2	당신의 단점을 커버할 편리한 도구는 있는지?
3	단점을 커버하는 행동을 습관화할 수 있는지?
4	단점이 나오지 않는 환경을 만들 수 있는지?
5	당신이 시간을 들이고 싶지 않은 일을 돈을 지불하면 커버해 주는 방법은 있는지?
6	단점을 커버하는 기계를 도입할 수 있는지?
7	'○○ 하지 않는 방법'이라고 검색해 보았는지?
8	'○○ 없애는 방법'이라고 검색해 보았는지?
9	'○○ 하고 싶지 않다'고 검색해 보았는지?
10	'○○ 대행'이라고 검색해 보았는지?
11	시간 관리의 고민을 해결하는 시스템은 무엇인지?
12	시간 관리의 고민을 가진 다른 사람은 어떤 시스템을 쓰고 있는지?
13	정리정돈의 고민을 해결하는 시스템은 무엇인지?
14	정리정돈의 고민을 가진 다른 사람은 어떤 시스템을 쓰고 있는지?
15	생각 정리의 고민을 해결하는 시스템은 무엇인지?
16	생각 정리의 고민을 가진 다른 사람은 어떤 시스템을 쓰고 있는지?
17	목표 달성의 고민을 해결하는 시스템은 무엇인지?
18	목표 달성의 고민을 가진 다른 사람은 어떤 시스템을 쓰고 있는지?
19	금전 관리의 고민을 해결하는 시스템은 무엇인지?
20	금전 관리의 고민을 가진 다른 사람은 어떤 시스템을 쓰고 있는지?

《단점을 커버한다》
▽ 타인의지법을 실천하는 20가지 질문

1	남에게 의지하고 싶을 때는 어떤 때인지?
2	기꺼이 받아들여 줄 사람이 있다면 어떤 작업을 부탁할 것인지?
3	어떤 사람이라면 쉽게 부탁할 수 있는지?
4	의지할 수 있을 만한 사람 3명을 떠올려 보고, 그 사람들이 각자 가진 재능은 무엇인지?
5	내가 잘하지 못하는 작업을 즐겁게 대신 해 줄 듯한 사람은 누구?
6	내가 잘하지 못하는 작업을 효율적으로 대신 해 줄 듯한 사람은 누구?
7	내가 잘하지 못하는 작업을 부탁하기에 가장 적합한 사람은 누구?
8	떠오르지 않는 아이디어를 주는 사람은 누구?
9	지금까지 도움을 받은 것은 어떤 조직이나 그룹인지?
10	다른 사람에게 그 일을 맡긴다면 한 주 동안 어느 정도의 시간을 확보할 수 있을 것 같은지?
11	과거에 극복했던 일 중 무척이나 효율성이 나빴던 경험은?
12	과거에 혼자서 어떻게든 해 보려고 하다가 실패한 경험은?
13	과거에 잘하지 못했던 일을 누군가 어떤 식으로 도와준 적 있는지?
14	다른 사람에게 그 일을 맡기는 것으로 얻을 수 있는 이익은?
15	다른 사람에게 그 일을 맡기지 않았을 때 생겨나는 불이익은?
16	내가 잘하지 못하는 작업을 남에게 맡긴다면 몇 %까지 맡길 수 있는지?
17	남에게 부탁을 잘하는 사람은 누구? 그 사람은 어떤 부탁 방법을 쓰고 있는지?
18	어떤 타이밍에서 부탁하면 상대가 받아 줄 것 같은지?
19	어떤 관점에서 부탁하면 잘될 것 같은지?
20	어떤 태도로 접근하면 부드럽게 받아들여 줄 것 같은지?

[재능을 키우는 100가지 질문]

▽ 강점의 롤모델을 발견하는 30가지 질문

1	어떤 사람에게 질투하는가? 이유는? 그 사람과 공통되는 재능은?
2	성격이 닮은 유명인은? 그 사람과 공통되는 재능은?
3	성격이 닮은 지인은? 그 사람과 공통되는 재능은?
4	성격이 닮은 애니메이션의 등장인물은? 그 캐릭터와 공통되는 재능은?
5	존경하는 유명인(위인)은? 그 사람과 공통되는 재능은?
6	존경하는 지인은? 그 사람과 공통되는 재능은?
7	가지고 싶은 재능이 있다고 생각되는 가까운 사람? 그 사람의 어떤 재능이 가지고 싶은지?
8	따라 할 수는 없지만 가지고 싶은 재능을 가진 사람? 그 사람의 어떤 재능이 가지고 싶은지?
9	가까운 사람 중 의지하고 있는 사람은? 그 사람과 공통되는 재능은?
10	같이 있으면 마음이 편해지는 사람은? 그 사람과 공통되는 재능은?
11	같은 주제로 활기찬 대화를 할 수 있는 사람은? 그 사람과 공통되는 재능은?
12	누군가에게 공감하는 일이 많은가? 그 사람과 공통되는 재능은?
13	같이 있으면 안심되는 사람은? 그 사람과 공통되는 재능은?
14	같이 있으면 즐거운 사람은? 그 사람과 공통되는 재능은?
15	같이 있으면 자극을 받는 사람은? 그 사람과 공통되는 재능은?
16	SNS를 보고 격려를 받는 사람은? 그 사람과 공통되는 재능은?
17	만나길 잘한 사람은? 그 사람과 공통되는 재능은?
18	어떤 그룹에 속해 있는 일이 많은지? 그 사람들과 공통되는 재능은?
19	오랫동안 함께 있는(있었던) 사람은? 그 사람과 공통되는 재능은?
20	기분이 맞는 사람은? 그 사람과 공통되는 재능은?
21	서로 배움을 주고받을 수 있는 사람은? 그 사람과 공통되는 재능은?
22	지금까지 사귀었던 사람들 중에는 어떤 사람이 많은지? 그 사람들과 공통되는 재능은?
23	나와 닮은 가족이나 친척은? 그 사람과 공통되는 재능은?
24	같이 일하고 싶은 사람은? 그 사람과 공통되는 재능은?
25	셰어하우스에 산다면 누구와 살 것인지? 그 사람과 공통되는 재능은?
26	상호 보완이 되는 사람은? 그 사람과 공통되는 재능은?
27	제일 영향을 받았던 작품(책, 드라마, 영화)은? 그 제작자와의 공통점은?
28	인생의 전환기를 준 사람은? 그 사람과 공통되는 재능은?
29	아버지와 어머니가 각자 지닌 재능은?
30	지금까지 영향을 받았던 세 사람은? 각각의 사람과 공통되는 재능은?

▽ 다른 사람에게 조언을 구하는 30가지 질문

1. 지금부터 하는 편이 좋다고 생각하는 활동은?
2. 어떤 때 내가 있어 주면 좋겠다고 생각하는지?
3. 조직이나 그룹 안에서 어떤 역할을 하고 있는지?
4. 앞으로 조직이나 그룹 안에서 어떤 역할을 하면 좋을지?
5. 내가 한 조언 중에서 가장 참고가 된 것은?
6. 자신에게는 불가능하지만 나에겐 가능한 것은?
7. 어떤 직업이 맞는다고 생각하나?
8. 부탁을 한다면 무엇을 부탁하고 싶은지?
9. 어떤 기술을 갈고 닦으면 좋을지?
10. 다른 사람에게 어떤 좋은 영향을 미치고 있는지?
11. 앞으로 어떤 활약을 할 것 같은지?
12. 남들에게 나에 대해 어떤 칭찬의 말을 해 주었는지?
13. 지금까지 가장 도움이 되었던 것은?
14. 다른 사람에게 어떤 부탁을 받고 있는 것 같은지?
15. 무언가 커다란 이벤트를 연다고 하면 무엇을 담당하는 게 어울릴 것 같은지?
16. 인생에서 어떤 것을 소중하게 생각하고 있는지?
17. '잘도 계속하고 있구나.'라고 감탄하는 부분은?
18. 흔쾌히 받아들일 것 같은 활동은?
19. 성격은 외향적인지 아니면 내향적인지? 어떤 행동을 취하는 편인지?
20. 어떻게 해서 고민 해결을 하고 있는 것 같은지?
21. 나다움이 배어 나온다고 느꼈던 가장 큰 추억은?
22. 앞으로 어떤 기회가 있을 것 같은지? 기회를 잡기 위해 무엇을 하면 좋을지?
23. 어떤 것에 대해 열변을 토하고 있는지? 그것을 어떻게 살리면 좋다고 생각하는지?
24. 지금 하고 있는 활동(일·커뮤니케이션)에서 가장 강점을 살리고 있는 활동은 무엇인지?
25. 학생이었을 때 가장 잘하는 과목이 무엇이었다고 생각하는지?
26. 나의 강점을 어떤 고민을 가진 사람에게 살리면 좋을지?
27. 어떤 환경에서 적극적으로 강점을 표현할 수 있는지?
28. 다른 사람에게 도움이 될 수 있는 가장 큰 강점은?
29. 무엇에 능통하다고 생각하는지? 그것을 어떤 식으로 살리면 좋다고 생각하는지?
30. 잠재적인 강점은?

[재능을 키우는 100가지 질문]

▽ 좋아하는 것을 탐구하는 40가지 질문

1	취미는?
2	반드시 성공할 보증이 있다고 한다면 어떤 분야에서 활약할 것인지?
3	최신 지식을 한 가지만 배울 수 있다면 무엇을 배울 것인지?
4	세상 사람들이 내 말에 귀를 기울여 준다면 어떤 주제에 대해 말할 것인지?
5	책을 출판한다면 어떤 주제를 다룰 것인지?
6	흥미가 있고 더 많이 알고 싶다고 느끼는 것은?
7	세상 사람들이 응원해 준다면 어떤 활동을 하고 싶은지?
8	어떤 아이디어를 쉽게 떠올리는지?
9	어떤 지식을 얻었을 때 감동했는지?
10	의식적으로 모으고 있는 지식은?
11	지금까지 열중했던 것은?
12	아무리 바쁘더라도 이것만큼은 본다고 하는 정보는?
13	지금까지 어떤 일에 돈을 들였는지?
14	좋아하는 작업은? 그것을 어떤 분야에 살릴 수 있을 것 같은지?
15	잘하는 작업은? 그것을 어떤 분야에 살릴 수 있을 것 같은지?
16	어떤 분야의 책이나 잡지를 읽을 때가 많은지?
17	문제 의식을 느낄 때는?
18	어떤 프로젝트나 이벤트에 참가하는 일이 많은지?
19	질리지 않고 볼 수 있는 미디어 매체(비디오, 책, SNS 등)는?
20	무의식적으로 모으고 있는 지식은?

21	깊이 배우고 싶은 지식은?
22	무엇이든 몸에 배게 할 수 있다면 어떤 기술을 익히고 싶은지?
23	정신차리고 보면 무엇을 생각하고 있을 때가 많은지?
24	어떠한 지식이라도 배우는 것이 빠른지?
25	어떤 분야에서 활약하고 있는 사람을 보면 자극을 받는지?
26	무슨 일을 하면 이상적인 하루가 되는지?
27	정신 차리고 보면 열변을 토하고 있는 주제는?
28	가족이나 동료와 어떤 대화를 하는 것이 즐거운지?
29	한 달간의 휴가가 주어진다면 무엇을 하고 싶은지?
30	인간관계가 최고로 좋다면 어떤 일을 하고 싶은지?
31	다시 태어난다면 새로이 해 보고 싶은 일은?
32	예전이나 지금이나 변함없이 좋아하는 것은?
33	세계 최고의 전문가가 될 수 있다고 한다면 어떤 분야에서 활약하고 싶은지?
34	혼자 있는 시간에 어떤 활동을 할 때가 많은지?
35	가족이나 동료가 있을 때에는 어떤 활동을 할 때가 많은지?
36	한 시간만 무척 호화로운 시간을 확보할 수 있다면 무엇을 할 것인지?
37	지금까지의 인생에서 가장 시간을 들였던 일은?
38	어떤 지식을 배운다면 지금의 고민을 해결할 수 있을지?
39	즐거웠던 특별 활동이나 배움은?
40	학생이었을 때 열중했던 일은?

▷ [재능을 '발견하고 → 살리고 → 키우기' 위한 300개의 질문]의 스마트폰용 데이터 무료 다운로드는 여기서

※ 반드시 286페이지의 주의사항을 확인해 주시기 바랍니다.

이것만 받으면 OK!
추천하는 재능 진단

 이 책과는 별도로 비용과 수고가 들기 때문에 본문 안에서는 언급하지 않았지만, 재능 진단을 받는 것으로도 재능을 발견할 수 있습니다.

 여러분은 재능을 발견하기 위해 진단을 받아 본 적이 있습니까?

 올바른 사용법대로 한다면 재능 진단은 무척이나 큰 효과가 있습니다.

 하지만, 재능 진단을 잘못된 방법으로 하는 사람이 많이 있습니다. 이 경우에는 오히려 자신의 가능성을 좁히게 됩니다.

 또한 여러 가지 진단이 있는데 이 중 무엇을 받으면 좋을지가 궁금한 사람도 있을 거라 생각합니다.

 그런 의문을 전부 밝히기 위해, 여기서는 아래의 4가지에 대해 전달하고자 합니다.

- 재능 진단의 잘못된 방식, 올바른 방식
- 재능 진단의 분류
- 추천하는 재능 진단
- 결과의 활용법

재능 진단의 잘못된 방식, 올바른 방식

"나에게는 이것이 어울려!"

과거에 재능 진단이나 성격 진단을 받거나 점 등을 치고 나서, 이런 식의 생각을 해 본 사람도 많을 것입니다.

저도 저 자신을 알고자 하기 시작했을 무렵, 같은 식으로 여러 가지 진단을 받았던 시기가 있었습니다. 여러 가지 진단을 받고서는, 자신의 장점·단점이나 적합한 직업군을 보고 일희일비를 반복했습니다. 하지만 몇 번이나 진단을 받아도 정신이 들고 보면 그 진단 결과를 잊어버린 채 일상을 보내고 있었습니다.

==그리고 깨닫게 된 것은, 진단만으로 '나의 재능은 이거다!'라고 자신을 가질 수 없다는 것이었습니다.==

진단 결과의 문장에는 그럴듯한 내용이 쓰여 있습니다. 거기서 '나는 이런 타입인 건가'라고 단어로 납득할 수는 있겠지요. 하지만 진단 결과를 과거 자신의 경험과 연결시키지 못한다면 자신감을 얻을 수는 없습니다.

왜냐하면 이미 말씀드렸듯이 구체적인 과거의 경험이 뒷받침되지 않은 재능에 대한 자신감은 곧 무너져 버리기 때문입니다.

==올바른 방식은 진단의 결과를 재능의 가설로 삼는 것입니다.== 진단 결과를 절대시하는 것이 아니라, 어디까지나 하나의 판단 재료로 파

악하는 것이 중요합니다. 그렇게 하지 않으면 언제까지나 점이나 진단에 휘둘리게 될 것입니다.

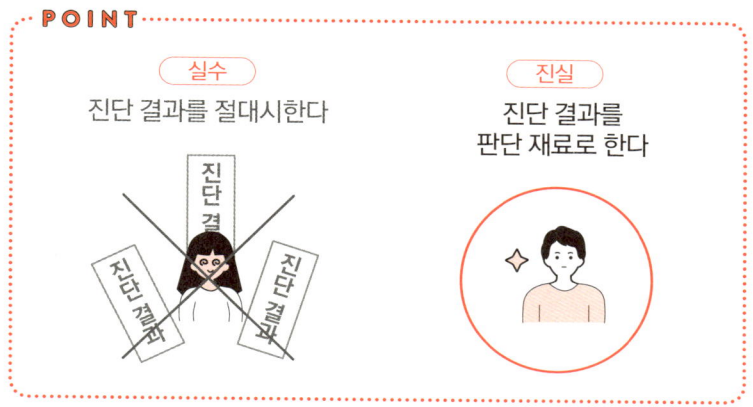

받아야 하는 재능 진단과, 받을 필요 없는 재능 진단이 있다.

"그렇다면 받아야만 할 추천 진단이 있을까요?"

다음으로 궁금한 건 이것이겠지요.
이 세상에는 아주 많은 재능 진단, 성격 진단이 있습니다.
하지만, 과학적 근거에 기반을 둔 것은 적다는 것도 사실입니다.
여기서는 여러분이 헤매지 않도록 어떤 진단을 받아야 할 것인지를 명시하려 합니다.
구체적인 진단명을 알려 드리기 전에, 우선 알아 두었으면 하는 점이 있습니다. 그것은 재능 진단이나 성격 진단에는 크게 2가지 종류가 있다는 것입니다. 한 가지는 받아야 하는 것이지만, 다른 한 가지는 받을 필요가 없습니다. 바로 이 두 종류입니다.

1. '타입론'에 기반한 진단
2. '조합론'에 기반한 진단

이 중 어느 쪽을 받으면 좋을지가 궁금하리라 생각합니다.
결론을 말하자면, 자신을 이해하기 위해서는 조합론에 기반한 재능 진단을 받을 것을 추천 드립니다.
"어째서 타입론은 안 되나요?", "애초에 타입론이 뭐죠?", "조합론이란?" 등 궁금한 것이 많을 거라 생각하므로, 알기 쉽도록 설명하겠습니다.

타입론의 재능 진단이란?

우선 타입론이란, 문자 그대로 타입으로 나누는 것입니다(심리학에서의 정의 명칭은 유형론이라고 하지만, 이 책에서는 알기 쉽도록 타입론이라고 하겠습니다). 여러분에게 있어서 친숙할 혈액형 성격 진단도 이 타입론의 한 가지입니다.
A, B, AB, O라는 4가지 타입으로 나누어 'A형은 이런 성격'이라

고 나타내는 것이 이 타입론의 특징입니다.

누구나 한 번쯤은 타입론의 재능 진단을 받아 본 적이 있지 않나요? 하지만 이 진단 결과를 보고 '이런 점은 맞지만 이건 달라.'라고 느낀 일이 많을 거라 생각합니다.

예를 들어 저의 경우에는 'B형은 제멋대로입니다.'라는 말은 이해하지만, 다른 특징에 대해서 말하자면 '전부 맞는 건 아니구나.'란 생각을 합니다.

이는 당연한 이야기로, 애초에 인간을 4가지 타입으로 나눌 수가 없기 때문입니다.

참고로 혈액형 진단의 과학적 근거는 없지만, 타입론 테스트의 특징을 설명하기 위한 예로서 이용했습니다. 이 외에도 타입론 중 MBTI 진단에서는 16가지 타입, 애니어그램 진단은 9가지 타입 등으로 나누고 있습니다. 즉, ==타입론은 대략적으로 사람을 나누기에는 적합하지만, 자신을 구체적으로 이해하는 데에는 그다지 적합하지 않습니다.==

그러나 한편으로는 여러 명이 있는 그룹에서 서로를 이해하려는 상황에서는 "A씨는 이런 타입."이라고 말하는 게 이해하기 편하고, 쓰기 편하다는 이점이 있습니다.

또한 '팀의 경향을 보아 이런 점이 있다.'라거나, '저 사람은 팀에 있어서 이러한 역할을 하는 게 좋겠어.'라고 다른 사람에 대해 생각할 때에 쓰기 편합니다.

이처럼 타입론에는 장단점이 존재합니다.

조합론의 재능 진단이란?

그리고 조합론이란 복수의 재능을 조합하여 인간을 파악하는 것입니다(심리학에서의 정식 명칭은 특성론이라고 하지만, 이 책에서는 알기 쉽도록 조합론이라고 하겠습니다).

예를 들어 스트렝스 파인더라고 하는 재능 진단은 34종류의 재능을 조합하여 나는 어떠한 인간인지를 알 수 있는 방법입니다. 재능의 조합으로 자신을 이해하기 때문에 상위 5개의 조합만으로도 3,300만 가지 종류가 있습니다.

자신을 깊이 알고 싶다, 구체적으로 이해하

야기 짐페이의
스트렝스 파인더 결과

1	경쟁성
2	최상 지향
3	목표 지향
4	미래 지향
5	리더십
6	자아
7	전략적
8	학습욕
9	착상
10	자기 확신
11	내성적
12	활발함
13	신념
14	친밀성
15	달성욕
16	커뮤니케이션
17	규율성
18	긍정적
19	수집욕
20	배열/정리정돈
21	운명적 사고
22	분석적 사고
23	개별화
24	책임감
25	진중함
26	사교성
27	포함
28	성장 촉진
29	원점적 사고
30	회복 지향
31	조합성
32	공평성
33	공감성
34	적응성

고 싶다는 분에게는 이 조합론적 진단이 최적의 방법입니다.

다른 한편, 팀에서 여러 명이 서로를 이해하고 싶을 때에는 너무 구체적으로 깊이 알수록 이해하기 어렵기 때문에 이 방법을 이용하기 어렵습니다.

다시 한번 말하자면 이 책은 자신을 이해하는 것이 목적이기에 조합론에 기반한 진단을 추천합니다.

여기까지 했던 이야기를 정리하자면 아래의 표와 같습니다.

재능 진단 정리표

타입론	조합론
타입으로 인간을 파악한다	복수의 재능을 조합하여 인간을 파악한다
예 : MBTI, 애니어그램, 혈액형 진단, 소셜 스타일, DiSC, 웰스 다이나믹스	예 : 스트렝스 파인더, VIA-IS, BIG-5
구체적인 특징을 놓치기 쉽다	재능을 구체적으로 파악할 수 있다
한눈에 경향을 파악하기 쉽다	한눈에 경향을 파악하기 어렵다
여러 명이 있는 그룹에서 서로를 이해하고 싶을 때	자신을 이해하고 싶을 때

이것을 받으면 OK! 추천하는 재능 진단

그렇다면 조합론 중에서 추천할 만한 재능 진단을 소개하도록 하겠습니다. 받아야 할 진단은 단 2가지입니다.

- 스트렝스 파인더
- VIA-IS(비아)

이 2가지를 추천합니다.

한 가지만 선택한다면 일본인의 경우 스트렝스 파인더를 추천합니다. 그 이유는 일본 국내에서 이 진단을 받는 경우가 많고, 일본어로 된 해석이 풍부하기 때문입니다.

VIA-IS도 무척 좋은 진단이긴 하지만 국내에는 아직 보급되지 않았고, 진단을 받은 뒤 이를 살리기도 곤란합니다.

진단 방법 활용의 본질은 전부 동일

그렇다면 재능 진단의 결과를 살리는 방법에 대해 설명하겠습니다.

당신이 어떠한 재능 진단, 성격 진단을 받더라도 이를 살리기 위한 방법은 전부 같습니다.

진단의 해석은 그 재능이나 성격이 어떤 장점이 되고, 단점이 되는지를 알려 주고 있습니다.

그렇기 때문에 이 책에서 설명한 흐름과 동일한 과정입니다.

1. 발견한다
2. 살린다
3. 키운다

진단을 받은 뒤의 사용법

구체적인 사용법을 스트렝스 파인더를 예로 들어 설명하겠습니다. 스트렝스 파인더에서는 34종류 중에 자신이 가지고 있는 상위 5개의 재능을 알려 줍니다. 그 5개의 재능에 대해 2가지 순서를 따라 주세요.

1. 맞는다고 생각하는 재능의 문장을 동사로 표현한다
2. 그 재능이 과거에 나타났던 경험을 서술한다

예를 들어 저의 경우, 스트렝스 파인더에서 '최상 지향'이라는 재능을 가지고 있습니다.

1. 맞는다고 생각하는 재능의 문장을 동사로 표현한다

저는 설명문을 읽었을 때 '무언가를 최고의 상태로 만드는 것에 가슴이 뛴다.'는 문장에 느낌이 왔습니다.

2. 그 재능이 과거에 나타났던 경험을 서술한다

이는 즉 '이 책을 최고의 것으로 만들기 위해 공을 들이는 일'에 관련이 있을 듯 합니다.

이처럼 설명문을 읽으며 과거의 경험을 점점 떠올려 보세요. 이는 스트렝스 파인더의 경우에도, VIA-IS의 경우에도 상위 5가지 재능에 대해 실행하면 됩니다.

발견한 재능은 다른 3가지 기술과 마찬가지로 재능 지도로 정리합니다.

이처럼 진단 방법을 이용해 손쉽게 재능을 발견하는 데에 이 방법을 이용해 주십시오.

이 책과 진단 방법을 이용하여 당신의 재능이 사회에서 빛나는 순간을 발견하기를 진심으로 기대하고 있겠습니다.

세상에서 가장 쉬운
재능 찾는 법
평생의 자신감을 손에 넣을 수 있는 자기이해 메소드

2025년 7월 11일 1판 1쇄 발행

저　　자	야기 짐페이
옮 긴 이	이연재
발 행 인	유재옥

이　　사	조병권
출판본부장	박광운
편 집 1 팀	박광운
편 집 2 팀	정영길 조찬희 박치우
편 집 3 팀	오준영 이소의 권진영 정지원
디자인랩팀	김보라 전세연
콘텐츠기획팀	강선화
디지털사업팀	김지연 윤희진 장혜원
라이츠사업팀	김정미 이지현 유아현
영업마케팅팀	최원석 윤아림
물 류 팀	백철기 이새롬
경영지원팀	최정연
발 행 처	(주)소미미디어
인쇄제작처	코리아피앤피
등　　록	제2015-000008호
주　　소	서울시 마포구 토정로 222, 502호(신수동, 한국출판콘텐츠센터)
판　　매	(주)소미미디어
전　　화	편집부 (02)567-3388
	판매 및 마케팅 (070)8822-2301, Fax (02)322-7665

ISBN 979-11-384-8721-4 (03320)

*책값은 뒤표지에 있습니다.
*파본은 구입하신 서점에서 교환해드립니다.